L'arbre à soleils

Ces cent légendes, que nous propose Henri Gougaud, sont une invitation au rêve et au voyage. Elles ont été choisies parmi les meilleures racontées sur France Inter dans l'émission *Le grand parler*. Spécialement récrites pour ce recueil, certaines inédites, elles donnent à Henri Gougaud une deuxième voix et un nouveau visage : le conteur devient écrivain. Promeneur des songes et des sortilèges, il nous entraîne d'Afrique en Amérique indienne, du Tibet en Ecosse pour revenir en France, avant une dernière halte en Europe centrale, au terme d'une belle randonnée. Randonnée immobile mais extraordinaire parmi les mots et les rites des origines à maintenant. Barrières franchies ou plus simplement oubliées, rayées du paysage, fenêtres ouvertes, Henri Gougaud nous guide d'un univers à l'autre, union des mondes où tout paraît possible.

Cent légendes à lire et à entendre mais bientôt à nous raconter à nous-mêmes. Voilà le secret de ce livre : il nous offre la chance de nous approprier ses mythes.

Henri Gougaud, né à Carcassonne en 1936, auteur de différents ouvrages consacrés à la science-fiction, d'un recueil de nouvelles qui lui valut la bourse Goncourt de la Nouvelle.

Parolier de Jean Ferrat, Juliette Gréco et Serge Reggiani.

A collaboré à plusieurs émissions de France Inter (« Marche ou rêve », produit par Claude Villers et « Le grand parler », « Ici l'ombre », « Tout finit par être vrai », dont il fut le producteur).

A publié au Seuil cinq romans : Le Grand Partir, le Trouveur de feu, Bélibaste, l'Inquisiteur *et* le Fils de l'ogre.

Du même auteur

AUX ÉDITIONS DU SEUIL

Le grand partir
roman, 1978
Grand prix de l'Humour noir

L'arbre à soleils
1979

Le trouveur de feu
roman, 1980

Bélibaste
roman, 1982
coll. « Points Roman », 1983

L'inquisiteur
roman, 1984
coll. « Points Roman », 1985

Le fils de l'ogre
roman, 1986

CHEZ D'AUTRES ÉDITEURS

Départements et territoires d'outre-mort
Bourse Goncourt de la Nouvelle, 1977
Julliard

Démons et merveilles de la science-fiction
Julliard

Poèmes politiques des troubadours
Bélibaste

Souvenirs invivables
Ipomée

Henri Gougaud

L'arbre à soleils

Légendes du monde entier

Editions du Seuil

TEXTE INTÉGRAL.

EN COUVERTURE : illustration Christian Pieroni.

ISBN 2-02-006803-6.
(ISBN 1re publication : 2-02-005232-6.)

Rêverie sur les légendes

L'imagination au pouvoir fut un slogan, c'est-à-dire une parole stérile sur laquelle rien ne pouvait germer, et rien ne germa. Dans la mesure où elle fut dite en un temps où l'or s'ouvrit des plaies terriblement délicieuses, donc inguérissables, il est encore difficile de la dépouiller de son charme. Mais en vérité l'imagination n'a que faire du pouvoir — je veux dire : de l'art de gouverner, qui n'engendra jamais que des monstres, selon Saint-Just. L'imagination est libertaire et ne triomphe qu'en cet espace intérieur où se tait toute volonté et ne se manifeste que l'émerveillement illuminé.

L'imagination éclose, c'est la légende. Elle n'est pas un divertissement puéril, ni une de ces vieilles choses déterrées que manipulent jalousement les archéologues. Elle est un fruit, né du mystère. Dire cela n'est pas manière de fuir commodément dans les ténèbres. Qui oserait prétendre que tout fruit — cerise ou pomme — n'est pas né du mystère ? Avant le fruit est l'arbre, avant l'arbre la semence, avant la semence, quoi ? Tout discours de chimiste, au-delà de ce point d'interrogation, ne peut qu'enfoncer plus loin le seuil, point l'abolir.

Il est, au fond de nos chimies, une source de vie. L'enfant la pressent qui, à partir de la plus banale ignorance (« dis, pourquoi elle est verte, la baraque ? »), demande à l'infini : pourquoi ? De cette source obscure, parce que profonde, jaillit une eau qui nous baigne, nous nourrit et cherche la lumière, le soleil, la conscience. Il faut ici parler de religion, et j'en éprouve quelque vergogne. Je n'ai aucun goût pour les opiums, qu'ils soient populaires ou aristocratiques, mais si toute ambition n'était haïssable, je voudrais être un franc mécréant doué de cette enfantine et religieuse vertu de pressentir. Par ailleurs, si l'on veut absolument échapper à toute compromission, on peut à bon droit considérer la religion selon son sens premier : du latin *religere,* relier. Mais quelle sorte d'entremetteuse est la religion ? On nous a dit qu'elle mariait l'obscure terre des hommes au ciel ensoleillé de Dieu. Il est une autre paroisse où l'on pense à l'inverse qu'elle doit unir l'obscure source divine à la claire conscience humaine. En d'autres termes : il faut que le flot de l'inconscient baigne et fertilise la conscience pour qu'à son heure elle fructifie, et que la vie soit sensée.

Dans le dictionnaire étymologique de Bloch et Von Wartburg il est dit que le mot légende est emprunté au latin médiéval *legenda,* proprement : ce qui doit être lu. J'ose ajouter qu'entre lire et lier je ne perçois guère qu'un menu déplacement d'R, autant dire un souffle (une inspiration ?). Je franchis ici la distance qui va de l'argumentation sérieuse, c'est-à-dire sévèrement corsetée, au jeu poétique. Je crois une telle démarche toujours éclairante. Si elle ne l'était pas elle aurait au moins le mérite de détraquer l'intelligence machinale et de la rendre caduque — sabotage salutaire : nous expliquons trop et ne jouissons pas assez.

Lire, écouter une légende, c'est d'abord se laisser envahir par une jouissance innocente et mystérieuse. L'analyse pourrait interrompre cette bienheureuse invasion. Il faut donc se méfier d'elle quoique la raison, finalement, reste toujours pantoise devant le bonheur brut. Mais la merveille éveille, et pousse à d'avides questions : d'où viennent-elles, ces légendes ? Quels en sont les auteurs ? Pourquoi certaines se trouvent-elles semblables en des points de la Terre trop éloignés pour que l'on puisse envisager un voyage, même hasardeux ? Les premières réponses sont peu claires : les légendes sont nées, probablement, de la même mère (la même mer ?) que les rêves. Leur auteur est celui qui fit les arbres. Nul ne se demande pourquoi le feuillage des arbres verdit pareillement en Afrique, en Chine, en Europe. C'est ainsi. Sans doute des pollens ont-ils traversé des océans, voilà pourquoi un peu partout fleurit la rose. Des légendes aussi ont navigué, mais c'est anecdotique. L'important, que je vais à peine désigner, le voici : le voyage du héros légendaire est intérieur. C'est en ses profondeurs qu'il descend, éveillant des monstres, des dragons, des songes comme des nuées de feuilles mortes sous ses pas impatients. Plus il s'enfonce, plus il est solitaire. Au tréfonds une source ruisselle, une femme l'attend, dévoilée : la sagesse, le bonheur, la paix, la vie renouvelée. Ainsi est accomplie l'œuvre religieuse du héros : il est devenu un homme majuscule car il a porté la lumière de sa conscience, à travers la nuit remuante de son inconscient, jusqu'à la source divine. Il a joint les deux bouts. Il est arrivé à la fin du moi et Dieu rit, délivré [1].

Il faut savoir — peut-être apprendre à — écouter les légendes sans honte, sans pudibonderie. Car la raison est aujourd'hui devenue cette gardienne du convenable, cette dame patronnesse devant qui toute jouissance est inavouable. Elle mérite qu'on la berne et qu'on la tourne, que l'on rie sous cape de ses mines scandalisées (sous cape car elle règne) chaque fois qu'un joyeux enfant de putain ose un geste trouble devant elle, comme un défi. Nous l'avons tous en nous, cette duègne. Mais nous sommes aussi l'amoureux vivace, l'amoureuse insoumise qu'elle a mission de contraindre. Ce qui est au-dedans est comme ce qui est au-dehors : nous vivons en un monde de papes, de soldats et de mécaniciens. Ceux-là socialement nous mènent — on ne sait où, on sait comment. Le peuple poétique subit leur prestige et leur autorité. J'entends par peuple poétique ceux que l'improbable — onirique ou vécu — attire et émerveille. Ils ne s'expriment guère, redoutant le ridicule et le mépris. S'ils le font, on les estime *a priori* indignes de confiance : ils ne sont pas raisonnables. Le gendarme et le savant ont en commun d'être d'incontestables témoins. On accepte que parlent les

1. Qui veut approfondir l'interprétation des légendes doit lire les œuvres de Marie Louise von Franz. Trois livres sont parus d'elle aux Éditions de la Fontaine de Pierre, à Paris : *l'Interprétation des contes de fées, la Voie de l'individuation dans les contes de fées* et *l'Ane d'or, interprétation d'un conte.*

conteurs de légendes, aimables saltimbanques auxquels on fait parfois l'honneur d'une révérence, à condition qu'ils ne revendiquent aucune part de vérité. Les légendes, pourtant, sont ce que nous avons de plus précieux en ce monde. Chacune est un chemin qui conduit au mystère de la vie. Elles ne sont pas une pâture puérile. Elles ne sont pas une manière d'oublier le réel, mais de le nourrir. S'insinuer tendrement en elles c'est apprendre la liberté, éprouver le bonheur parfois douloureux de vivre.

Je n'enseigne pas, je pressens que quelque part, en nous, est une porte par où entre un vent vivifiant, charriant des images venues de la terre des mystères commune à tous les hommes (voilà pourquoi les légendes se ressemblent parfois étrangement). Ce pays des mystères, ce paysage derrière nos portes, si nous parvenions à les déverrouiller, pourrait être le lieu de passage d'une révolution par le fond : je l'imagine comme la terre anarchiste, donc promise, où la liberté peut voluptueusement s'exercer, où toute rencontre est possible, où l'on tient debout par le seul miracle d'être, hors des contraintes de la raison, tout à coup libérés d'elle, étonnés d'être nus et de n'avoir pas froid, émerveillés d'être vivants au-delà de toute espérance.

Les lecteurs de « ce qui doit être lu » pourraient, s'ils le voulaient, être les pionniers de cette révolution par le fond. Il suffirait qu'ils acceptent tranquillement, en pleine lumière publique, d'éprouver la volupté de se sentir troubles, assurés que leurs eaux noires charrient des diamants. Il suffirait que face aux durs, qui finissent toujours par casser, ils décident d'être invincibles parce que désarmés.

Afrique

I. LES PLUS ANCIENNES LÉGENDES DE L'HUMANITÉ

Enkidou et Gilgamesh (Sumer)

Enkidou est un colosse au front bas, rocheux. Sa poitrine et ses larges épaules sont couvertes d'une épaisse toison de poils frisés, sa chevelure et sa barbe sont pareilles à un buisson hirsute. Il va comme un grand singe puissant, féroce, mais debout, car il est un homme. Pourtant il ne connaît pas les humains, ses semblables. Il vit parmi les bêtes sauvages. Avec les gazelles il broute l'herbe. Il boit l'eau des rivières, couché sur la rive, sa tête penchée sur l'eau. Il sait courir aussi vite qu'un cerf.

Un jour, un chasseur le rencontre au bord d'une source, sous les grands arbres de la forêt. Enkidou grogne, le regarde et s'enfuit dans le sous-bois, parmi les rayons de soleil qui percent le feuillage. Le chasseur revient vers ses compagnons.

— J'ai vu, leur dit-il, là-bas, dans la forêt, un homme semblable aux animaux. Il est grand et fort, sa barbe mange son visage et il va nu, comme les singes.

Les autres s'exclament :

— C'est donc lui qui détruit nos pièges, déchire nos filets dans la rivière !

Ils vont ensemble se plaindre à Gilgamesh, le roi d'Ourouk. Gilgamesh va consulter sa mère, Arourou, la grande déesse. Il lui demande :

— Qui est cet homme qui vit parmi les bêtes, hors de toute compagnie humaine ?

Arourou la déesse sourit, sur la terrasse du temple d'Ourouk, et regarde au loin le ciel. Elle répond :

— C'est ton frère. Il s'appelle Enkidou. Je l'ai pétri dans

une boule d'argile. Il n'est encore qu'une créature nocturne, mais il sera bientôt aussi fort, aussi puissant que toi.

Gilgamesh se détourne, descend les escaliers et revient vers les chasseurs assemblés devant sa porte.

— Amenez à cet homme sauvage, leur dit-il, la plus belle femme d'Ourouk. Je veux qu'elle lui enseigne l'amour. Je veux qu'elle le civilise.

Ainsi font les chasseurs. Avec la plus belle femme d'Ourouk ils vont à la rencontre d'Enkidou, dans la forêt de cèdres, au bord de la source. Enkidou boit, à longues goulées, l'eau ensoleillée. Quand il voit apparaître le reflet de la femme dans la source, il se dresse lentement et ses mains se tendent vers elle.

Sept jours et sept nuits ils s'aiment et se caressent au bord de l'eau. Alors le cœur et l'esprit d'Enkidou s'épanouissent et la lumière de l'intelligence germe dans sa tête. Le voici maintenant assis dans l'herbe aux pieds de la femme, et la femme lui dit :

— Enkidou, tu ne vivras plus avec les bêtes sauvages, tu vas venir avec moi dans la grande cité d'Ourouk où demeure Gilgamesh, le roi parfait. Gilgamesh se croit le plus fort des hommes car il ne connaît pas ta puissance.

Elle déchire son vêtement en deux. D'une moitié elle habille Enkidou et de l'autre elle reste vêtue. Puis elle prend l'homme par la main et le conduit comme un enfant jusqu'à la hutte d'un berger. Devant Enkidou, sur la table elle pose du pain. Enkidou regarde ce pain et le flaire. Il n'a jamais vu pareille nourriture. Il a coutume, lui, de téter le lait des animaux.

— Mange, lui dit la femme, c'est l'aliment des hommes véritables. Et bois de la bière, c'est la coutume des gens d'ici.

Enkidou mange et boit sept fois à la cruche. Alors il sourit, son œil brille, ses traits s'éclairent. Quand il est rassasié, elle le lave, le frotte d'huile parfumée, peigne sa chevelure et taille sa barbe, elle lui donne des vêtements de cuir et lui dit :

— Te voilà beau comme Gilgamesh.

Ils vont ensemble à la grande cité d'Ourouk.

Enkidou marche au milieu de la rue et son pas sonne clair. Il va vers la grande place, où le peuple est assemblé car Gilgamesh prend aujourd'hui une nouvelle épouse. La foule se fend pour laisser passer l'homme nouveau, tant il a l'air fier et redoutable. Devant Gilgamesh il s'arrête, les poings sur les hanches. Il lui dit :

— On prétend ici que tu es invincible. Je veux savoir si c'est la vérité.

Le peuple d'Ourouk, autour des deux hommes, fait un cercle. Ils sont de même taille et de même carrure. Ils s'empoignent au milieu de la place. En plein soleil, arc-boutés épaule contre épaule, ils font trembler la terre, mais ni Enkidou ni Gilgamesh ne bougent. Aucun des deux ne peut renverser l'autre. Un long moment, ils sont devant le peuple comme deux rocs affrontés. Enfin Gilgamesh ruisselant de sueur se redresse et dit :

— Embrasse-moi, mon frère. La même mère nous a pétris. Je t'offre mon amitié.

Enkidou répond :

— Tu es digne d'être le roi de cette cité.

Les gens d'Ourouk restent silencieux car deux larmes roulent sur les joues d'Enkidou. La gorge nouée il vient de découvrir l'amitié fraternelle, et cela le bouleverse.

Alors la femme, qui partout l'a suivi, le prend par la main et lui dit :

— Bénis soient tes pleurs. Tu as connu l'amour, tu as mangé le pain et bu la bière, te voici pris de faiblesse devant le plus beau des sentiments humains. Tu es, maintenant, un homme véritable.

Elle le conduit dans sa maison.

Passent des années de vastes aventures. Un soir, Enkidou devenu vieux s'étend sur sa couche et pendant neuf jours agonise. Au dixième matin il meurt. Alors, devant son cadavre, Gilgamesh pleure et jeûne longtemps. Enfin, il se dresse et se révolte contre le sort commun des hommes : la mort. Il hurle la tête levée vers le ciel : « Nul ne me fermera jamais les yeux, même pas vous, dieux du Temps ! »

Il s'en va à la recherche de l'immortalité.

Sur une île aux confins de la terre, vit un vieillard millénaire, le seul vivant de l'humanité que la mort n'ait jamais pu atteindre. Il s'appelle Outanapishtim. Gilgamesh décide d'aller lui demander quel est son secret. Il voyage longtemps par les plaines, les ravins et les forêts du monde. Il voyage très loin, jusqu'au bord de la terre. Là se dresse une énorme montagne. La cime de cette montagne touche au soleil étincelant. La base de cette montagne plonge au plus profond de l'enfer. Dans la paroi abrupte une porte est creusée. Elle est gardée par trois monstres terrifiants : trois hommes à tête de scorpion. Gilgamesh, hardiment, s'avance vers eux. Les hommes-scorpions tendent leurs mains en avant. Ils disent :

— Le chemin dont nous gardons l'entrée appartient au soleil. C'est un long et sombre tunnel. Aucun mortel ne l'a jamais franchi. La terre des hommes finit ici.

Gilgamesh n'écoute pas, il s'avance jusqu'à toucher de son poitrail les mains tendues. Alors les hommes-scorpions reculent, les bras devant leurs figures épouvantables, et le laissent passer.

Dans le tunnel, Gilgamesh, environné de ténèbres, marche des heures, des jours noirs, des semaines. Il marche jusqu'à tomber sur les genoux, épuisé. Enfin, il sent une bouffé d'air frais sur son visage. Il voit un point de lumière, au loin, il reprend courage. Il s'appuie des deux mains aux parois et parvient, les pieds en sang, au seuil ensoleillé d'un jardin merveilleux. Les arbres sont couverts de fruits luisants de sucre. Gilgamesh, sur l'herbe douce comme la laine d'un agneau, se repose un instant. Alors il entend la voix du dieu-soleil qui lui dit, du haut du ciel :

— Homme, te voilà dans le jardin des délices. Reste ici,

jouis de la vie et renonce à l'immortalité, elle n'est pas de ce monde.

— Si elle n'est pas de ce monde, grogne l'homme dans sa barbe bouclée, j'irai la chercher ailleurs.

Il se lève et s'en va, droit devant lui. Il marche longtemps encore, des jours, des nuits. Il arrive au seuil d'une auberge. Une femme l'accueille et lui souhaite la bienvenue. Elle s'appelle Sidouri. Elle lui offre un repas de viande, de pain noir et de vin, puis s'assied sur un banc en face de Gilgamesh attablé. Elle lui dit :

— Ce que tu cherches, tu ne le trouveras jamais. Mange, bois, sois heureux. C'est pour cela que tu es né. Pour rien d'autre.

Gilgamesh lui répond :

— Je veux atteindre l'île où vit Outanapishtim l'immortel.

— Alors, lui dit Sidouri, la servante brune, tu dois traverser l'océan de la mort. Le batelier du vieux sage va venir tout à l'heure chercher des provisions. Peut-être pourras-tu obtenir de lui qu'il te conduise jusqu'à l'île.

Le batelier vient en effet. C'est un homme sans âge, mélancolique et gris comme un ciel nuageux. Il consent à embarquer Gilgamesh sur son bateau.

— A une condition, dit-il, que jamais tes mains ne touchent les eaux de la mort, sinon nous serions perdus tous les deux.

Gilgamesh promet. Ils naviguent cent vingt jours sur une eau noire et lourde, dans une brume épaisse, immobile, désespérante. Ils parviennent enfin au rivage de l'île, et le batelier conduit Gilgamesh à la cabane où vit Outanapishtim l'immortel. C'est un vieillard au regard doux, infiniment ridé, mais vigoureux. Il est assis, vêtu de blanc, devant une étroite fenêtre. Il contemple la mer et la brume. Gilgamesh le salue.

— Je suis venu chercher le secret de l'immortalité, lui dit-il. Dis-moi comment toi, seul au monde, tu as vaincu la mort.

— C'est une longue histoire, répond Outanapishtim.

Ses yeux se font rêveurs comme s'il évoquait un très lointain souvenir d'enfance.

— Au temps où j'étais un homme ordinaire, un terrible

déluge inonda la terre. Moi, pour sauver ce qui pouvait être sauvé de la vie terrestre, j'ai construit une arche. Dans cette arche j'ai accueilli un couple de chaque espèce animale, et un brin d'herbe de chaque pays du monde. Quarante jours nous avons navigué dans la tempête. Puis les eaux se sont retirées. Alors Ea, le dieu de la sagesse, m'a conduit ici, sur cette île, dans cette maison qui me fut offerte pour demeure éternelle.

Quand Gilgamesh entend ces paroles, il désespère.

— Les dieux t'ont fait immortel, lui dit-il. Tu n'as donc aucun secret particulier ?

Le vieillard sourit, pose une main sur l'épaule du jeune homme à la barbe frisée et répond :

— Je ne veux pas te laisser repartir d'ici les mains vides. Je vais te faire un cadeau. Au fond de la mer pousse un buisson. Celui qui goûtera au fruit unique de ce buisson retrouvera la jeunesse.

Gilgamesh court sur la plage. Il attache à ses pieds deux lourdes pierres et se laisse glisser au fond de la mer. Il découvre le buisson sous les eaux. Au cœur du feuillage, il trouve son fruit unique. Il le cueille, dénoue les pierres de ses pieds, remonte à la surface, pousse un cri de joie dans l'écume jaillissante.

Le voilà maintenant sur le chemin du retour. Avant d'entrer dans sa ville d'Ourouk, après longtemps d'absence, il se baigne dans une source fraîche. Il a déposé dans l'herbe ses vêtements et le fruit d'immortalité. Il est heureux, insouciant. Un serpent sort des broussailles, saisit le fruit précieux dans sa gueule et l'emporte. Gilgamesh le poursuit mais il ne peut l'atteindre et perd sa trace, entre deux rochers. Alors il tombe sur les cailloux et pleure. Quand il a longtemps pleuré il se relève, enfin résigné au sort commun des hommes, et rentre dans sa ville d'Ourouk par la porte des vagabonds. Il ne tient dans sa main qu'un bâton, pour aider ses jambes fatiguées.

Kessi-le-chasseur (Babylone)

Kessi fut aux temps anciens un chasseur habile et vigoureux. Quand il allait par la forêt, son arc à la main, son pas était tellement silencieux et ses gestes si vifs que les bêtes sauvages le confondaient avec les rayons de soleil qui bougeaient à travers les feuillages. La vie de Kessi était donc belle et simple ; il offrait en abondance du gibier aux dieux pour les remercier de l'avoir si parfaitement doué, et les dieux étaient satisfaits.

Un jour, Kessi tombe amoureux d'une jeune fille nommée Shinta : voilà le chasseur redoutable semblable à un enfant ébloui. Il oublie son arc, ses flèches, les bêtes, les dieux. Il ne veut plus connaître que le visage de Shinta, la beauté de son corps, la douceur de sa voix. Il l'épouse, et vit avec elle, dans la béatitude des amoureux comblés jusqu'à ce que ses greniers à viande et ses tonneaux soient vides. Alors Kessi aiguise de nouvelles flèches, décroche son arc et repart à la chasse aux oiseaux, aux biches, aux lièvres. Mais par un étrange malheur, ce jour-là, la forêt semble déserte. Pas le moindre gibier, pas le moindre froissement de buisson. Kessi s'étonne, puis s'inquiète. Il flaire l'air, il use ses yeux à chercher des pistes, jusqu'au soir, il marche. Il est bredouille, le chasseur intrépide. La honte le prend à la gorge. Il n'ose revenir chez lui, son sac vide battant ses flancs. Il se couche au pied d'un arbre et s'endort. Alors il fait un mauvais rêve. Il entend une voix lointaine qui lui reproche d'avoir trop longtemps oublié les dieux. « Pauvre fou, dit cette voix, c'est pour cela que ta chasse est mauvaise. » Puis il voit danser autour de sa tête une sarabande de petits diables ricanants aux yeux luisants, terrifiants. Il se réveille le front ruisselant de sueur froide. Il fait nuit. Les oiseaux sont muets, les arbres immobiles. Alors Kessi, dans ce silence noir, dit à voix haute :

— Je ne reviendrai pas vers ma femme Shinta avant d'avoir tué au moins une gazelle.

Il cogne du poing contre son front comme pour enfoncer ces paroles dans son crâne. Il est prêt, s'il le faut, à marcher jusqu'au fond de tous les cauchemars. Il s'en va dans les ténèbres, les épaules voûtées sous son manteau.

Il marche ainsi jusqu'à l'aube, et de l'aube au crépuscule. Au pied d'une montagne hérissée de rochers noirs, il parvient devant une porte de fer luisant. D'un côté de cette porte se tient un dragon accroupi : son corps est cuirassé d'écailles vertes, ses yeux sont rouges, éblouissants, il crache du feu par les naseaux. De l'autre côté de la porte une harpie au corps d'oiseau de proie, à la tête de femme grimaçante, se dresse sur ses pattes griffues et bat lentement des ailes. Kessi se cache derrière un buisson et attend là, l'œil aux aguets. Il voit arriver, sous le ciel flamboyant du crépuscule, un homme immense, une sorte de magnifique géant lumineux. Il tient dans sa main droite une clé brillante. Kessi vient vers lui et le salue. Il lui dit :

— Ouvre pour moi la porte de cette montagne, car j'ai juré de marcher droit devant jusqu'à ce que j'aie trouvé quelque gibier pour ma femme Shinta.

Le géant superbe lui répond :

— Tu ne peux pas entrer. Cette porte est celle du royaume des morts. Si tu franchis le seuil tu ne pourras jamais revenir. Moi seul peux traverser le royaume des morts et renaître à l'aube prochaine, car je suis le soleil.

La clé grince dans la serrure. La porte s'ouvre. Kessi supplie encore le géant-soleil :

— Je veux t'accompagner, dit-il.

Le géant-soleil le regarde tristement et lui répond :

— Si tu le veux vraiment je ne peux t'empêcher, mais sache

que tu ne reverras plus les maisons des hommes et les visages familiers.

Kessi baisse la tête. Il entre dans la caverne obscure. Derrière lui la porte grince et claque.

Il marche derrière le géant-soleil. Ensemble ils traversent une grande salle. Au centre de cette salle brûle un feu rugissant. Autour de ce feu les ancêtres forgerons battent du fer rougi, sur des pierres plates. Ils fabriquent la foudre et les éclairs qui traversent, les jours d'orage, le ciel des vivants. Kessi et le géant-soleil ne s'arrêtent pas, ils vont le long d'un couloir froid, humide, ténébreux, Kessi dans ce couloir entend partout des froissements, des ailes douces effleurent sa joue.

— N'aie pas peur, lui dit le géant-soleil qui marche devant, aussi noir maintenant qu'un colosse de charbon. N'aie pas peur, ce sont les oiseaux de la mort qui portent les âmes des défunts vers les régions profondes.

Au bout du tunnel, les voici soudain environnés de lumière éblouissante. Kessi pose ses mains sur son visage. Quand il peut à nouveau ouvrir les yeux, il voit devant lui l'assemblée des dieux. Ils sont assis devant une longue table de pierre blanche. Ils regardent le pauvre chasseur qui les a si longtemps honorés et qui tombe maintenant la face contre terre, tandis qu'une voix divine résonne dans sa tête :

— Aucun mortel n'est arrivé vivant jusqu'à nous. Tu ne peux aller plus loin. Tu ne peux revenir chez les hommes. Mais ton courage et ton obstination ont touché notre cœur. Sois illuminé, Kessi. Tu seras dans le ciel une étoile et dans cette étoile vivra éternellement ta femme Shinta. Soyez heureux ensemble jusqu'à la fin des temps.

Il en fut ainsi. Kessi et Shinta brillent ensemble au ciel nocturne, et leur lumière est indestructible.

Histoire de Bitiou (Égypte ancienne)

Bitiou est un jeune paysan égyptien. Un soir, au crépuscule, comme il ramène son troupeau à la ferme, la vache qui marche en tête tout à coup s'arrête devant la porte de l'étable et se met à meugler. Bitiou comprend son langage car la sagesse d'un dieu est en lui. Elle dit :

— Ton frère Anapou est là derrière la porte. Il tient un couteau dans sa main. Il veut te tuer.

Bitiou voit en effet une ombre longue sur le seuil. Aussitôt il lâche son bâton et s'en va en courant, les bras au ciel. Anapou surgit au soleil couchant, bouscule le troupeau de vaches et poursuit Bitiou en hurlant. Alors entre eux déferle un torrent infranchissable, un torrent surnaturel. C'est le dieu-soleil qui les sépare ainsi, car il ne veut pas que les deux frères s'entre-tuent. Anapou s'arrête au bord de l'écume tourbillonnante et crie :

— Je t'aurais tué, Bitiou, si j'avais pu, car tu as voulu abuser de ma femme.

Bitiou répond, sur l'autre rive :

— Si ta femme a dit cela, elle a menti. Maintenant nous ne pourrons plus jamais vivre heureux dans la même maison. Je dois partir. Ne m'oublie pas, frère Anapou. Et si tu vois un jour l'eau se troubler dans ton verre, tu sauras qu'il m'est arrivé malheur.

Anapou revient à la ferme en pleurant amèrement.

Bitiou s'en va sur les chemins d'Égypte, lui aussi accablé de chagrin. Son cœur douloureux lui pèse tant qu'un jour, parvenu dans une vallée lointaine, il l'arrache de sa poitrine et le cache dans un acacia. Alors Knum, le dieu-potier, qui vivait en ce temps-là parmi les hommes, Knum voyant le pauvre Bitiou si malheureux, si solitaire, le prend en pitié et fabrique pour lui une jeune femme en argile vivante. Elle est belle, elle sent bon ! Quand elle lave ses cheveux, elle parfume toute la rivière. Bitiou la regarde et la respire avec ravissement. Un jour comme elle lui demande pourquoi elle n'entend pas le moindre battement dans sa poitrine, il lui montre la cachette de son coeur : l'acacia. La femme d'argile vivante rit comme une enfant et s'en va en courant sur le chemin ensoleillé. Elle court jusqu'au palais du pharaon. Elle est si belle, elle est si parfumée que le pharaon tombe aussitôt amoureux d'elle.

— Je serai ton épouse, lui dit-elle, si tu abats pour moi un arbre.

Elle le conduit devant l'acacia où le cœur de Bitiou est caché. Pour plaire à la femme d'argile vivante le pharaon ordonne qu'on l'abatte. A l'instant où il tombe dans un grand gémissement de branches brisées, Bitiou meurt. Alors dans une ferme lointaine, son frère Anapou emplit son verre d'eau, et l'eau, dans le verre, se trouble. Aussitôt Anapou prend son bâton de pèlerin et quitte sa maison.

Il parcourt l'Égypte pendant sept longues années, cherchant partout le cœur de Bitiou. Il le découvre enfin dans le fruit d'une jeune pousse d'acacia. Anapou le prend au creux de sa main, et pour le ranimer souffle doucement sur lui, puis le plonge dans une source fraîche. Alors un taureau majestueux d'une blancheur immaculée surgit de l'eau, tout ruisselant d'écume. Ce taureau, c'est Bitiou. Il mugit au soleil et s'en va lentement au palais de la reine, son ancienne épouse d'argile vivante. Il entre dans la cour, il fait sonner ses sabots sur les dalles. La reine se penche à sa fenêtre, le voit, le reconnaît. Elle pousse un cri de terreur, elle court chez le pharaon, tremblante et pâle. Elle lui dit :

— Je veux que tu sacrifies pour moi ce taureau blanc qui piaffe dans la cour du palais.

Le pharaon fait égorger le taureau blanc. Du sang répandu sur le sol naissent deux lauriers en fleur. Deux lauriers dont les feuillages, agités par le vent, murmurent en langage humain. Ils parlent à voix paisible de la beauté de la vie. Mais la reine d'argile ne peut supporter de les entendre. Elle les fait abattre et regarde, droite et fière, les bûcherons à l'œuvre. Au premier coup de hache un petit éclat de bois cogne contre son front. Au deuxième coup de hache un copeau frappe sa poitrine. Au troisième coup de hache une écharde se fiche dans sa lèvre. Elle mord la goutte de sang qui perle. Aussitôt elle sent dans son ventre bouger un fils. Bientôt elle met au monde celui qu'elle a tué trois fois : Bitiou, qui fut un homme, un taureau blanc, un laurier murmurant. Il est maintenant un enfant nouveau-né. Elle le nourrit, et passent les années. Enfin vient le jour où celui que l'on appelle désormais « le trois-fois-vivant » monte sur le trône des pharaons. Alors la reine d'argile se défait et se disperse comme la poussière des chemins.

Ainsi finit l'histoire de Bitiou, que l'on racontait sur les places publiques, il y a quatre mille ans.

II. AFRIQUE NOIRE

Le Guéla d'en haut et le Guéla d'en bas

Il y avait avant que toutes les choses soient, sur la Terre et dans le ciel, deux créatures très puissantes : le Guéla d'en haut et le Guéla d'en bas. Un jour, un jour de silence, un jour de longue paix dans l'univers, le Guéla d'en bas s'ennuya, et se mit à bâiller. Alors une motte d'argile sortit de sa bouche. Voyant cela le Guéla d'en bas dit :

— Oh, je vais faire des hommes, des femmes, des poissons, des animaux et des plantes avec cette argile.

Et il fit des hommes, des femmes, des poissons, des animaux et des plantes. Puis il dit :

— Maintenant je vais mettre du sang dans le corps de ces hommes, de ces femmes, de ces poissons, de ces animaux et de ces plantes que j'ai pétris d'argile.

Le Guéla d'en bas versa du sang dans le corps des hommes, des femmes, des poissons, des animaux mais la vie ne vint pas en eux, ils restèrent froids comme des statues. Le Guéla d'en bas fit la gueule. Il rentra dans sa grotte et laissa les hommes, les femmes, les poissons, les animaux et les plantes d'argile dehors. Ce jour-là, un orage déchira le ciel, la pluie tomba et un grand nombre de créatures d'argile furent réduites en tas de boue informes. Alors le Guéla d'en bas, considérant ce désastre, fut prit de remords. Il ramassa quelques hommes, femmes, poissons, animaux et plantes que la pluie n'avait pas réduits en bouillie et il les mit à l'abri dans une grotte.

Je vous parle d'un temps très lointain. En ce temps-là, la nuit opaque régnait sur la Terre, et le Guéla d'en bas devait à toute heure faire du feu pour s'éclairer. La nuit habitait sur

Terre mais le jour habitait au ciel. Le temps était immobile. Or, voici que le Guéla d'en haut se penchant au bord du ciel vit que le Guéla d'en bas avait de beaux jouets d'argile. Il lui dit :

— Hé, Guéla d'en bas, donne-moi quelques-uns de tes hommes, de tes femmes, de tes poissons, de tes animaux, de tes plantes d'argile. J'allumerai la vie en eux, et à toi, je te donnerai la lumière de mon soleil.

Le Guéla d'en bas répondit :

— D'accord, mais donne la vie d'abord.

Le Guéla d'en haut souffla la vie dans le corps des hommes, des femmes, des poissons, des animaux, des plantes et il fit descendre sur Terre la lumière du soleil.

Aussitôt les hommes, les femmes se levèrent et se mirent à marcher, les poissons se levèrent et se mirent à nager, les animaux se levèrent et se mirent à bondir, les plantes se levèrent et se mirent à pousser. Et le Guéla d'en haut dit :

— Maintenant, Guéla d'en bas, tiens ta promesse. J'ai donné la vie à tes créatures d'argile, je t'ai donné la lumière du soleil. En échange donne-moi quelques-uns de tes hommes, de tes femmes, de tes poissons, de tes animaux, de tes plantes.

Mais le Guéla d'en bas ne voulut rien entendre, il refusa de tenir sa promesse et les deux Guéla se disputèrent.

Ils se disputeront jusqu'à la fin des temps, je vous le dis, et c'est un grand malheur. Car depuis le premier jour de leur dispute, le Guéla d'en haut cherche à reprendre la vie qu'il a soufflée dans les corps terrestres. Et chaque fois que le Guéla d'en haut parvient à reprendre la vie dans le corps des hommes, des femmes, des poissons, des animaux, des plantes, un homme, une femme, un poisson, un animal ou une plante meurt.

Et chaque fois que le Guéla d'en bas insulte le Guéla d'en haut, les hommes, les femmes, les poissons, les animaux, les plantes sont malades, la tempête souffle, la guerre ravage le pays. Et sachez encore que la lune est l'œil du Guéla d'en haut. De cet œil ouvert le Guéla d'en haut surveille le Guéla d'en bas, son ennemi, même la nuit, quand le Guéla d'en haut reprend au Guéla d'en bas le soleil qu'il lui a donné avec l'âme des hommes, des femmes, des poissons, des animaux, des plantes, au temps où les hommes, les femmes, les poissons, les animaux, les plantes n'étaient que statues d'argile.

Ainsi va la vie.

Comment Lune fit le monde

En ce temps-là, sur terre, il n'y avait pas de forêts ni de savanes, il n'y avait pas d'animaux, ni d'hommes, ni de femmes. En ce temps-là, la terre était un vaste désert de boue lisse. Sur ce désert aucun pied n'avait jamais gravé son empreinte. Dieu seul vivait dans le ciel noir, et il s'ennuyait beaucoup. C'est pourquoi l'envie lui vint de troubler un instant l'infini. Il se pencha vers la terre, prit dans sa main une boule de boue et fit un homme, qu'il appela Lune.

Lune construisit une hutte. Dans cette hutte il s'assit, le menton sur ses genoux et attendit : que pouvait-il faire d'autre ? Il était seul vivant en ce monde. Il espéra, triste et solitaire, le front ridé, les yeux mouillés de larmes. Alors Dieu, le voyant malheureux, pétrit dans le ciel une femme. Puis il dit à Lune :

— Ne pleure plus, j'ai fait une épouse pour toi. Elle s'appelle Étoile-du-matin. Je te la donne pour deux ans. Dans deux ans elle reviendra vivre dans le ciel près de moi.

Étoile-du-matin descendit du ciel, avec un précieux cadeau : elle portait, dans ses mains jointes, le feu.

Ce feu, tout crépitant, elle le déposa au milieu de la hutte de Lune, et se coucha. Lune la regarda, et pour la première fois, il sourit. Le feu répandait dans la hutte une bonne chaleur, et sur le corps d'Étoile-du-matin une lumière douce. Lune se coucha près d'elle et la caressa tendrement. Ils firent l'amour ensemble. Le lendemain, le ventre d'Étoile-du-matin était rebondi, remuant de vie impatiente. Elle sortit devant la hutte, s'agenouilla sur la terre boueuse, et cette merveille survint : elle mit au monde les arbres, les plantes, les savanes. Et les arbres, les plantes, les savanes se répandirent sur la terre, et la terre entière fut verte, hospitalière et belle. Les arbres se mirent à pousser jusqu'à atteindre le ciel. Le soleil se leva sur ce monde neuf. Lune et son épouse Étoile-du-matin connurent le bonheur et l'abondance.

Deux ans passèrent ainsi. Alors Dieu rappela Étoile-du-matin dans le ciel, et Lune fut à nouveau très malheureux. Il pleura pendant huit jours. Le neuvième jour, Dieu eut pitié de lui :

— Ne te désole pas ainsi, dit-il, tu m'attristes. Je te donne une seconde épouse. Elle s'appelle Étoile-du-soir. Elle vivra deux ans avec toi. Mais dans deux ans, homme, tu devras mourir.

Étoile-du-soir descendit du ciel et se coucha dans la hutte, près du feu. Lune dormit avec elle, et le lendemain, le ventre d'Étoile-du-soir était tout rebondi. Alors elle sortit devant la hutte, s'agenouilla dans l'herbe et mit au monde les antilopes et les oiseaux, des garçons et des filles. Lune fut très content, si content que le soir venu, devant le feu, il voulut encore dormir avec Étoile-du-soir. Mais Dieu lui dit :

— Ce soir, tu te coucheras de l'autre côté du feu.

Lune en ronchonnant fit semblant d'obéir, mais dès que Dieu eut le dos tourné, tout doucement, il vint se coucher près d'Étoile-du-soir et fit encore l'amour avec elle. Le lendemain, Étoile-du-soir mit au monde les tigres, les léopards, les serpents, les scorpions, toutes les bêtes malfaisantes qui rampent et qui tuent sur la terre. Dieu, penché au bord du ciel, se désola. Il dit à Lune :

— Je t'avais prévenu. Tu ne m'as pas écouté, tant pis pour toi.

Mais Lune, insouciant, haussa les épaules. La terre était vaste, sa femme était belle, ses enfants innombrables, qu'importaient les tigres et les scorpions.

Or, du haut du ciel, Étoile-du-matin, sa première épouse, voyant accoucher pour la deuxième fois sa rivale, Étoile-du-soir, lança un mauvais regard au père Lune. Étoile-du-matin, en vérité, était très jalouse d'Étoile-du-soir, que Lune semblait aimer plus fort qu'il ne l'avait aimée aux premiers temps du monde. Elle se fit malfaisante : elle interdit à la pluie de tomber sur la terre. Aussitôt voici les fleuves secs, les sources taries, les herbes brusquement jaunies, les feuilles racornies craquant sous les pas, et les innombrables enfants de Lune criant famine.

— Votre père est seul coupable de vos malheurs, car il m'a oubliée, leur dit Étoile-du-matin, assise sur un petit nuage blanc dans le ciel trop bleu.

Alors les fils de Lune se révoltèrent. Pour que revienne la pluie, l'aîné empoigna son père, l'étrangla et le jeta dans l'océan.

Mais le soir venu, Lune sortit des vagues et s'éleva dans le ciel. Il chercha partout Étoile-du-matin pour se venger d'elle, et ne la trouva pas. Il la cherche encore maintenant, toutes les nuits. Sa face ronde et jaune traverse le ciel, poursuivant Étoile-du-matin qui lui donna tant de bonheur au premier soir, dans sa hutte devant le feu. C'est ainsi que se fit le monde. Si vous ne me croyez pas, comment faites-vous pour vivre ?

Kiutu et la Mort

Un jour une épouvantable famine s'abattit sur la terre d'Afrique. Alors, un enfant nommé Kiutu quitta son village et s'en alla par les chemins. Kiutu était fluet, ses yeux étaient grands comme la fringale qui creusait son ventre. Il erra longtemps dans la forêt où les oiseaux ne chantaient plus, où les singes au regard triste se goinfraient de feuilles sèches, il erra jusqu'à ce qu'il parvienne devant le corps d'un homme couché sur des arbres écrasés : c'était un géant endormi. Dans ses narines grandes comme des cavernes ronflaient des bourrasques. Sa chevelure se confondait avec sa barbe, longue comme un fleuve. Kiutu aurait pu s'y noyer dedans. Il fit le tour de ce colosse, prudemment. Mais comme il passait devant son œil la paupière se souleva, la bouche s'ouvrit et l'enfant entendit ces mots terribles :

— Que veux-tu, insecte ?

— Ce que je veux ? répondit-il, assis par terre, car le fracas de la voix du géant l'avait renversé. Ce que je veux ? Manger. J'ai faim.

Le géant se souleva sur le coude, caressa sa barbe où quelques arbres étaient empêtrés et dit :

— J'ai besoin d'un domestique. Je te prends à mon service. Tu seras logé et nourri.

— Je suis d'accord, répondit Kiutu. Mais d'abord j'aimerais savoir qui vous êtes.

— Je suis la Mort, rugit le géant. Maintenant au travail.

C'est ainsi que Kiutu entra au service de la Mort. Sa besogne était facile : monsieur Mort était souvent absent.

Kiutu balayait sa maison, et comme le garde-manger était toujours bien garni, il passait plus de temps à faire bombance qu'à briquer la baraque. Un jour, de retour d'un long voyage, monsieur Mort le prit au creux de la main et l'enfant-domestique aussitôt se retrouva en plein ciel, bien au-dessus de la cime des arbres, à la hauteur de la bouche gigantesque qui lui dit :

— Petit, j'ai envie de prendre femme. Reviens dans ton village, trouve une fille à marier et ramène-la.

Monsieur Mort porta Kiutu jusqu'à l'orée de la forêt. Son village était dans la savane, au bord du fleuve presque sec. Kiutu y courut. La famine était toujours aussi terrible. Il ne vit partout que pauvres gens aux figures maigres, aux yeux cernés, aux côtes saillantes. Devant la hutte de sa famille il trouva sa sœur, assise dans la poussière, tellement fatiguée qu'elle n'arriva même pas à lever les bras pour embrasser son frère. Kiutu lui dit :

— Viens, j'ai trouvé pour toi un mari. Tu seras bien nourrie et bien logée.

Sans attendre sa réponse il la prit par la main et la traîna sur le chemin, jusqu'à la lisière de la forêt. Là, monsieur Mort les attendait. Il les déposa dans son oreille et retourna chez lui.

Le lendemain matin, Kiutu trouva le géant endormi devant sa porte. Il entra dans la maison pour dire bonjour à sa sœur. Il ne vit dans la grande cuisine qu'un tas d'ossements humains, jetés pêle-mêle dans un coin : monsieur Mort avait dévoré son épouse. Kiutu en fut scandalisé. « Comment ? se dit-il, je donne mon unique sœur en mariage à ce balourd, et il la mange ! »

Il sortit, furibond, alluma un grand feu de broussailles et incendia la longue chevelure de monsieur Mort. Le feu embrasa ses sourcils, sa barbe, sa tête et bientôt monsieur Mort, le visage calciné, ne respira plus. Kiutu grimpa sur son crâne fumant et salua le soleil en riant. Alors il trébucha contre un petit sac, calé dans une ride du front brûlé. Il prit ce sac, l'ouvrit. Il était plein de poudre blanche. « Je suis sûr, se dit Kiutu, que voilà une fameuse médecine magique. »

Il l'emporta dans la maison et de cette poudre blanche il saupoudra les ossements de sa sœur qui, aussitôt, ressuscita, fraîche comme une fleur au matin. Ils s'embrassèrent, et s'en allèrent en courant, en dansant, en criant :

— Nous avons vaincu la Mort ! Nous avons vaincu la Mort !

Hélas, Kiutu, en empoignant le sac sur la tête colossale, avait laissé tomber quelques grains de poudre sur la paupière du géant. L'œil s'ouvrit, seul vivant dans l'énorme visage charbonneux et des hommes moururent sur la terre. Depuis, il en est ainsi : chaque fois que l'œil de la Mort s'ouvre, il mange de la lumière et des hommes s'éteignent, et des vies s'en vont, et des voix se taisent, et les histoires finissent.

Omburé-le-crocodile

Les Fans vivaient autrefois au bord d'un fleuve puissant et large. Entre ce fleuve et la forêt ils avaient établi leur village circulaire bâti de huttes de bois. Or, sur la rive bourbeuse vivait aussi un crocodile gigantesque nommé Omburé. Sa carapace était épaisse comme une muraille, sa gueule énorme armée de dents aussi longues et pointues que des poignards. Chaque fois qu'il bâillait dans les broussailles sèches, une nuée d'oiseaux épouvantés s'envolaient vers tous les horizons. Omburé était en vérité un de ces ancêtres monstrueux créés sur terre avant les hommes. Son savoir était grand, sa puissance était celle des dieux, ses famines effrayaient les éléphants.

Un jour, Omburé-le-crocodile s'en vient au village des Fans, les griffes grinçant sur les cailloux, le ventre creusant la terre. Au seuil de la hutte du chef, sur la place, il s'arrête et ouvrant sa gueule aussi haute que la porte, il dit :

— Les oiseaux et les poissons de la rive n'apaisent plus ma faim. Je veux maintenant manger un jour un homme, le lendemain une femme et le premier jour de chaque lune, une jeune fille. Si vous refusez de me les donner, je dévorerai tout le village.

Ses dents claquent, Omburé s'en retourne vers le fleuve. Le chemin tremble sous ses pattes courtes. Les hommes baissent la tête. Comment désobéir ? Les guerriers-crocodiles d'Omburé cernent le village. Le peuple fan gémit de rage, mais se soumet. Un homme est conduit pieds et poings liés, au bord du fleuve. Dans les broussailles on l'abandonne. Le lendemain, une femme. Ainsi passent quelques cruelles semaines. Alors le chef des Fans réunit à l'ombre d'un arbre centenaire les vieillards du village et leur dit :

— Omburé-le-crocodile nous ronge et nous détruit jour après jour. Nous ne pourrons survivre longtemps à ses ravages. Ce soir, après la nuit tombée, rassemblez en secret les femmes et les enfants à la lisière de la forêt et fuyons vers un pays plus hospitalier.

Ils font ainsi. Au crépuscule ils abandonnent leur maison et s'en vont, dans la nuit, sous les arbres.

Le lendemain Omburé attend sa proie au bord du fleuve. Il grince des dents, regarde vers le village et ne voit rien venir, sur le sentier. Alors, méfiant, il se traîne sur la rive, et dans une touffe de roseaux, il appelle l'esprit des eaux. L'esprit des eaux apparaît sur les vagues pareil à un gros poisson doré. Il lui dit :

— Omburé, les hommes sont partis.

Un roulement de tonnerre gronde dans la gorge du monstre-crocodile. Ses pattes griffues battant la terre font un formidable bruit de tambour. Il s'en va sur les trace des Fans, à travers la forêt. Après de longues semaines de marche, il les retrouve, établis dans un nouveau village qu'ils ont baptisé Akurengan, ce qui veut dire : Délivrance-du-crocrodile. Omburé s'avance dans la rue d'Akurengan. Le voici devant la hutte du chef, sur la place. Il lui dit d'une voix rocailleuse :

— Je suis heureux de vous revoir, toi et les tiens, car j'ai faim. Désormais tu me donneras un jour deux hommes et le lendemain deux femmes. Je veux ta fille aussi. Tout de suite.

La fille du chef apparaît sur le seuil de la hutte. Le crocodile l'emporte, et son père gémit, la tête dans les mains.

Omburé ne dévore pas cette jeune fille mélancolique et belle. Il fait d'elle sa femme, au bord du fleuve. Une année après ses noces, elle met au monde un garçon que l'on baptise Gurangurané. Sept ans passent. Maintenant Guranguranè est un enfant grand comme un homme et son front est comme les rocs de la montagne. Il est puissant, il est aussi savant que ses ancêtres sorciers, et il déteste son père Omburé qui saigne lentement le peuple de sa mère. Un jour il décide de le tuer. Il fait creuser, dans trois rochers, trois bassins. Il les remplit d'alcool de palme. Il les fait traîner au bord du fleuve avec les deux captifs que le peuple fan doit livrer chaque jour. Omburé sort des broussailles. Il flaire l'odeur de l'alcool et ses narines frémissent. Il goûte à ce breuvage nouveau, il s'en régale, il boit goulûment. Bientôt, l'esprit brumeux, il s'effondre dans l'herbe, il chante, s'endort et ronfle bruyamment. Guranguranè vient, se penche sur lui, le remue du bout du pied. Il tient dans son poing la pierre-de-l'éclair. Il la dépose entre les yeux fermés du monstre-crocodile, son père. Il dit :

— Éclair, frappe.

Un rayon de feu jaillit, perce la cuirasse d'Omburé. Omburé ne ronfle plus, ne respire plus, ne bouge plus : il est mort foudroyé.

Alors, les gens du village viennent et dansent autour de la carcasse. Ils dansent leur délivrance, ils dansent aussi pour apaiser l'esprit d'Omburé, l'ancêtre.

Car il faut que les vieux pères reposent en paix.

Le serpent d'Ouagadou

Au Ghana fut autrefois une grande cité, populeuse et riche que l'on appelait Ouagadou. Le long de ses ruelles blanches, sur ses marchés multicolores, dans le parfum des fruits, des légumes, des épices, les femmes ornées de lourds bijoux, les hommes, leur canne au pommeau d'or sous le bras, allaient, insouciants parmi leurs enfants vifs. Ils ignoraient la pauvreté. Mais la prospérité d'Ouagadou n'était pas leur œuvre : ils la devaient à un énorme et merveilleux serpent qui vivait au fond d'un puits, au cœur de la ville, dans un vaste jardin. Son nom était Bira. Or, le serpent Bira n'était pas un bienfaiteur désintéressé. Il acceptait de fertiliser la terre, de faire pousser l'or dans la montagne et les fruits dans les vergers, à condition d'être payé en vies humaines. On lui donnait donc, en offrande, le jour de chaque nouvel an, la plus belle fille de la ville que l'on conduisait en grande cérémonie au bord du puits sacré, parée comme une mariée. On l'abandonnait là, et personne ne la revoyait jamais.

Un jour, une jeune fille nommée Sia est désignée par le tribunal des anciens de la cité pour être offerte en sacrifice au serpent Bira. Elle a seize ans, ses yeux noirs sont lumineux comme le soleil à midi, sa peau est fine et douce comme le sable. Elle est belle, elle est la fiancée d'un jeune homme nommé Adou-le-taciturne. Adou-le-taciturne aime Sia plus que la vie paisible parmi les siens, plus que le ciel calme sur les terrasses d'Ouagadou, plus que cet étrange, terrible et merveilleux serpent qui fait depuis si longtemps le beau temps sur sa tête. Mais songeant à l'amie condamnée, il ne peut rien entreprendre pour la sauver. Il pleure à perdre les yeux. Le voici devant sa porte, assis contre le mur, le front dans ses mains. Le soir tombe. Dans le ciel les premières étoiles s'allument. Demain matin Sia sera sacrifiée. Adou-le-taciturne a si mal dans sa poitrine qu'il ne peut rester ainsi, sans rien faire. Il tire son sabre de son fourreau de cuir et l'aiguise lentement sur une pierre dure. Toute la nuit il affûte la lame d'acier. A l'aube, l'arme est si tranchante qu'elle coupe le vent. Alors il va dans le jardin au cœur de la ville, et tout près du puits sacré, dans un tas d'herbes sèches, il se cache.

Parmi les premiers rayons du soleil, les anciens en cortège marchent lentement, conduisant Sia, tête basse, au sacrifice. Le battement sourd des tambours résonne dans les rues lointaines. Le long d'une allée de figuiers s'avance la procession. Sia est vêtue d'habits blancs brodés d'or. A ses poignets, à ses chevilles, tintent des bracelets. Au bord du puits elle s'agenouille, les mains sur les yeux. Les vieillards qui l'ont accompagnée la saluent gravement et lui disent l'un après l'autre ces mots solennels et résignés :

— Reste ici et pardonne-nous.

Ils s'en vont.

A peine ont-ils disparu derrière les arbres que la tête pointue du serpent Bira émerge du puits. Ses yeux sont luisants comme des eaux dormantes, son cou est puissant comme un tronc de palmier, son ventre blanc comme l'aube et son corps ondulant se courbe vers Sia agenouillée. Adou-le-taciturne, dans son tas de feuilles, serre les poings sur son sabre. Des écailles pareilles à des pépites d'or brillent sur le front du serpent Bira. Sa gueule s'ouvre armée de dents aiguës comme des pointes de lances. Le sabre d'Adou-le-taciturne fend l'air et s'abat. Dans un jaillissement d'écume sanglante le corps du serpent Bira plonge au fond du puits et sa tête s'envole.

Elle tournoie un instant, cette tête fabuleuse, au-dessus de Sia et d'Adou enlacés, elle tournoie lentement le temps de dire, d'une voix terrible et calme :

— Pendant sept ans, sept mois et sept jours la cité d'Ouagadou et le pays alentour ne recevront ni pluie d'eau ni pluie d'or.

Puis elle s'éloigne et disparaît dans le ciel bleu.

Le serpent Bira était étrangement puissant et les Anciens avaient raison de le craindre. Le jeune téméraire qui osa trancher sa tête ruina du même coup l'empire du Ghana, le plus fameux d'Afrique. Les rivières se sont taries ; les dunes du désert ont roulé sur les prairies, la famine et la soif ont poussé les hommes vers des terres plus accueillantes. C'est pourquoi, maintenant, les splendeurs de la ville d'Ouagadou ne sont plus que des rêves tristes sous des linceuls de sable.

Le monstre-calebasse et le bélier divin

Une calebasse monstrueuse était posée devant une hutte en ruine à l'entrée du premier village humain, et chaque fois que quelqu'un s'approchait d'elle, elle le dévorait. Elle s'ouvrait en deux et se refermait, comme une porte qui claque, sur les malheureux imprudents venus l'examiner de trop près. Ainsi, cette calebasse engloutit, les uns après les autres, tous les habitants du village. Seule une femme nommée Kalba, qui vivait avec son fils dans la forêt, fut épargnée, ainsi qu'une sorcière si vieille qu'elle ne pouvait pas sortir de sa hutte.

Or, un jour, le fils de Kalba échappe à sa mère, s'en vient rôder autour du monstre-calebasse, qui ne dormait jamais que d'un œil et voilà l'enfant dévoré. Alors Kalba s'arrache les cheveux, hurle sa douleur, la tête levée vers le ciel, puis trébuchant, s'en va chez la vieille sorcière et lui dit :

— Il faut que tu m'aides à briser cette terrifiante calebasse. Je veux délivrer mon fils.

La sorcière agite son doigt crochu devant son visage et répond :

— Ma pauvre enfant, je vais te dire ce que tu dois faire. Écoute bien : va jusqu'au soleil couchant. Là, tu trouveras un rocher. Frotte la face de ce rocher avec ce piment rouge que je te donne. Une porte s'ouvrira. Alors tu descendras dans le ventre de la terre et dans le ventre de la terre tu chemineras jusqu'à ce que tu parviennes devant le bélier divin. Tu diras au bélier divin que c'est moi qui t'envoie, et tu lui demanderas de revenir avec toi, dans notre village, au soleil des vivants.

Kalba remercie la sorcière, prend le piment magique et s'en va vers le soleil couchant. Elle voyage jusqu'au crépuscule.

Parmi les hautes herbes, elle découvre un rocher gris, haut comme un géant chaotique. Elle frotte le piment contre la paroi. Aussitôt elle entend comme un roulement de tonnerre, et le roc lentement se fend.

Kalba descend dans le ventre de la terre. Elle marche sur un chemin de pierre tracé dans une plaine couleur de fer. Dans le ciel de pierre brille un petit soleil-caillou. Elle marche, elle ne sait combien de temps, car le soleil-caillou du ventre de la terre ne se couche jamais. Elle marche jusqu'à ce que ses pieds soient usés. Alors apparaît au bout du chemin une hutte d'or. Kalba parvient devant cette hutte d'or à quatre pattes, tant elle est épuisée. Elle pousse la porte. Au milieu de la pièce ronde un grand bélier est assis sur son derrière, un bélier à la toison rouge, aux cornes couleur de feu enroulées sur ses tempes. Il regarde Kalba effondrée à ses pieds. Il lui dit :

— Que viens-tu faire ici, femme du pays d'en haut ?

Elle répond :

— La vieille de mon village m'envoie te chercher.

Le bélier divin hoche la tête :

— Grimpe sur mon dos, dit-il.

Ensemble ils reviennent sur la terre. Ils sortent du rocher. Voici l'herbe verte à nouveau, le ciel bleu, les arbres. Le bélier galope jusqu'au village, dépose Kalba devant la hutte de la vieille sorcière. Il entre, majestueux. La sorcière le salue et se met à chanter. Elle chante, les mains ouvertes devant sa figure ridée, elle chante les méfaits du monstre-calebasse. Le bélier divin, devant elle, renifle comme s'il flairait le son de sa voix. Le chant de la vieille allume du feu dans ses naseaux et fait rougeoyer ses cornes comme des braises. Il gratte le sol du sabot, furieusement. Maintenant, il s'en va, le bélier embrasé, par les ruelles du village, et le chant de la sorcière l'accompagne. Là-bas, devant sa hutte en ruine, la calebasse grince et se réveille, et se met à rouler à la rencontre du bélier qui fonce sur elle, tête baissée. Le choc est si terrible que l'on entend son fracas jusque dans les étoiles. Le bélier divin, comme un caillou jeté, disparaît au fond du ciel mais la calebasse se brise comme un œuf mûr. Tous ceux qu'elle avait dévorés sont ainsi remis au monde. Mais écoutez la plus étrange merveille qui soit : dans le ventre de la calebasse, les hommes étaient couchés les uns sur les autres, sur quatre rangs superposés. Ceux du haut maintenant sont blancs, ceux de la deuxième couche sont jaunes, ceux de la troisième sont rouges, et les derniers, ceux sur qui reposait tout le monde, sont noirs. Ainsi furent créées les quatre races humaines. Telle est la vérité. Ceux qui ne me croient pas ne sont que des enfants aveugles : ils ne comprennent rien aux mystères du monde.

Les nuits rouges de Kouri

Kouri était un vieux village bâti sur une colline rocheuse, tout près de la grande forêt. Il était paisible apparemment, pour qui le découvrait au soleil de midi, mais maudit, en vérité : les nuits de Kouri étaient rouges. Au crépuscule, chacun s'enfermait dans sa case, les mains tremblantes, le dos courbé, le regard épouvanté. Nul ne disait bonsoir au voisin. Alors, dehors, une étrange lumière rouge envahissait les ruelles, les murailles, les arbres, le ciel sans étoiles, la terre. Les gens accroupis sur leur litière, les mains sur la tête, entendaient des froissements d'ailes sur les toits, des hululements de hiboux, des bruits de pas, des ricanements, de terribles paroles. Au matin, le soleil levant chassait les cauchemars, les portes s'ouvraient sur des chants d'oiseaux familiers, et la vie reprenait son cours ordinaire.

Or, un soir, un jeune garçon qui s'était attardé à prendre un bain dans la rivière fut surpris, sur le sentier du village, par la nuit rouge de Kouri. Tous les villageois entendirent, enfermés dans les ténèbres de leurs maisons, un long hurlement de terreur. Le lendemain matin, on ne retrouva du garçon qu'une trace de sang dans l'herbe. Son père, nommé Diamasséri, cria vengeance, appela au secours les esprits bienfaisants et tomba malade de désespoir. On crut qu'il allait se laisser mourir. Mais il fit un rêve fiévreux qui le ranima et le mit en fureur. Il vit apparaître devant lui, dans sa case, un grand oiseau blanc. Cet oiseau blanc tenait entre ses griffes une femme nue qui se débattait furieusement. Le corps de cette femme était phosphorescent. Sur son visage était planté un puissant bec crochu, tout rouge. Ses cheveux étaient tressés, au bout des tresses pendaient des osselets. Diamasséri, terrifié, reconnut sa mère.

Le lendemain matin, il se lève péniblement et s'en va consulter la plus vieille femme du village. Elle chauffe au soleil ses épaules maigres, assise devant sa porte. Il lui raconte son rêve. Elle lui dit :

— L'oiseau blanc est un esprit protecteur. Il a fait comparaître devant toi celle qui a dévoré ton fils dans la nuit rouge de Kouri : ta mère. Prends cette ficelle de coton nouée sept fois et cette petite boîte. Elle contient une poudre grise. Ce soir, avant le crépuscule, dis à ta femme Makoura de venir me voir. Je tresserai moi-même ses cheveux. Ensuite tu déposeras une pincée de poudre sur sa langue, et une autre pincée sur la tienne. Ainsi vous serez armés tous les deux pour combattre les démons de la nuit.

La vieille se tait. Elle chasse une mouche devant ses yeux. Elle dit encore :

— Va-t-en maintenant. Laisse-moi dormir.

Diamasséri s'en va.

A la nuit tombée, il prend par la main sa femme Makoura. Ensemble ils s'avancent dans la ruelle. On dirait que le village est baigné de sang transparent. Les cailloux du chemin sont rouges et rouges les feuilles des arbres, les pierres des murailles. Diamasséri et Makoura vont prudemment, écoutant des bruits lointains, qui se rapprochent. Soudain, ils voient venir vers eux, sur le chemin, une femme qui marche sur la tête. Ses pieds battent l'air, elle avance par bonds. Elle les croise sans paraître les voir. Alors la mère de Diamasséri apparaît, montée sur un cheval noir, un hibou sur chaque épaule. Elle passe comme une reine de rêve fou, faisant claquer son bec rouge qui pousse crochu à la place de sa bouche. Diamasséri et Makoura la suivent. Ils parviennent au bout du village où se dresse un arbre au milieu d'un pré. Tous les sorciers du pays sont là. Certains portent leur tête sous le bras. D'autres font grincer leurs dents énormes qu'aucune lèvre ne recouvre. D'autres encore déambulent en riant, horriblement écorchés, la chair à vif, sanguinolents. Ils tiennent tous des flambeaux de paille qui font danser l'ombre sur leurs visages épouvantables. Quand apparaît la terrible mère sur son cheval noir, ils l'acclament et dansent autour d'elle. Elle lève la main et chacun fait silence. Elle dit :

— Je vous amène ce soir deux vivants à la chair tendre.

Aussitôt tous les regards se tournent vers Diamasséri et sa femme Makoura. Les monstres s'avancent lentement vers eux.

Diamasséri saisit la ficelle à sept nœuds que lui a donnée la vieille du village, et la fait tournoyer au-dessus de sa tête. Alors apparaissent dans le ciel rouge sept oiseaux blancs aux ailes immenses. Ils foncent sur les sorciers et les déchirent. Les sorciers se dispersent dans le pré, en hurlant. Tous prennent la fuite sauf la mère terrible qui se précipite sur Makoura, ses longs doigts griffus en avant. Makoura dénoue sa chevelure tressée. De la racine de ses cheveux jaillit un éclair. Cet éclair perce au front la sorcière au bec rouge, qui devient aussitôt pareille à un bloc de charbon de bois. Elle se brise et tombe dans l'herbe, en petits morceaux noirs.

Les oiseaux blancs s'éloignent dans le ciel calme. La lune apparaît parmi les étoiles. Voici la vraie nuit paisible, à nouveau, sur le village délivré.

Koybo-l'intrépide

En ce temps-là, dans un village du pays Dogon, vécut un jeune garçon nommé Koybo. Le jour de ses quinze ans l'envie lui vint d'aller jusqu'au bout de tous les chemins, de marcher jusqu'au bout du monde, où le ciel touche la terre. Alors il prit dans son poing la lance de son père et s'en fut.

Au soir du premier jour de voyage, le voici au pied d'un arbre étrange en vérité : ses fruits sont des ciseaux. Ces ciseaux cliquetant dans le feuillage, au vent léger, parlent à voix humaine. Ils disent à Koybo :

— Rentre chez toi, le monde est sans fin, les voyages sont inutiles.

Koybo se bouche les oreilles avec deux touffes d'herbe, pour ne pas être dérangé par cet agaçant bavardage, et s'endort. Le lendemain, il reprend sa route, sa lance sur l'épaule, en fredonnant une chanson guerrière. Au soir du deuxième jour, dans une sombre vallée, il se couche au pied d'un arbre plus étrange encore que l'arbre-à-ciseaux. Il est tout blanc, ses branches, ses feuilles sont blanches, et ses fruits sont des aiguilles. Ces aiguilles cliquetant au vent disent à Koybo :

— Rentre chez toi, le monde est sans fin, les voyages sont inutiles.

Koybo en grognant se bouche les oreilles avec deux mottes de terre et s'endort. Le lendemain matin, fringant, le chemin sous les pieds, il va vers l'horizon. Au soir du troisième jour, l'arbre qu'il rencontre dans la plaine est tout rouge, immense et ses fruits sont des couteaux. Quand le vent de la nuit se lève, ces couteaux disent à Koybo :

— Rentre chez toi.

— Oui, je sais, répond Koybo, le monde est sans fin, mais que m'importent vos conseils, j'ai envie, moi, d'aller au bout du monde sans fin.

Alors, un serpent glisse dans l'herbe haute et apparaît devant lui. Il se dresse si haut que sa tête dépasse bientôt la cime des arbres et semble toucher la lune.

— Grimpe le long de mon corps, petit, dit sa voix sifflante. Grimpe, et tu verras le bout du monde sans fin.

Aussitôt Koybo bondit et grimpe, sa lance entre les dents, grimpe le long du corps ondulant, jusqu'en plein ciel.

— Que vois-tu ? lui dit le serpent.

— Je vois une petite tache blanche au loin.

— C'est la maison de la mangeuse d'hommes. Malheureux ! Tu ferais mieux de rentrer chez toi !

— Hé, je suis allé trop loin maintenant pour rebrousser chemin, répond Koybo.

Il se laisse glisser à terre, et s'en va dans la nuit sous les étoiles, droit devant lui. L'aube vient, il marche encore jusqu'au crépuscule puis traverse une nouvelle nuit. Quand le deuxième jour se lève, le voici dans un vaste désert de cailloux. Sur ce désert, une maison blanche est plantée. Il s'approche. Ses murs, son toit, ses portes, ses fenêtres sont faits d'ossements blanchis. Il entre.

— Y a-t-il quelqu'un ici ?

Une jeune fille est assise dans un coin sombre.

Elle se lève et vient vers lui en tremblant.

— Pauvre fou, dit-elle, va-t-en vite ! Ma mère est à la chasse, elle va revenir. Si elle te trouve ici elle te tuera d'un coup de son bâton que trente hommes ne peuvent soulever !

— Comment t'appelles-tu ? dit Koybo, doucement.

— Mon nom est Bala-la-pure, dit-elle.

— Dis-moi, Bala-la-pure, pourquoi la terre tremble-t-elle, pourquoi les murs de ta maison grincent-ils ainsi ?

— Parce que ma mère vient, elle arrive, elle porte deux

éléphants sur son dos, ce sont ses pieds en marche qui remuent le monde. Cache-toi, vite !

Koybo grimpe sur le toit de la maison et se cache derrière la cheminée. Voici l'ogresse : ses cheveux gris sont semblables à un nuage autour de sa tête, ses dents sont pareilles à de gros cailloux, ses yeux sont des braises noires. Elle a trois poils au menton. Elle laisse tomber ses deux éléphants devant sa porte. Elle renifle, le nez au vent. Elle rugit :

— Est-ce l'odeur d'un homme que je sens là, ou celle d'un singe noir ?

Koybo répond :

— Est-ce une femme que je vois là, ou la femelle d'un singe-montagne ?

Il se dresse. Il jette sa lance dans l'œil de l'ogresse, au même instant l'ogresse abat sa massue sur la tête de Koybo. Ils tombent morts, tous les deux. Bala-la-pure pousse un grand cri. Elle s'agenouille entre sa mère et Koybo couchés sur les cailloux. Elle pleure longtemps. Alors, un dieu-médecin, vêtu de feuillage, descend du ciel. Il lui dit, en souriant :

— Sèche tes larmes. Qui veux-tu que je ressuscite ? Ta mère ou ce pauvre jeune homme ?

— Je les veux tous les deux vivants, répond Bala-la-pure, car je les aime tous les deux.

Le dieu-médecin prend une branche de palmier dans sa chevelure et caresse les visages morts. L'ogresse se réveille. Elle veut aussitôt se jeter sur Koybo. Le vivant céleste la retient par les cheveux et lui chatouille le nez avec un épi de blé : elle devient douce comme un agneau. Elle dit à Koybo :

— Je te donne ma fille. Tu l'as gagnée au drôle de jeu que nous venons de jouer.

Koybo revient vers son village avec Bala-la-pure qu'il aime déjà tendrement. Sur le chemin du retour, il rencontre l'arbre à couteaux, et il cueille ses couteaux, l'arbre aux aiguilles et il cueille ses aiguilles, l'arbre aux ciseaux et il cueille ses ciseaux.

C'est ainsi que les couteaux, les aiguilles et les ciseaux furent donnés aux hommes.

Bala-la-pure raconta cette aventure aux sages vieillards de son village, le jour de son mariage avec Koybo, à l'ombre douce d'un baobab.

Farang

Un homme nommé Farang vécut autrefois. Il était d'une force merveilleuse. Il avait en lui la joyeuse puissance de mille printemps. Il était simple et franc aussi, comme le ciel ensoleillé. Il était, parmi les hommes de son peuple, comme un arbre parmi les herbes d'un champ : un géant invincible et superbe.

Or, voici qu'un jour Farang tombe amoureux. Il appelle les trois cent trente-trois hommes de sa tribu devant sa maison et il leur dit :

— Mes braves gens, j'aime la belle Fatimata qui habite Tigilem, le village voisin.

Il leur dit cela en riant, et pourtant un concert de lamentations accueille ses paroles. Chacun prend sa tête dans ses mains. Un vieillard s'avance devant le héros et gémit, agitant ses doigts secs devant sa figure :

— Si tu aimes Fatimata, tu es en grand danger, Farang. Car la mère de celle que tu veux pour femme est une terrible sorcière : à tout homme qui vient lui demander sa fille, elle jette un maléfice qui le fait mourir.

— Peu m'importe, répond Farang. Pour mon malheur ou pour mon bonheur, j'ai décidé d'épouser Fatimata. Demain matin dans ma grande pirogue vous m'accompagnerez à Tigilem où j'irai faire ma demande. Et nous chanterons sur la rivière comme de braves gens sans peur.

Le lendemain matin, Farang et les trois cent trente-trois hommes de sa tribu débarquent à Tigilem. Ils offrent aux gens du village de la viande, des poissons et du miel comme on doit le faire quand on rend visite à ses voisins, et Farang se présente devant la maison de Fatimata. Il se penche sur le seuil car il est plus grand que la porte.

— Mère, dit-il, je suis venu te demander la main de ta fille.

La sorcière apparaît devant lui. Son visage est tordu par un méchant sourire. Elle répond, d'une voix grinçante :

— Hé, que Dieu t'anéantisse, Fatimata n'est pas en âge de se marier, surtout avec un homme comme toi. Tu la tuerais. Tes grosses mains lui briseraient les côtes. Va-t-en.

Elle lui jette une poignée de poussière. Farang s'en va tristement, le dos courbé, vers le fleuve où les hommes de sa tribu l'attendent.

Or, sur son chemin, il rencontre le père de Fatimata. Comme ce chemin est étroit, Farang, poliment, pour laisser le passage au vieil homme, appuie son dos contre un mur. Mais son geste est si vif que d'un coup d'épaule il fait s'écrouler cent pierres dans l'herbe. Il se raccroche à la façade d'une maison. La maison tombe en poussière. Il s'adosse à un baobab. Le baobab craque et s'abat dans l'herbe.

— Père de Fatimata, dit Farang, excuse-moi de faire tant de dégâts sur ton chemin. Je suis venu demander la main de ta fille, qui m'a été refusée, et je suis un peu nerveux.

— La main de ma fille? répond l'autre. Farang, brave Farang, je te la donne, moi. Je te donne même ses bras, ses jambes, sa tête, sa bouche, son corps tout entier.

Farang rit aux éclats, embrasse son beau-père, revient chercher Fatimata, et sur sa pirogue il l'emporte, gémissante, car elle n'aime pas l'époux que lui a donné son père. Elle ne veut pas vivre avec lui. Voilà pourquoi, à peine installée dans la maison de Farang elle envoie son serviteur à sa mère, au village de Tigilem, pour lui demander conseil. La sorcière confie à ce serviteur une poignée de sciure de bois rouge, avec ce message : « Que ma fille répande ceci sur le seuil de sa maison. Quand son mari entrera, il mourra. »

Ainsi fait Fatimata. Elle répand la sciure de bois rouge

devant sa porte. Le soir venu, Farang vient coucher auprès de son épouse aussi joyeux qu'à l'ordinaire : la malédiction ne l'incommode pas. Le lendemain matin, il prend son arc, ses flèches et s'en va à la chasse. Fatimata pleurant de rage le regarde s'éloigner sur le chemin. Puis elle appelle son serviteur et lui dit :

— Farang à la nuit tombée est entré dans la maison, au soleil levant il est sorti, et il n'a même pas la migraine. Va dire cela à ma mère !

Le serviteur s'en va à Tigilem, chez la sorcière. Le lendemain il est de retour à Gao, tout essoufflé, avec un sachet de poudre. Il le donne à Fatimata.

— Assaisonne avec ceci le dîner de Farang, dit-il, et il mourra avant le prochain matin.

Quand Farang, au crépuscule, revient de la chasse, Fatimata pose devant lui, sur la table, un plat de poisson grillé. Farang le flaire, l'examine, les yeux plissés, puis il dit en riant :

— Fatimata, tu as empoisonné mon repas. Mais peu importe. Par amour pour toi je le mangerai quand même.

Il dévore son dîner, joyeusement, comme un homme affamé. Le lendemain matin, frais comme l'œil d'une source, il s'en va à la pêche.

Fatimata désespérée appelle à nouveau sa mère au secours. La sorcière, cette fois, vient à Gao, déguisée en vieille mendiante. Elle dit à sa fille ceci :

— Défais tes cheveux tressés et répands sur ta tête la cendre du foyer. Quand Farang rentrera, ce soir, il te dira : « Coiffe-toi et enduis ta chevelure d'huile. » Tu lui répondras : « Je veux bien enduire ma chevelure mais je ne le ferai qu'avec une boule de graisse prise dans le ventre de l'hippopotame de Dendera Gouzou. »

Le soir venu, quand Farang entend ces paroles, il pose les mains sur son visage et dit :

— Ainsi, Fatimata, tu veux ma mort. Soit. Par amour pour toi j'irai combattre l'hippopotame de Dendera Gouzou. Mais si je le tue, je te tuerai aussi, à mon retour. Et s'il me tue, les trois cent trente-trois compagnons de ma tribu te tueront, car tu es trop cruelle.

Farang s'en va. Le lendemain matin au bord du fleuve, il appelle les trois cent trente-trois hommes de sa tribu et leur dit :

— Pour plaire à Fatimata, je vais combattre l'hippopotame de Dendera Gouzou. S'il me tue, égorgez mon épouse, car elle est aussi belle que cruelle. Adieu, compagnons.

— Que Dieu te garde, pleurent les hommes. Fatimata n'est pas digne d'un amour aussi fou. Mais si nous ne pouvons te retenir parmi nous, au moins accepte nos lances et nos harpons.

Chacun en gémissant offre ses armes à Farang, et Farang s'éloigne sur le fleuve avec, au fond de sa pirogue, les trois cent trente-trois lances et les trois cent trente-trois harpons de ses compagnons.

Il navigue une demi-journée. Au milieu du courant sa barque fend les vagues. Alors devant lui surgit des eaux boueuses l'énorme hippopotame de Dendera Gouzou. Farang aussitôt empoigne ses trois cent trente-trois armes aux pointes de fer, il se dresse à la proue de sa pirogue et livre bataille. De toutes ses forces il jette ses harpons et ses lances dans la gueule béante du monstre. Mais le monstre brise et croque ces harpons et ces lances, et se rince la bouche dans le courant du fleuve.

— Je suis perdu, se dit Farang.

Il rame vers la rive, bondit à terre et prend la fuite à travers la savane. L'énorme bête galope à ses trousses, faisant sonner la terre comme une peau de tambour. Alors Farang, loin du fleuve s'arrête dans les hautes herbes et se retourne, les bras ouverts, en hurlant, la tête levée vers le soleil :

— Par le dieu des sept cieux, il ne sera pas dit que j'ai fui devant un hippopotame. Les femmes de Gao ne raconteront pas cela et les hommes de Gao ne l'entendront pas.

La bête fonce sur lui tête baissée. Farang abat son poing sur son crâne rocheux. Elle tombe et se relève. Ils combattent au corps à corps. Les pattes de l'hippopotame labourant le sol creusent un lac. Les pieds de Farang soulèvent une grande dune pointue. Au-dessus d'eux un immense nuage de poussière obscurcit le ciel. Les gens de Gao l'aperçoivent au loin :

— Venez voir, disent-ils, venez voir !

Ils courent dans la savane, ils s'assemblent autour du champ de bataille. Alors, le plus vieil homme du village, Alfa Mahalmoudou, s'approche, en trottinant, dans la poussière du combat. Il abat sa canne de roseau entre Farang et l'hippopotame. Aussitôt les deux combattants tombent comme des pantins, chacun de leur côté.

— Cessez ce jeu stupide, dit le vieil Alfa.

Farang se relève, furibond. Il braille :

— Il faut que je tue cet hippopotame ou qu'il me tue.

— Bah, tu n'es qu'un enfant sans cervelle, dit l'ancêtre.

La bataille reprend. Les gens de Gao supplient Alfa de séparer à nouveau les combattants. Deux fois encore le vieillard abat sa canne de roseau. Deux fois le monstre et le héros tombent dans l'herbe, sur le cul. Deux fois ils se relèvent et foncent l'un sur l'autre, tête baissée. Alors Alfa Mahalmoudou dit tristement :

— Farang, je m'en vais et les gens de Gao s'en vont aussi. Appelle à ton secours les esprits de la savane, sinon tu vas mourir.

— Je sens que tu as raison, répond Farang.

Le voilà seul en face du monstre. Tous ses compagnons sont partis avec Alfa. Il appelle les esprits de la savane, et les esprits de la savane descendent du ciel sous la forme de grands oiseaux blancs. A coups de bec, à coups de griffes ils déchirent le cuir de l'hippopotame. Farang égorge la bête colossale, il recueille la graisse de son ventre et revient à Gao, épuisé, couché au fond de sa pirogue.

Il rentre chez lui. Son épouse Fatimata, le voyant franchir le seuil de la maison, met ses deux mains devant sa bouche, étouffant un cri de surprise et de terreur.

— Voici la graisse de l'hippopotame de Dendera Gouzou, lui dit-il. Enduis tes cheveux, et coiffe-toi.

Fatimata se coiffe. Elle tresse sa chevelure avec des fils d'argent et d'or, elle met des anneaux à ses chevilles, une ceinture autour de ses reins, à ses poignets des bracelets. Elle se pare de tous ses bijoux. Ainsi elle apparaît souriante devant Farang, et Farang la trouve plus belle qu'elle ne fut jamais. Il s'assied près d'elle. Il rit, il l'embrasse. Sept jours et sept nuits ils restent ainsi ensemble à parler, à s'aimer, sans boire ni manger. Alors les trois cent trente-trois compagnons de Farang s'assemblent devant sa porte et crient :

— Farang, tu nous fais honte. Tu as promis d'égorger Fatimata si tu tuais l'hippopotame de Dendera Gouzou.

— C'est vrai, répond Farang, mais je n'en ai pas le courage. Tuez-la vous-mêmes, compagnons.

Farang sort, le dos voûté, et s'en va seul vers la forêt. Les hommes de sa tribu entrent. Ils égorgent Fatimata. Au bout du chemin le héros se retourne avant de disparaître sous les grands arbres. Il regarde brûler sa maison. Ainsi finissent ses étranges amours. Ainsi finit l'histoire.

Samba Gana et la princesse Annalja

Il était une fois une princesse triste nommée Annalja. Le jour où son père mourut, vaincu au mauvais jeu de la guerre par le roi du pays voisin, Annalja déclara qu'elle n'épouserait jamais qu'un conquérant capable de lui apporter, en cadeau de mariage, quatre-vingts villages enchaînés à la selle de son cheval. Elle attendit donc cet homme rare. Elle l'attendit si longtemps qu'elle perdit le goût du rire, et s'enferma dans une mélancolie de plus en plus méchante. Il vint pourtant, le guerrier espéré. Il s'appelait Samba Gana. C'était un prince insouciant qui courait les chemins du monde en compagnie d'un chanteur de légendes nommé Bari. Un jour, au bord du Niger, Bari chanta devant son ami l'histoire d'Annalja. Samba Gana assis dans l'herbe écouta jusqu'au bout le chant, puis bondit sur ses pieds, les yeux brillants :

— Je veux épouser cette superbe princesse, dit-il.

Et ils s'en allèrent par les savanes et les forêts.

Maintenant voici Samba Gana devant Annalja la mélancolique. Il lui dit :

— Montre-moi les villages que je dois conquérir pour toi.

Sans sourire, l'air sévère et majestueux, Annalja désigne, de la pointe d'un couteau d'or, quatre-vingts villages sur une carte d'écorce.

— Je pars sur l'heure, dit Samba Gana. Je te laisse mon ami Bari, le chanteur de légendes. Il te distraira pendant mon absence.

Un an passe. Un matin Samba Gana revient et se présente sous les hautes murailles du palais d'Annalja. Fièrement dressé sur son cheval noir il rit au grand soleil. Il tient enchaînés à sa selle quatre-vingts princes vaincus. Annalja fait ouvrir ses portes. Elle accueille le conquérant, assise bien droite sur son trône, impassible.

— J'ai vengé ton père, j'ai soumis quatre-vingts villages, lui dit Samba Gana. Pourtant tu ne souris pas. Pourquoi ?

Elle répond :

— Parce que Bari le chanteur de légendes m'a conté l'histoire du serpent Issa Beer. Le serpent Issa Beer vit près de la source du Niger. Si tu parviens à le soumettre je sourirai, oui, je rirai comme toi.

Samba Gana s'en va dans la montagne. Bari cette fois l'accompagne. Ensemble ils traversent les neiges éternelles. Les voici dans le gris du ciel et le blanc très pur de la cime. C'est là que vit Issa Beer, le serpent aux naseaux fumants, au corps immense et ondulant, couvert d'écailles de cuivre rouge. Ses crocs sont longs comme des défenses d'éléphant. Sous son front plat ses yeux luisent comme des feux de camp. C'est une bête colossale. Dans sa gueule ouverte pourraient entrer deux buffles traînant un chariot. Samba Gana, dressé sur son cheval noir, tenant d'une main les rênes, de l'autre brandissant sa longue lance, chevauche sur la montagne déserte et livre bataille. Pendant huit longues années il se bat. Il brise huit cents lances et quatre-vingts sabres de fer sur les écailles du monstre. Enfin la dernière lame s'enfonce jusqu'à la garde dans la carcasse d'Issa Beer, et le sang coule sur la neige. Issa Beer se soumet. Alors Samba Gana tend son arme à Bari son compagnon :

— Va la déposer aux pieds de la princesse Annalja, dit-il. Dis-lui que j'ai soumis le serpent Issa Beer. Et vois si enfin elle sourit.

Bari s'en va, dévale la montagne, traverse la plaine, parvient au palais d'Annalja, dépose le sabre devant le trône, aux pieds de la princesse mélancolique. Mais Annalja ne daigne pas sourire.

— Samba Gana a-t-il vaincu Issa Beer ? dit-elle.

— Samba Gana a vaincu Issa Beer, répond Bari.

— Va lui dire qu'il ramène ici ce serpent fabuleux. Je veux le voir enchaîné au pilier central de mon palais.

Elle se détourne. Bari s'en va. Il porte à son ami ces paroles sèches. Samba Gana sur la montagne éclate d'un rire énorme.

— Elle me demande trop, dit-il.

Il prend son sabre à deux poings, il l'enfonce dans sa poitrine, tombe sur les genoux et dit adieu au monde. Il est mort, le héros. Samba Gana est mort. Alors Bari le conteur de légendes ramasse le sabre et s'en retourne au palais d'Annalja. Et devant la princesse il dit :

— Cette arme est tachée du sang de Samba Gana. Il est mort en riant. Il est mort pour toi qui n'as jamais souri.

Annalja ne dit mot. Elle sort dans la cour, elle monte sur son cheval. Elle s'en va aux sources du Niger, amenant avec elle son peuple. Elle retrouve le corps de Samba Gana poudré de neige. Huit mille hommes creusent son tombeau. Au-dessus de lui ils construisent une pyramide si haute qu'elle dépasse les cimes des montagnes alentour. A l'aube claire Annalja grimpe au sommet de cette pyramide.

— Maintenant, dit-elle, regardant le soleil, le tombeau de Samba Gana est aussi grand que son nom.

Alors elle rit. Elle rit pour la première fois depuis sa lointaine enfance. Et elle meurt en riant, elle aussi. En riant elle rejoint Samba Gana. Ensemble ils s'en vont, en courant comme deux enfants, loin des murailles trop étroites de la vie, dans les vastes espaces de l'éternité.

III. MONDE ARABE

La pierre rouge

Le jour où commence cette histoire, toutes les fenêtres du palais sont bleues : la septième femme du sultan de Samarcande met au monde un garçon, aussitôt baptisé Emhammed. L'enfant grandit, instruit par les savants et les poètes les plus fameux du royaume, mais plus il étudie, plus il devient violent, batailleur, malfaisant, au point que son père, désespéré de le voir ravager son palais, persécuter ses serviteurs, insulter ses vizirs, décide de l'exiler.

— Va-t-en, lui dit-il, je suis fatigué de toi.

Il lui donne un mulet, quelques provisions et Emhammed s'en va tristement, trébuchant aux cailloux du chemin. Sa mère l'accompagne : elle n'a pas voulu abandonner son fils. Ils vont ensemble, droit devant eux, des jours, des nuits. Ils s'épuisent. Un soir, la pauvre femme à bout de forces tombe sur le sable du désert en gémissant :

— Je ne peux aller plus loin. Je meurs de soif.

Emhammed l'enveloppe dans une couverture.

— Tu ne mourras pas, lui dit-il, je vais chercher de l'eau. Avant l'aube je serai de retour.

Il s'en va, sur son mulet. Il erre longtemps. Enfin, à la lueur de la lune, dans la nuit claire, il aperçoit, au loin, une oasis. Sous les arbres de cette oasis, il découvre une fontaine, il puise de l'eau, il revient vers sa mère, il la ranime. Au matin il la conduit à l'ombre fraîche des palmiers. Là, ils campent, au bord de la source. Ce jour-là, ils se reposent. Le soir venu ils s'endorment paisiblement dans le parfum des buissons de fleurs.

Au milieu de la nuit, Emhammed est réveillé par des bruits

étranges. Il se lève. Quelqu'un gémit, là-bas, dans l'ombre. Il s'avance sur la pointe des pieds. Dans la lumière pâle de la lune, il aperçoit une jeune fille d'une grande beauté. C'est elle qui pleure et se plaint lamentablement : elle est suspendue par les cheveux à la branche basse d'un grand arbre, et de sa poitrine fendue le sang ruisselle. Mais à peine ce sang vif a-t-il touché le sol qu'il se change en petites pierres rouges, lumineuses, magnifiques. Emhammed ramasse une de ces pierres précieuses, il la met dans sa poche, puis il grimpe sur l'arbre pour dénouer la chevelure de la jeune fille attachée à la branche. A peine est-il dans le feuillage que le ciel tonitruant s'ouvre au-dessus de sa tête. Un tourbillon noir descend sur l'oasis. De cette nuée sort un démon terrifiant. Emhammed s'enveloppe de feuilles pour n'être pas découvert. Le démon s'approche de la jeune fille. Il souffle sur elle, prononce une formule magique. Voilà la pauvre torturée debout devant lui, tout à coup délivrée. Le monstre pose ses mains sur elle. De petites flammes jaillisent de ses yeux. Il rugit :

— Aime-moi ! Aime-moi !

Elle se débat et le repousse. Alors le démon prononce une nouvelle incantation magique et disparaît. La jeune fille se retrouve comme elle était, pendue par les cheveux, perdant son sang par sa gorge fendue. Emhammed, que ces prodiges épouvantent, s'éloigne, rejoint son campement et réveille sa mère. Il lui raconte ce qu'il vient de voir.

— Ne restons pas ici, lui dit la pauvre femme. Cet endroit est maléfique.

Ils font à la hâte leurs bagages et ils s'en vont, poussant leur mulet dans le désert.

Le lendemain, ils parviennent aux portes d'une grande et belle ville aux remparts de pierre brune. Dans cette ville, ils louent une petite boutique sur une place populeuse et vivent là, tranquillement. Un soir, comme il prend le frais devant sa porte, Emhammed pense tout à coup à la pierre rouge qu'il a oubliée au fond de sa poche. Il la prend dans sa main. Aussitôt elle se met à briller tant et si doucement que sa lumière illumine la façade de sa maison. Emhammed prend un livre et se met à lire à voix haute, dans la lumière de la pierre. Ce soir-là, il parle avec tant d'éloquence paisible, avec tant de charme que tous les soldats du guet et les gardiens de la cité se rassemblent autour de lui pour l'écouter. Le lendemain, ils racontent partout ce qu'ils ont vu, et entendu. Alors le roi de la ville convoque Emhammed dans son palais. Il lui dit :

— Quelle est cette lumière qui t'éclairait cette nuit ?

Emhammed ouvre sa main :

— Voici, dit-il. Cette pierre rouge m'éclairait.

Le roi se penche et s'émerveille.

— J'aimerais l'offrir à ma fille, dit-il.

— Je te la donne, répond Emhammed.

Il la met dans la main du roi.

Quand la princesse voit cette pierre précieuse elle joint les mains devant son visage, tant elle la trouve belle. Elle s'écrie :

— J'en veux une autre.

Le roi se tourne vers Emhammed.

— As-tu entendu ? lui dit-il.

Emhammed hoche la tête. Il s'en va.

Le voici dans l'oasis où il rencontra la jeune fille pendue par les cheveux, perdant son sang par sa gorge blessée. Il la revoit à la lueur de la lune, comme il l'a vue. A ses pieds, chaque goutte de sang tombée sur le sol se change en pierre rouge. Il ramasse une de ces pierres. Il veut à nouveau délivrer la prisonnière : il ne peut. Cette fois encore le tonnerre gronde, le ciel se fend et le démon qui la persécute apparaît en rugissant. Emhammed se cache, il écoute les incantations magiques que prononce le malfaisant, et prend la fuite en tremblant. Il revient à la ville, il offre sa deuxième pierre à la fille du roi. Alors elle sourit et tend la main :

— J'en veux une troisième.

Emhammed baisse la tête. Il revient vers sa mère qui l'attend à la porte du palais royal et lui dit :

— Par le dieu qui a inscrit sur mon front les épreuves de ma vie, cette nuit je combattrai le démon qui torture la jeune fille de l'oasis. Je sais par cœur la formule magique qu'il prononce pour lui rendre la vie. Ou je la sauverai, ou je mourrai. Ma mère, adieu.

Sur son chemin il rencontre un vieillard. Ce vieillard courbé sur son bâton le regarde, saisit son poignet et lui dit :

— Tu vas livrer un terrible combat, fils. Où sont tes armes ? Le ravisseur des épousées — c'est ainsi que l'on nomme le démon de l'oasis — le ravisseur des épousées n'est pas un ennemi que l'on peut combattre à mains nues. Prends mon bâton, tu en auras besoin.

— Merci vieil homme, dit Emhammed.

Il saisit ce bâton. Alors, dans son poing, il se métamorphose soudain en une épée étincelante, si dure et si tranchante, qu'elle pourrait trancher un roc en deux. Emhammed ébloui contemple un instant cette arme merveilleuse, puis il lève les yeux vers le vieillard. Mais il ne voit autour de lui que le sable du désert. L'étrange pèlerin a disparu.

Maintenant, les étoiles s'allument dans le ciel. Dans l'oasis, Emhammed attend le démon. Le ciel se fend. Dans un tourbillon noir le ravisseur des épousées apparaît. Emhammed lève son épée qu'il tient à deux mains, il l'abat et d'un seul coup partage en deux le monstre. La jeune fille pousse un grand cri. Il la délivre. Elle ne saigne plus, elle ne souffre plus. Le maléfice est rompu. Voici les deux jeunes gens face à face.

— Me veux-tu pour époux ? lui dit Emhammed.

Elle répond :

— Me veux-tu pour femme ?

Ils rient ensemble. Ensemble ils reviennent à la ville. Emhammed va offrir à la princesse sa troisième pierre et rentre chez lui.

Le lendemain matin, les gardes du roi viennent le chercher et le conduisent au palais.

— Ma fille, lui dit le roi, veut maintenant un collier de corail rouge. Qu'il soit ici sur cette table, avant demain midi. Sinon, tu auras la tête tranchée.

Emhammed revient auprès de sa femme, désespéré.

— Ne te désole pas, lui dit-elle. Demain, à l'heure dite, la fille du roi aura ce qu'elle désire.

De la pointe d'un couteau elle s'entaille le doigt et du sang qui coule, goutte à goutte, naît un collier de corail. Emhammed, triomphant, au creux de ses mains jointes le porte au palais.

— C'est bien, lui dit le roi. Mais aujourd'hui, la princesse ma fille fait un nouveau caprice. Elle veut un tapis assez grand pour recouvrir la ville entière.

Emhammed triste à mourir, la tête dans les épaules, va confier à sa femme sa nouvelle douleur.

— Je suis perdu, dit-il. Je ne pourrai jamais trouver un tapis de pareilles dimensions.

Elle répond :

— Fais-moi confiance. Reviens à l'oasis où j'étais prisonnière. Au cœur de cette oasis est un arbre immense. Dans le tronc de cet arbre est une porte. A cette porte tu frapperas. Une vieille femme viendra t'ouvrir. Tu lui diras : « Ta fille t'envoie bien le bonjour. Elle te demande de me remettre le mouchoir avec lequel elle jouait quand elle était petite. »

Ainsi fait Emhammed. Il court à l'oasis, et la vieille femme lui remet le mouchoir demandé. « Il ne pourra jamais couvrir la ville entière », se dit Emhammed. Il le porte au roi, pourtant. Alors un coup de vent emporte le bout d'étoffe par la fenêtre. Et voilà qu'il s'étire, dans le ciel, il grandit tant et si bien qu'il recouvre bientôt toute la ville. La princesse bat des mains devant ce prodige. Puis elle dit à Emhammed :

— Maintenant je sais que tu es assez puissant pour m'offrir ce que je désire le plus au monde : l'homme grand comme ma main qui porte une épée longue comme mon bras.

— Elle est folle, se dit Emhammed, et je vais mourir de sa folie.

Il revient chez lui. Sa femme le console :

— Cette fois, lui dit-elle, tu es au bout de tes peines. Reviens cogner au grand arbre de l'oasis, et dis à la vieille femme qui t'ouvrira la porte : « Ta fille te souhaite le bonjour. Elle te fait dire de lui envoyer son père. Elle languit du désir de le voir. »

Quand Emhammed dit ces paroles à la vieille femme, elle lui répond en riant :

— Il est déjà parti. Si tu cours comme une gazelle, tu pourras peut-être le rattraper.

Emhammed revient à la ville. Au palais royal, il découvre un étrange spectacle : le roi et sa fille sont morts, décapités par une épée longue comme le bras. Cette épée, un bonhomme grand comme la main la traîne maintenant sur les dalles. Il vient à la rencontre d'Emhammed. Il lui dit, d'une voix fluette :

— Je suis le roi des génies. Tu as délivré ma fille, tu l'as épousée et tu la rends heureuse. Il est juste que je te fasse un cadeau. Le roi de cette ville est mort, je t'offre son royaume.

C'est ainsi qu'Emhammed devint roi. Son histoire finit ici, car un roi véritable est comme un arbre immobile au centre du monde.

Les babouches d'Abou Kacem

Autrefois à Bagdad vécut un fameux marchand nommé Abou Kacem. Il était la plus parfaite caricature d'avare, de mesquin, de grigou, que l'on puisse imaginer. Il était très riche, mais il ne voulait pas que cela se sache. Il y a des gens ainsi qui jouent volontiers les misérables devant leur buffet bourré d'or. Abou Kacem était de ceux-là. Mais ce qui le distinguait des drôles de son espèce, et qui avait fait de lui le plus pittoresque de tous les grippe-sous de Bagdad, c'étaient ses babouches. Même le mendiant le plus loqueteux d'Arabie aurait eu honte de tomber mort chaussé de babouches pareilles, tant elles étaient sales, mille fois rapetassées, informes, répugnantes.

Or, un jour Abou Kacem, au bazar de Bagdad, réussit un coup de maître : à un négociant en faillite, il achète, pour une bouchée de pain, tout un assortiment de fioles de cristal, et un stock d'essence de rose. Il compte bien, évidemment, revendre au détail les flacons d'essence de rose dix fois plus cher qu'il ne les a payés. A Bagdad, en ce temps-là, n'importe quel honnête marchand, pour fêter cette bonne affaire, aurait offert un petit banquet à ses relations. Abou Kacem, lui, ne songe pas un instant à pareille folie, mais décide tout de même de célébrer l'événement. « Au diable l'avarice, se dit-il, je vais aller prendre un bain. » Majestueux comme un roi de la cloche, il entre donc dans le plus bel établissement de bains de Bagdad, où il n'a jamais mis les pieds. Il se déshabille au vestiaire commun, il aligne ses ignobles babouches à côté de celles des autres clients, et se laisse aller aux délices du bain chaud. Puis, parfumé, rasé de frais, il retourne au vestiaire pour se rhabiller. Là, il ne retrouve plus ses babouches. A la place où il les a laissées, il en découvre d'autres, magnifiques, qui sentent bon le cuir neuf. « Un de mes amis, se dit-il, a sans doute voulu me faire un cadeau. Quelle aimable attention. »

Abou Kacem, tout réjoui, chausse les babouches neuves et s'en va.

Or, le juge du tribunal de Bagdad sort derrière lui, de son bain, cherche partout ses chaussures et ne les trouve pas. A la place, il découvre d'abominables godasses qu'il reconnaît aussitôt :

— Ce sont celles d'Abou Kacem, dit-il, il n'y a pas deux paires pareilles dans Bagdad.

Aux pieds d'Abou Kacem on découvre les babouches du juge. Le pauvre bougre avait cru qu'on lui avait fait un cadeau : il s'était trompé de savates. Mais pour le juge, l'affaire est claire : Abou Kacem est coupable de vol. Il le condamne à payer une amende colossale. Abou Kacem paie — que peut-il faire d'autre ? et on lui rend ses vieilles savates.

Du coup, il ne peut plus les supporter. Il rentre chez lui, fou de rage, et les jette par la fenêtre. Elles tombent dans le fleuve dont les eaux boueuses roulent au pied de sa maison. Quelques jours plus tard, elles s'empêtrent dans le filet d'un pêcheur. Ce pêcheur aussitôt les reconnaît, tant elles sont célèbres. Il prend ces débris dégoulinants et de la ruelle les lance par la fenêtre ouverte d'Abou Kacem. Le malheur veut qu'elles tombent sur la table où justement le pauvre homme est en train de remplir d'essence de rose les flacons de cristal qu'il a achetés à si bon compte. Les flacons, le parfum et les godasses se répandent sur le carrelage, en un lamentable magma d'éclats de verre mêlés de boue. Abou Kacem s'arrache la barbe en poussant des cris d'écorché vif. Il vient de perdre là une petite fortune, par la faute de ces misérables babouches. Il les empoigne, va au bout de son jardin, creuse un grand trou, les enfouit, rebouche le trou. Un coup de talon sur le tas de terre :

— Voilà, dit-il, maintenant elles sont mortes et enterrées, ces godasses de malheur. Elles ne me tourmenteront plus.

Hélas ! Le voisin d'Abou Kacem l'a vu creuser comme un forcené, au fond de son jardin. Cela lui semble bizarre. « Ce vieil avare, se dit-il, aurait découvert un trésor que je n'en serais pas étonné. » Or, tout ce que trouve un chercheur de trésor appartient de droit au calife de Bagdad. La loi est ainsi faite. Le voisin court chez le juge, et dénonce Abou Kacem.

Abou Kacem est convoqué devant le tribunal.

— Ce sont mes babouches que j'ai enterrées, dit-il, piteusement.

Un énorme éclat de rire secoue l'assemblée. C'est invraisemblable. Personne ne croit pareille sornette. Inutile de vérifier ce qu'il cache au fond de son jardin. On sait : un trésor. Abou Kacem est condamné à une amende telle qu'il en tombe sur les genoux. Il se relève enfin, après longtemps de lamentations va déterrer ses babouches, les fourre dans un sac, sort de Bagdad, le sac sur son épaule, jette le tout, en pleine campagne, dans un étang. Deux fois hélas ! Cet étang est le réservoir d'eau de la ville de Bagdad. Les babouches, entraînées dans un tourbillon, s'engouffrent dans un conduit et le bouchent. Les ouvriers chargés de réparer les dégâts trouvent les sandales, les reconnaissent. Abou Kacem, aussitôt accusé de pollution des eaux, doit payer une nouvelle amende. Cette fois il est ruiné. Mais on lui rend ses babouches. Alors écumant comme un enragé, il décide de les brûler. Il rentre chez lui, les met à sécher sur son balcon avant de les jeter au feu. Trois fois hélas ! Un chien joue sur ce balcon. Il bouscule une sandale qui tombe dans la rue, juste sur la tête d'une femme enceinte. Du coup la voilà prise de convulsions. Elle fait une fausse couche. Son mari se précipite chez le juge, accuse Abou Kacem, qui pour payer l'amende est obligé de vendre sa maison, son dernier bien. Mais cette fois, devant le tribunal, le bonhomme rit comme un innocent.

— Mes babouches, dit-il, je vous les donne. Je vous en fais cadeau. Voilà. Non, ne me remerciez pas.

Maintenant, parce qu'il est démuni de tout, son cœur est enfin paisible. On ne peut plus rien lui prendre, il n'a donc plus rien à redouter. Il est libre.

— Merci, infâmes godasses, dit-il.

Et il s'en va, pieds nus, en plein soleil.

Hachachi-le-menteur

Il était une fois, au bord des dunes brunes du Sahara, sous le soleil éclatant, une cité blanche à l'ombre des palmiers. Dans cette cité vivait un homme nommé Hachachi. C'était l'un des plus fameux personnages de la ville, il était fort connu, surtout des enfants et des vagabonds qui lui faisaient escorte dans les ruelles du souk. Hachachi aimait bien les enfants. Il était parmi eux une sorte de roi en guenilles. Il régnait par la parole. Il racontait à qui voulait l'entendre sa vie imaginaire, ses exploits mirifiques, ses aventures héroïques, ses énormes combats. Hachachi pourtant était plutôt fluet, il avait l'air d'un grand oiseau déplumé, avec ses trois poils au menton, son turban en lambeaux et ses jambes maigres au bout de sa djellaba trop courte. Mais c'était un sacré bon menteur : il parlait si bien que les gens le croyaient, ou faisaient si bien semblant de le croire qu'à la fin ils étaient persuadés que devant eux paradait un héros de légende.

Or, un jour, voilà qu'un lion féroce et gigantesque vient rôder sur les chemins, aux portes de la ville. Il ravage les troupeaux, attaque les caravanes. Plus aucun voyageur n'ose s'aventurer dans la campagne. Alors le sultan de la cité fait battre tambour sur les places publiques et le crieur annonce solennellement ceci :

— Avis à la population : notre bon sultan donnera sa fille en mariage à celui qui délivrera le pays de ce lion des sables qui ravage nos troupeaux.

Aussitôt les plus fringants jeunes gens du peuple affûtent leurs sabres, sellent leurs chevaux et s'en vont fièrement parmi les sonneries de trompettes et les cris guerriers de la foule. Hélas, seul un cheval aux flancs déchirés revient le lendemain s'effondrer au pied des murailles. Toute la nuit, les chants funèbres s'élèvent vers la lune. Le lion a bel et bien dévoré la fine fleur de la jeunesse. Alors le sultan convoque devant lui le fameux Hachachi, dont il connaît les fabuleuses histoires. On lui a si souvent parlé de ce héros en haillons qu'il croit en sa puissance. Il lui dit :

— Toi seul peux nous délivrer de ce monstre. Je te donne l'ordre d'aller le combattre. Tu ne peux refuser, car si tu n'obéis pas je te ferai trancher la tête.

Hachachi-le-menteur s'incline, sort du palais, au grand soleil, environné d'une meute d'enfants triomphants. Ses jambes tremblent et sa barbiche aussi. Sa gorge est nouée. Il rentre chez lui, s'enferme dans sa cabane délabrée et réfléchit. Il n'a qu'un âne pour toute monture. Son sabre est en bois : c'est un bâton noueux. Il se dit : « L'art du sage, c'est l'art de la fuite. Avec un peu de chance, le lion oubliera de me voir, et je pourrai me réfugier dans une ville plus hospitalière. » Il fait quelques provisions de boulettes de viande mélangée à du kif (le kif est une drogue enivrante), et s'en va comme un vagabond anonyme, son baluchon sur l'épaule.

A peine les murailles de la ville ont-elles disparu derrière une dune que voilà le lion. Il trottine tranquillement, le soleil dans le dos. Il vient vers Hachachi, flairant une proie facile. Hachachi pousse un hurlement de terreur, tourne la tête à droite, à gauche, aperçoit un palmier bien planté sur le sable, court comme un dératé, grimpe à l'arbre. Le lion vient frotter son échine contre l'écorce. Il s'installe, à l'ombre. Hachachi, dans les branches, fait une prière fiévreuse, qui ne dérange guère le fauve. Deux heures passent. Le pauvre homme qui commence à se sentir ankylosé, là-haut, se dit que s'il lui donne ses boulettes de viande et de kif, peut-être ce bougre d'animal acceptera-t-il de lever le siège. Il lâche donc ses provisions sur le museau du lion. L'autre flaire cette bonne viande grillée qui lui tombe du ciel et engloutit tranquillement jusqu'à la dernière boulette. Puis il bâille puissamment, fait trois pas titubants, tombe le museau dans le sable, et se met à ronfler, tellement ivre de kif qu'il rêve d'éléphants bleus. Hachachi aussitôt dégringole de son perchoir, commence à s'éloigner sur la pointe des pieds, puis se ravise. « Après tout, se dit-il, tant qu'il plane dans les béatitudes de l'ivresse, ce lion est à ma merci. Il faut en profiter. » Il vient à pas menus tapoter affectueusement la croupe du monstre qui se réveille à peine, se dresse péniblement sur ses énormes pattes. Hachachi grimpe sur son dos, et le guide à coups de talons, comme un âne, vers la ville, en chantant faux une berceuse un peu tremblante.

On l'accueille comme un prophète, chevauchant son lion somnolent que le sultan fait aussitôt enchaîner dans ses caves, avant de donner sa fille en mariage au glorieux Hachachi.

On dit que le jour de ses noces, Hachachi-le-menteur raconta si bien son combat contre le fauve gigantesque que ses paroles s'inscrivirent d'elles-mêmes en images multicolores sur les murs et que le soleil s'arrêta trois jours entiers devant les fenêtres du palais, pour l'écouter.

Asie

IV. INDE

Balam et le destin

Dans le vaste pays de l'Inde vécurent autrefois deux frères. L'un était riche, et l'autre misérable. Une nuit, désespéré de n'avoir plus le moindre grain d'orge à se mettre sous la dent, le plus pauvre des deux, qui s'appelait Balam, prit sa faucille et s'en alla dans le champ de son frère, à pas de loup, honteux, l'échine courbe sous la lune, décidé à lui voler quelques poignées de grains, juste de quoi ne pas mourir trop maigre.

Or, à la lisière du champ, dans l'ombre noire il se cogne contre un homme tout à coup dressé devant lui. Cet homme l'agrippe par le bras et lui dit :

— Que viens-tu faire ici ?

Balam pousse un cri de terreur, il tremble, les yeux écarquillés, car la nuit est épaisse et il n'arrive pas à distinguer le visage de ce personnage à la voix aussi rude que le poing. Il bafouille :

— Je viens prendre quelques grains d'orge dans ce champ fraternel. Mes enfants meurent de faim, et moi je ne vaux guère mieux. Mais dis-moi, ombre, qui es-tu ?

— Je suis le destin de ton frère, répond le ténébreux. Je protège ses propriétés.

Balam entendant ces paroles s'esclaffe amèrement :

— Si tu es le destin de mon frère, où donc est le mien, veux-tu me le dire ? Où est-il, mon malheureux destin, qui permet que mes enfants agonisent ?

— Il dort au-delà des sept mers, répond la voix d'ombre, un peu narquoise. Si tu veux qu'il t'aide et te protège, va le réveiller.

Le pauvre Balam réfléchit un instant. Il est misérable mais courageux. Il décide donc de partir aussitôt à la recherche de son destin.

Il s'en va sur le grand chemin. Il marche, droit devant lui. Le vent, le soleil tannent son visage, il marche, pieds nus dans la poussière, le poing fermé sur son bâton. Un soir, au crépuscule, il s'endort au pied d'un amandier. Or, il entend en rêve cet amandier lui parler, et se plaindre :

— Je souffre, lui dit-il. Mes amandes sont amères, mon feuillage est malingre. Homme, quand tu seras au-delà des sept mers, demande à ton destin quel est mon mal, et reviens me soigner.

Balam promet, en rêve, de revenir. A l'aube il se réveille et reprend sa longue route.

Il parvient un jour dans une ville magnifique. Pourtant les gens qu'il croise dans les rues, sur les marchés, sont tristes à faire pleurer les cailloux. Il demande à un mendiant, assis sur les marches du palais royal, ce qui chagrine ainsi le peuple. Le mendiant lui répond :

— Notre roi va mourir. Voilà des années qu'il s'épuise à bâtir une tour qui refuse de tenir debout. Toutes les nuits, ce qui la veille a été construit s'écroule. Alors le roi se meurt de rage et de chagrin. Il ne comprend pas pourquoi cette maudite tour ne se dresse pas fièrement vers le ciel, comme elle le devrait.

Ainsi parle le mendiant. Puis il se penche à l'oreille de Balam et lui dit encore :

— Toi qui vas au-delà des sept mers — oui, je vois cela dans tes yeux — demande à ton destin quelle malédiction pèse sur notre ville, et reviens nous le dire.

Balam promet, et s'en va. Il marche longtemps, jusqu'au bord d'un vaste fleuve. Là il aperçoit, sur un roc, un nid d'aigles, où piaillent trois petits apparemment abandonnés. Un serpent rampe sur le rocher en sifflant, sa langue fourchue entre les dents. Balam le chasse à grands coups de bâton. Il était temps : le monstre ouvrait déjà sa gueule, au bord du nid. Alors un grand aigle royal apparaît dans le ciel. C'est la mère des aiglons qui revient de la chasse. Elle remercie l'homme :

— Que puis-je faire pour toi ? lui dit-elle.

— Si tu me portais au-delà des sept mers, répond Balam, tu me rendrais un fier service.

Aussitôt il se sent enlevé dans les airs. Il file dans les nuées, couché entre les ailes déployées de l'aigle. Il traverse des crépuscules, des nuits, des matins blancs. Il arrive enfin au bord d'un rivage gris, désert.

L'aigle se pose. Balam se laisse glisser sur le sable. Là, à quelques pas, il aperçoit une forme humaine couchée contre un rocher, enveloppée dans un drap couleur de terre. Deux pieds nus dépassent de ce drap. Balam se penche et tord les orteils en criant :

— Allons, debout, destin, paresseux imbécile. J'ai besoin de toi !

Le destin s'éveille en grognant. Il se dresse, son drap sur la tête.

— Maintenant, dit Balam, réponds à mes questions. Pourquoi l'amandier qui m'a parlé en rêve est-il malade ?

— Parce qu'un trésor est enfoui sous ses racines, répond le destin.

— Pourquoi le roi de la ville que j'ai traversée n'arrive pas à élever sa tour ?

— Parce que sa fille n'est pas mariée. Ce sont ses soupirs qui jettent bas les pierres.

— Maintenant suis-moi, et tâche de ne pas te rendormir.

Balam revient au pays des hommes, délivre l'amandier du trésor qui le rend malade. Le voilà riche. Puis il épouse la fille du roi et construit en plein cœur de la ville une tour si haute qu'elle joint la terre au ciel.

Ainsi finit le conte. Mais le conteur dit encore ceci : si les pauvres veulent un jour vivre heureux, qu'ils ne comptent pas sur leurs frères riches, mais plutôt qu'ils tordent les orteils de leur destin, et le réveillent !

Le prince Cinq-Armes et le géant Poigne-Velue

Un jour, dans le vaste pays de l'Inde, un prince nommé Cinq-Armes s'en va chasser dans la forêt. Il est fringant, intelligent, vif, audacieux. Il va, sous les arbres gigantesques, son arc sur l'épaule, son carquois dans le dos, son sabre à la ceinture. Mais il ne rencontre pas le moindre gibier : les tigres, les antilopes, les oiseaux, les singes même et les serpents semblent avoir déserté le pays. Seul le soleil joue dans les feuillages, et les sources murmurent à peine. Pas un cri, pas une voix vivante : le prince Cinq-Armes n'entend que les mille grincements du silence. Alors il chante, pour tromper l'ennui. Il n'a pas peur, mais il s'étonne. Il se demande pourquoi les animaux ont fui le sous-bois.

La réponse vient tout à coup, fracassante. Le sol tremble, un souffle ravageur fait pencher la tête des arbres, et le géant Poigne-Velue apparaît, brisant à chaque pas des baobabs. Ses épaules et sa tête naviguent au-dessus des plus hauts feuillages. Le géant Poigne-Velue vient d'entendre chanter un homme. Il le cherche, son mufle grogne et flaire.

— Enfin du gros gibier, dit le prince Cinq-Armes.

Il empoigne son arc, le dresse vers le ciel et tire une flèche pointue droit sur la poitrine de Poigne-Velue. Elle se plante dans la fourrure du géant et n'atteint même pas sa peau tannée. Cinq-Armes en tire une deuxième, une troisième, et toutes les flèches de son carquois. Elles ne font pas plus de dégât que quelques brindilles de foin dans les cheveux d'un moissonneur.

Alors, le géant Poigne-Velue aperçoit le jeune fou qui s'agite, là, près de son gros orteil, et qui le défie encore, brandissant son poing ridicule. Le monstre se penche. Son visage est horrible à voir. Dans sa barbe des oiseaux agonisent, pris au piège comme dans une broussaille inextricable. Son nez est pareil au groin d'un sanglier. Son crâne est pointu comme une montagne, raviné, moussu. Le prince Cinq-Armes dégaine son sabre et le lui enfonce dans l'œil, jusqu'à la garde.

— Hé, dit Poigne-Velue, d'une voix si puissante qu'elle fend en deux une dizaine d'arbres, hé, j'ai une poussière dans l'œil.

Il se frotte les paupières d'un revers de main. Ses ongles bombés comme des boucliers luisent au soleil. Le sabre tombe, réduit en poudre de fer. Alors le prince Cinq-Armes grimpe le long de la jambe de l'ogre, grimpe jusqu'à son ventre, s'agrippe à sa fourrure, et jusqu'à son poitrail. Il hurle, gesticule, s'empêtre dans cette fourrure foisonnante, parmi les branches brisées et les bêtes mortes accrochées aux poils touffus du monstre gigantesque. Poigne-Velue le saisit par la nuque, entre le pouce et l'index, l'élève à la hauteur de ses babines et le regarde, en louchant de plaisir.

Le prince Cinq-Armes est au bord de la mort. Pourtant il braille encore, chante, défie l'ogre, lui tend le poing et lui fait des pieds de nez insolents.

— Tu n'oseras pas me dévorer, lui dit-il, tu n'oseras pas, car je suis plus puissant que toi, Poigne-Velue !

Poigne-Velue examine cette créature minuscule, ronfle, renifle. Il est perplexe tout à coup. « Cet insecte misérable est bien sûr de lui, se dit-il. Méfiance, méfiance. » L'air stupide, il grogne entre ses énormes dents grises :

— Hé, comment se fait-il que tu n'aies pas peur de moi ?

Le prince Cinq-Armes éclate de rire, il rit tellement qu'il se balance dans le ciel, entre le pouce et l'index du géant.

— Je n'ai pas peur de toi, dit-il, parce que dans mon corps est cachée une arme qui me rend invincible. Contre elle tu ne peux rien. C'est un sabre magique dont la pointe est dans ma tête. C'est lui qui tient mon corps vertical. On l'appelle, ce sabre, « Lumière-de-la-Connaissance », car il est étincelant. D'ailleurs, tu vois son reflet dans mes yeux. Avale-moi, et mon sabre Lumière-de-la-Connaissance te déchirera les entrailles. Bon appétit.

Le géant, de plus en plus perplexe, se dandine d'un pied sur l'autre, enfouit sa main dans sa barbe, réfléchit si fort que son menton pend sur sa poitrine, et finalement abandonne le prince Cinq-Armes à la cime d'un arbre en lui disant :

— Tout compte fait, tu as raison. Tu es trop puissant pour moi. Adieu.

C'est ainsi que le prince Cinq-Armes trompa le géant Poigne-Velue.

Le Veilleur

Un jour, il n'y a pas très longtemps, apparut dans le ciel un objet brillant comme une grosse étoile. Cet objet descendit lentement vers la terre. Au crépuscule il était comme un soleil rouge au-dessus des arbres. Une longue chevelure de feu traînait derrière lui : c'était une comète. Cette comète, traversant la nuit, incendia le pays. L'aube se leva sur une terre en cendres peuplée d'arbres noirs, et le peuple connut la misère.

Dans ce pays, en ce temps-là, vivait un homme qu'on appelait le Veilleur, car ses yeux étaient toujours grands ouverts, toujours émerveillés. Il avait l'air d'être perpétuellement étonné d'être vivant. Quand vint la misère, lui seul, dans son village ravagé, refusa de désespérer.

— Il faut vivre, et vivre, et vivre, disait-il aux moribonds.

Mais comment leur redonner force et courage ? Il s'en alla un beau matin demander conseil à un vieil aveugle qui vivait seul, dans une grotte de la montagne. Au crépuscule le voici devant lui. L'homme vénérable dit ceci :

— Celui qui parviendra à pêcher la perle d'émeraude cachée au fond du lac le plus profond des montagnes de Jade, celui-là pourra aider les hommes. Mais les montagnes de Jade sont très lointaines, la route est dangereuse, et la perle d'émeraude est gardée par une énorme araignée noire qui a tendu sa toile sur l'eau du lac.

Le Veilleur écoute, les yeux écarquillés. Le vieil aveugle se gratte la barbe et dit encore :

— Celui qui veut atteindre l'émeraude doit d'abord passer

par le plateau des fleurs vénéneuses pour y conquérir l'aiguillon d'or de la reine des guêpes. Car cet aiguillon est la seule arme capable de tuer l'araignée noire.

Le Veilleur ne réfléchit pas longtemps. Avant même que l'aveugle ait fini de hocher la tête, il est parti à la conquête de la perle d'émeraude.

Il marche de longues semaines. Un jour, traversant une forêt profonde, il entend un grand cri dans le feuillage. Une plume noire tombe sur son visage. Il lève la tête et voit une bataille d'oiseaux : un épervier plante son bec crochu dans la gorge d'un corbeau qui se débat sans espoir. Le Veilleur lance son bâton à travers les branches. L'épervier s'envole dans un grand froissement d'ailes. Le blessé descend, lentement, se pose sur l'épaule de l'homme qui entend alors ces mots dans sa tête : « Si tu as besoin de moi, un jour, appelle. Je viendrai. » Il se retourne vivement, le corbeau a disparu.

Le Veilleur poursuit son chemin difficile. A grand-peine il sort de la forêt et découvre à l'horizon une haute montagne, dont le sommet est plat comme une table. A travers les broussailles, les buissons épineux, il grimpe trois jours et trois nuits. Il parvient enfin au sommet, les vêtements en lambeaux, les pieds et les mains en sang. Un champ de fleurs vénéneuses, nocturnes et rouges, s'étend devant lui, sous le soleil pâle. Au milieu du plateau se dresse un arbre mort. Sur la plus haute branche il aperçoit un magnifique nid de guêpes. « Comment l'atteindre, se dit le Veilleur. C'est maintenant que le corbeau me serait utile. » A peine a-t-il pensé ces mots qu'une nuée noire apparaît à l'horizon. Des milliers de corbeaux viennent à lui. Ils se mettent à tourbillonner autour de l'arbre mort, si vite qu'ils font dans le ciel une immense roue noire. Au centre de cette roue noire les guêpes affolées sont comme une poussière dorée. Le Veilleur, debout dans les fleurs rouges, regarde et s'émerveille. Un corbeau, enfin, vient se poser sur son épaule. Il tient dans son bec un aiguillon d'or. L'homme le prend, délicatement, et le contemple. Quand il relève la tête, les oiseaux déjà s'éloignent dans le ciel. La nuée de guêpes part à la dérive parmi les fleurs. Le Veilleur s'en va.

Il parvient à la montagne de Jade après neuf jours et neuf nuits de marche. Il franchit des précipices, escalade des rocs vertigineux. Le voici au sommet, au bord du lac. A la surface tout à coup bouillonnante apparaît une gigantesque araignée noire. Ses gros yeux bombés, impassibles, regardent le Veilleur. Ses longues pattes maigres, velues, se posent en grinçant sur la rive. Des rochers s'écroulent dans l'eau, en avalanche. Le Veilleur tient fort, dans sa main, l'aiguillon d'or de la reine des guêpes. La gueule du monstre se dresse lentement vers lui. De toutes ses forces, il enfonce son arme étincelante dans l'œil énorme. L'araignée noire, prise d'épouvantables convulsions, recule, dégringole à flanc de montagne, se déchire parmi les rochers, disparaît au fond d'un précipice.

Alors le Veilleur plonge dans le lac. Il descend infiniment dans l'eau glacée. Au fond, il voit briller enfin la perle d'émeraude. Il la saisit. Il la met dans sa bouche. Il remonte au soleil. Il tombe sur le rivage, à bout de forces. Il s'endort. Quand il se réveille, il se dresse sur la montagne et s'en va. Les rocs tremblent sous ses pieds. Il est devenu un géant. De sa bouche jaillissent des sources. Dans l'empreinte de ses pas poussent des prairies et des champs de blé sous la caresse de sa main. Il est maintenant un de ces grands vivants bienfaisants qui aident la terre à vivre.

La broderie

Il était une femme si pauvre qu'elle n'avait devant sa porte pas même une chèvre, pas même un jardin potager. Elle était veuve, elle habitait avec ses trois fils une petite maison bâtie de pierres sèches, au bout d'un village bourbeux, gris et rude. Un sentier grimpait parmi les cailloux et l'herbe rare vers les neiges éternelles. C'était là son paysage familier.

Cette femme tissait et brodait merveilleusement. Tous les jours, de l'aube au crépuscule, elle inventait en fils de soie multicolores des fleurs, des oiseaux, des animaux sur des tissus blancs. Ces broderies, elle allait les échanger de temps en temps contre quelques poignées de riz, au marché de la ville voisine. Ainsi elle gagnait assez pour survivre et nourrir ses enfants.

Une nuit, dans son sommeil, une lumière merveilleuse s'allume dans sa tête. Elle rêve qu'elle s'avance dans un village qui ressemble au sien. Pourtant il est infiniment plus beau : les maisons sont à trois étages, fièrement bâties au milieu de jardins peuplés d'oiseaux, d'arbres fruitiers, de fleurs et de légumes magnifiques. Un ruisseau transparent bondit parmi des rochers moussus. Au loin, sur la montagne, grimpent des pâturages, des moutons, des vaches au poil luisant. La pauvre femme, devant ce paysage, reste longtemps éblouie comme une enfant naïve, puis elle s'éveille sur son lit troué, dans sa maison froide. Elle se lève, sort devant sa porte. Une folle envie envahit tout à coup son cœur et son esprit : broder son rêve sur un tissu de laine avant qu'il ne s'efface de sa mémoire. Le jour même, elle se met à l'ouvrage, assise au coin du feu. Trois ans durant elle travaille obstinément, jour et nuit, dormant à peine quelques heures avant l'aube. Au soir tombé elle allume une torche et se penche sur son ouvrage. Ses yeux irrités pleurent. Qu'importe : ses larmes, elle les brode, elle fait d'elles le ruisseau bondissant qui traverse le village rêvé. Ainsi passe la première année. La deuxième année, les yeux de la pauvre femme sont tellement usés qu'ils saignent, et de ses larmes rouges tombées sur le tissu elle fait des fleurs dans les jardins et le soleil de cuivre éblouissant dans le ciel. Au dernier matin de la troisième année, l'ouvrage est fini. Le paysage brodé est exactement semblable à celui qu'elle a vu en rêve. Elle contemple les maisons à trois étages, les jardins — pas un fruit ne manque aux arbres — le ruisseau, les moutons, les buffles dans le pâturage de la montagne, les oiseaux traversant le ciel. Elle est heureuse. Elle appelle ses trois fils :

— Regardez, dit-elle fièrement.

Les enfants n'ont jamais rien vu d'aussi beau. Ils s'extasient.

— Allons à la lumière du jour, nous verrons mieux.

Ils sortent devant la porte et déposent le grand carré de tissu brodé sur un rocher, en plein soleil. Ils s'éloignent un peu pour mieux le voir. Mais voici qu'un coup de vent subit traverse le village, siffle dans les buissons, couche les touffes d'herbe. Il emporte la broderie merveilleuse, comme une voile, comme un oiseau aux vastes ailes, avant que la mère et les enfants affolés aient eu le temps de la retenir. La pauvre femme, les bras au ciel, pousse un grand cri et tombe évanouie. Ses fils la portent dans la maison, la couchent sur son lit, la raniment, puis ils vont courir la montagne, jusqu'à la nuit, et le lendemain tout le jour, à la recherche du chef-d'œuvre envolé. Ils rentrent au soir bredouilles, désolés, épuisés.

Alors leur mère commence à dépérir. Elle ne veut plus manger, elle ne peut plus travailler, elle se meurt, lentement.

Ses fils, tous les soirs, gémissent à son chevet. Un jour enfin, elle dit à l'aîné :

— Il faut que tu retrouves ma broderie perdue. Pars à sa recherche. Si dans un an tu n'es pas revenu, tu ne me reverras pas vivante.

Le lendemain à l'aube, l'aîné chausse ses sandales et s'en va. Un an passe, il ne revient pas. Sa mère maintenant est maigre comme la Mort. Elle ne parle plus guère. Un matin elle dit pourtant à son deuxième fils :

— Mon enfant, puisque ton frère nous a oubliés, il est temps que tu partes à ton tour. Va chercher l'image que j'ai brodée trois ans durant. Si dans un an tu n'es pas revenu...

Elle hoche la tête, deux larmes ruissellent sur ses joues. Son deuxième enfant s'en va. Il se perd lui aussi. Alors sa mère appelle son troisième fils et lui dit :

— Je suis faible comme une mouche. Je ne résisterai plus longtemps. Va, et si tu as pitié de moi, ne m'oublie pas.

Son troisième fils, qui s'appelle Losang, s'en va vers le soleil levant, comme ses frères. Il marche longtemps, traverse des vallées, gravit des montagnes. Il se nourrit de fruits sauvages, il boit l'eau des sources et s'endort au creux des rochers quand la fatigue le fait trébucher. Enfin, un matin, il parvient devant une vaste plaine verte. Le ciel est limpide. Un vent léger courbe l'herbe haute. Au loin il aperçoit une maison de pierre, assez semblable à celles de son village. Devant cette maison, un cheval étrangement immobile, la bouche ouverte, tend le cou vers un tas de fourrage. Losang s'approche : « Pourquoi cet animal ne mange-t-il pas sa pitance ? » se dit-il. On dirait une statue.

Il s'approche encore et s'arrête, bouche bée. Le cheval est en pierre. Il le contemple un moment. Alors, sur le seuil de la maison, apparaît une vieille femme souriante qui lui dit :

— Je t'attendais mon fils, je sais ce que tu cherches : le carré de laine sur lequel ta mère a brodé un paysage vu en rêve. Oh, je n'ai aucun mérite à savoir cela, tes deux frères m'ont tout raconté. L'un après l'autre ils sont passés par ici avant toi. Je leur ai conseillé de ne pas aller plus loin, car le chemin qui conduit à la broderie merveilleuse est très malaisé. Je leur ai dit : « Si vous voulez rentrer chez vous, je vous donne pour la route un coffret plein de pièces d'or. » Ils ont accepté. Ils sont partis vivre en ville. Et toi, garçon, que ferastu ?

— Moi, répond Losang, je n'ai que faire de ton or. Je veux retrouver le paysage brodé par ma mère sur le carré de laine. Si tu connais le chemin que je dois suivre, aide-moi.

— Écoute, dit la vieille. Ce n'est pas un coup de vent ordinaire qui a emporté le carré de tissu brodé. Ce sont les fées de la montagne ensoleillée qui l'ont pris. Elles l'ont trouvé tellement beau qu'elles ont voulu broder le même. Or, tu ne peux arriver au pays des fées, sur la montagne ensoleillée, qu'en chevauchant ce cheval.

— Il est en pierre, dit Losang.

— Peu importe, répond la vieille. Le cheval reprendra vie si tu plantes dans ses gencives tes propres dents, afin qu'il puisse manger dix brins de fourrage. Si tu veux, je peux t'aider, je peux arracher ta mâchoire. Non ? Nous verrons tout à l'heure. Sur ce cheval tu devras traverser les flammes d'un volcan, les crevasses d'un glacier, et les tempêtes d'un océan. Alors tu trouveras la montagne ensoleillée.

Ainsi parle la vieille.

Aussitôt Losang prend un caillou et brise ses dents. Il les plante dans la gueule ouverte du cheval. Le cheval grignote dix brins de fourrage. Le voilà tout à coup fringant comme un pur-sang. Losang monte en croupe, salue la vieille et s'en va. Chevauchant il parvient dans un désert de rochers noirs. Sur ce désert se dresse une montagne de feu. Il pousse son cheval dans les flammes. Il étouffe, il brûle, le dos courbé dans la fournaise, il va succomber, à bout de forces. Le cheval bondit hors du feu. Losang chevauche encore un jour et une nuit, sur une plaine blanche. Alors il voit devant lui un glacier étincelant. Il le traverse, grelottant, s'écorchant aux rocs transparents, tranchants comme des couteaux. Au bout de ce glacier voici l'océan immense et gris. Losang plonge dans les vagues avec son cheval. Il s'épuise contre une tempête rugissante. Combien de temps ? Il ne sait. Enfin un matin il voit devant lui dressée une montagne verte, ensoleillée, merveilleuse.

Il découvre les fées dans une prairie. Elles sont assises en rond, penchées sur des broderies multicolores. Au milieu d'elles, sur l'herbe, est posé le carré de tissu brodé depuis si longtemps perdu. Les fées accueillent Losang avec affection. Elles sont belles. La plus jeune l'émeut beaucoup. Elle dit au jeune homme :

— Nous savons ce que tu es venu chercher. Tu pourras emporter l'ouvrage de ta mère demain matin, car nous n'avons pas encore fini de le recopier. D'ici là, tu es notre invité.

Losang jusqu'au soir se promène sur la montagne ensoleillée bavardant avec la jeune fée. Au crépuscule elle lui dit :

— Nous allons nous séparer. Mais je veux d'abord te faire un cadeau.

Elle prend un fil d'or, se penche sur le paysage rêvé par la vieille mère, brode sa silhouette de fée au bord du ruisseau qui traverse l'image et disparaît.

Le lendemain Losang s'en va, emportant ce qu'il est venu chercher. Il arrive dans son village, après longtemps de chevauchée. Il bondit dans sa maison :

— Mère, regarde ! dit-il triomphant.

Il déroule le carré de tissu. La broderie est tellement belle que la maison en est illuminée. Sa mère tremble, tant elle est heureuse.

— Allons au soleil, dit-elle, devant la porte nous le verrons mieux.

Ils sortent. Alors un coup de vent arrache l'ouvrage des mains de Losang. Mais cette fois, par un étrange prodige, il ne l'emporte pas au loin : il l'étend. Le paysage brodé s'agrandit tant qu'il recouvre bientôt le vieux paysage familier. Il prend vie. Voici la montagne couverte de troupeaux, et les maisons à trois étages, et les jardins. Au bord du ruisseau où bondit l'eau fraîche, une jeune fille est penchée. Losang court vers elle. C'est la plus jeune des fées qui a brodé sa silhouette sur le paysage. Ils s'embrassent, en riant. Quelques jours plus tard, ils se marient. Losang, entre sa femme-fée et sa mère, vécut heureux sous le soleil clair.

Le mendiant, la princesse et le souvenir

Il était une fois, dans les hautes montagnes, une fille de roi nommée Dénid. Elle était belle et mélancolique comme un printemps pluvieux. En vérité, un malheur inconnu rongeait son esprit. Elle vivait enfermée dans des pensées obscures, et ne parlait jamais. Son père le roi s'en désolait si fort qu'un jour, désespérant de la consoler sans autre secours que son amour pour elle, il envoya par tout le pays cinq cents messagers vêtus de rouge courant les chemins sur des chevaux noirs, et leur fit publier ceci :

— Moi, roi des hautes montagnes, je donnerai ma fille en mariage à celui qui saura lui faire dire une parole heureuse.

Aussitôt un prince de la vallée monté sur un éléphant paré de broderies, suivi de ses ministres et de ses saltimbanques, s'en vient rendre visite à la princesse Dénid. Il déploie devant elle des tintamarres de cymbales, des chants, des danses, il lui offre à genoux un flamboyant poème d'amour. Dénid, assise raide sur ses coussins de velours reste impassible, les yeux glacés. Quand le prince s'en va, tête basse, elle ne daigne même pas lui dire adieu. Alors vient le plus riche marchand du pays. Il répand ses trésors aux pieds de la princesse, des coffres de bijoux, des étoffes rares. Elle ne semble pas les voir. Exalté comme un adolescent il lui promet merveilles. Elle ne semble pas l'entendre. La tête penchée de côté elle regarde tristement le ciel et les montagnes, par la fenêtre. Le marchand vaincu s'éloigne sur le chemin du retour, tirant son cheval par la bride.

Ce jour-là, un jeune mendiant, dans le plus lointain village du pays, apprend la bonne fortune promise par le roi à qui rendra la parole à sa fille, et décide de tenter sa chance. Il se met donc en route, vêtu de ses haillons, portant un parasol de feuillage. Cheminant par les sentiers, il rencontre une vieille femme qui descend de la montagne, parmi les rochers.

— Où vas-tu mendiant ? lui dit-elle.

— Je vais à la haute ville. Je veux essayer de rendre la parole à la fille du roi, mais je n'ai guère d'espoir. Je crains qu'elle ne soit tout simplement muette.

— Muette, la princesse Dénid ? répond la vieille scandalisée. Allons donc ! Moi, jeune fou, je peux te dire qu'elle a le don d'éloquence et qu'elle est d'une grande sagesse. Je sais pourquoi elle refuse de parler. En vérité, elle se souvient de ses vies antérieures. Écoute bien, et fais ton profit de ce que je vais te dire : il y a fort longtemps, alors qu'elle vivait dans le corps d'une tigresse, son compagnon et ses petits furent tués par un chasseur. Elle en mourut de chagrin. Alors elle revint au monde dans le corps d'une perdrix. Des laboureurs mirent le feu au buisson dans lequel elle couvait ses œufs, et elle fut brûlée. Sa nouvelle existence fut celle d'une alouette. Elle fit son nid dans une digue, au bord d'une rivière. Une bande d'enfants, passant par là, s'amusèrent à tuer son compagnon et sa couvée, et la firent prisonnière. Elle mourut en cage. Voilà pourquoi, maintenant, se souvenant de la cruauté des hommes, elle refuse leur compagnie.

Ainsi parle la vieille femme et le mendiant, tout à coup illuminé, se souvient de ces lointaines vies qu'il a vécues auprès d'une tigresse, auprès d'une perdrix, d'une alouette aussi. Il dit :

— Salut, vieille mère, et merci !

La vieille est déjà loin, trottinant dans les cailloux. Il grimpe sur la montagne. Il trouve la princesse Dénid devant la porte de son palais, elle tisse une couverture de laine bleue. Il s'approche portant sur l'épaule son parasol de feuillage. Il la regarde, il lui dit doucement :

— Enfin, je te retrouve.

Il pleure en silence. Dénid, les dents serrées, ne lève même pas les yeux vers lui. Alors il dit encore :

— Autrefois je fus un tigre et je fus piégé par un chasseur. Ma compagne en mourut de chagrin. Puis je suis revenu au monde dans un corps de caille et je t'ai vue brûler avec nos enfants dans un feu de buisson. J'ai voulu te sauver, et j'en suis mort. Enfin quand nous étions un couple d'alouettes je fus étouffé dans le poing d'un enfant avant qu'on ne t'emmène prisonnière.

Le mendiant dit cela, tête baissée, puis il se tait.

Alors Dénid pose sa main sur son épaule et murmure :

— C'est toi que j'attendais. J'espère cette fois que nous vivrons sans déchirement.

Elle le conduit dans son palais. L'homme quitte ses bottes et ses vieux habits. Pendant qu'il prend un bain, elle fait brûler de l'encens. Et jusqu'à l'aube prochaine ils ne quittent pas leur chambre. Ainsi commence leur nouvelle vie, et finit l'histoire.

Histoire de Spani

Spani et Chadma, qui étaient frère et sœur, vivaient il y a bien longtemps, sur les plus hautes terres du monde. Leur mère, un soir de grande fatigue, était morte dans son champ et leur père s'était perdu, un jour d'hiver, dans les neiges. Spani, le frère aîné et Chadma, la sœur fluette, s'étaient donc retrouvés seuls dans la petite maison familiale, et bravement, pour survivre, il avait bien fallu qu'ils se mettent tout jeunes au vieux labeur des paysans.

Or, un matin, Chadma, conduisant ses moutons au pâturage, rencontre sur son chemin un berger de son âge. Ensemble ils bavardent, ils rient, et leurs yeux brillent. Ainsi va la vie des simples : après quelques jours de rendez-vous joyeux, le berger dit à Chadma :

— J'aimerais me marier avec toi. Demain si tu veux, j'irai demander ta main à ton frère aîné.

Alors Chadma baisse la tête et répond tristement :

— Mon frère éprouve pour moi une affection démesurée. Il n'acceptera jamais de me voir mariée. Tant qu'il sera vivant, je ne pourrai épouser personne.

Le berger réfléchit un moment, puis il dit :

— J'ai une idée. Ce soir en rentrant chez toi, dis à ton frère que tu souffres terriblement de la tête et que tu vas mourir. Il te demandera que faire pour te sauver. Tu lui diras : un seul remède peut m'arracher à la mort : un grain d'ail du jardin de Petit-Pot, le démon qui vit au fond de la vallée. Aussitôt Spani, par amour pour toi, s'en ira voler de l'ail dans le jardin du démon Petit-Pot. Le démon Petit-Pot le dévorera, car il est redoutable, et nous pourrons tranquillement nous marier.

Ainsi parle le berger. Chadma le regarde avec admiration.

— Tu es magnifiquement rusé, lui dit-elle. Tu seras un époux parfait.

Le soir venu, elle revient gémissante, grelottante, à la maison familiale. Elle contrefait la malade, elle demande à grands cris un grain d'ail du jardin de Petit-Pot, le démon de la vallée. Aussitôt Spani selle son cheval, siffle ses deux chiens, et s'en va sous la lune. A minuit, il entre dans le jardin de Petit-Pot. Il remplit son sac de gousses d'ail, il le charge sur son épaule. Mais voilà que l'énorme démon apparaît. Le cheval de Spani se dresse sur ses membres arrière, de ses deux membres avant il saisit par les épaules Petit-Pot, qui chancelle. Les deux chiens en rugissant mordent ses chevilles. Spani lui flanque un grand coup de bâton sur les jambes. Petit-Pot hurle et tombe, la face contre terre, les mains sur la tête.

— Ne me tue pas, dit-il, je suis ton esclave, je te servirai fidèlement.

— C'est bon, répond Spani, je te prends à mon service.

Il revient chez lui, chevauchant. Petit-Pot court devant, et ses chiens derrière. Avant l'aube il donne à croquer un grain d'ail à sa sœur qui aussitôt se lève, fringante, et s'en va garder ses moutons dans la montagne.

Quand elle raconte au berger les événements de la nuit, il se gratte la tignasse et dit :

— Ton frère est très fort. Mais aussi fort qu'il soit, il ne pourra survivre à la colère du démon Grand-Pot, qui vit là-haut, à la cime de cette montagne. Ce soir comme hier, contrefais la malade. Demande à ton frère Spani d'aller te chercher un grain d'ail dans le jardin du terrible Grand-Pot. Cette fois je suis sûr qu'il n'en reviendra pas.

Le soir venu, Chadma gémit dans son lit. Spani s'en va parmi les rochers noirs vers le repaire du démon Grand-Pot. Il chevauche, suivi de ses deux chiens et de son nouvel esclave, Petit-Pot. Dans le jardin de Grand-Pot, il coupe l'ail. Le démon apparaît, il retrousse ses manches. Aussitôt le cheval lui tombe sur le dos, les deux chiens l'agrippent aux chevilles, Petit-Pot lui flanque deux gifles. Spani le bastonne joyeusement. Grand-Pot s'écroule dans l'herbe et demande grâce. Le garçon revient chez lui, triomphant, avant l'aube, suivi de ses deux chiens et de ses deux démons réduits en esclavage. Et Chadma sa sœur s'en va au pâturage, de bon matin, l'œil clair et les joues fraîches.

Alors son berger lui dit, frappant l'air de ses poings :

— Par les cornes de mon bélier, je jure que ton frère ne survivra pas à l'épreuve que nous allons maintenant lui imposer. Rentre chez toi sur l'heure, et fais la moribonde. Dis à ton frère que tu mourras dès demain, à moins qu'il ne te donne à manger une poignée de sel du grand lac extérieur. Nul n'est jamais revenu de cette épouvantable contrée. Il périra noyé.

Chadma revient chez elle et braille sur son lit. Spani, tremblant d'angoisse, se penche sur son visage.

— Il me faut, lui dit-elle, si tu veux que je vive, une poignée de sel du grand lac extérieur.

Aussitôt il s'en va, sur son cheval, avec ses deux chiens et ses deux esclaves. Parvenu au bord du grand lac extérieur, il dit à ses démons, à ses chiens, à son cheval :

— Je vais plonger au fond pour ramasser le sel. Restez sur le rivage.

Il disparaît sous les vagues. Les autres l'attendent, fidèlement. Ils attendent trois heures. Spani ne remonte pas. Alors Grand-Pot s'impatiente. Il dit :

— Notre maître est prisonnier des eaux. Cheval, et vous, chiens, buvez. Il faut vider le lac.

Le cheval et les chiens boivent, le niveau baisse un peu.

— A toi, Petit-Pot, dit Grand-Pot.

Petit-Pot boit mais il s'épuise avant que le fond ne soit sec. Grand-Pot avale ce qui reste du grand lac extérieur. Sur un lit de sel apparaît Spani, mort. Grand-Pot le prend dans sa main. Le cheval, les chiens, Petit-Pot pleurent.

— Ne vous désolez pas, compagnons, dit le grand démon, je vais le ressusciter.

Il sort de son oreille une fiole d'élixir magique, qu'il répand sur le corps de Spani, et Spani ressuscite.

Il revient chez lui, en toute hâte. Chadma croque en grimaçant la poignée de sel que son frère lui tend, et s'en va de bon matin conduire ses moutons au pâturage. Son berger l'attend sur la montagne. Elle lui dit :

— Je ne pourrai jamais t'épouser. Spani est trop fort, il a triomphé de toutes les épreuves. Je suis désespérée.

Alors son amoureux, l'air terrible, tenant à deux poings son bâton lui répond :

— Il faut que tu le tues toi-même. Ce soir, dès qu'il sera endormi, prends une grosse pierre et écrase sa tête. Ainsi, dès demain, nous pourrons nous marier.

— Tu parles sagement, dit Chadma, les yeux étincelants. Je tuerai mon frère.

Le soir venu, Spani s'endort sur sa litière. Ses deux démons esclaves se couchent près de lui, sur le sol de terre battue. Un rayon de lune éclaire la chambre par la fenêtre ouverte. Chadma s'avance, tenant dans ses deux mains, au-dessus d'elle, un gros caillou de granit. A l'instant où elle va l'abattre sur la tête de son frère, Grand-Pot ouvre un œil et se dresse en rugissant. Spani s'éveille. Chadma hurle. Le grand démon la saisit entre le pouce et l'index, la soulève et la laisse tomber dans sa bouche ouverte. D'un coup de dent il la coupe en deux et l'avale.

— Malheureux, dit Spani, es-tu fou ? Qui t'a permis de manger ma sœur ?

— Hé, mon maître, répond l'autre en s'essuyant les babines, elle voulait te tuer.

— Ce n'est pas une raison, hurle Spani. J'aimais Chadma plus que moi-même. Maintenant que la voilà morte, je n'ai plus le goût de vivre. Je te rends à ta montagne, Grand-Pot. Et toi, Petit-Pot, je te rends à ta vallée. Adieu mes esclaves et mes chiens, je ne veux être désormais qu'un vagabond mendiant.

Sur son cheval il s'en va, tête basse, et les larmes ruissellent sur ses joues.

Il chevauche longtemps, jusqu'à la grande plaine déserte du bout du monde. Alors son cheval lui parle, car il n'est pas un animal ordinaire : un esprit puissant l'habite. Il dit à Spani :

— Je sais moi, pourquoi ta sœur a voulu te tuer. Dans une vie antérieure, elle fut ta compagne, et tu l'as assassinée, un jour de colère. Elle s'est réincarnée dans ta maison pour se venger, voilà tout. Maintenant ne pleure plus, tes épreuves sont finies, et les miennes commencent. Car je me sens très fatigué, homme. Je vais mourir. Voici ce que tu devras faire, quand je ne serai plus. Écoute bien : tu me dépouilleras de mon pelage. Tu l'étaleras sur l'herbe et tu poseras ma tête au milieu. Dans ma bouche, tu placeras mon cœur. Tu casseras mes dents et tu les éparpilleras dans la plaine. Les poils de ma crinière, tu les abandonneras au vent de la montagne. Ne pleure pas, surtout. Car si tu pleures, il fera froid.

Ainsi parle le cheval. Puis il se couche dans l'herbe, et meurt. Son compagnon tombe à genoux et se lamente. Aussitôt la pluie tombe, et le vent souffle en tempête. Enfin fatigué de gémir, Spani s'étire longuement et sourit, pensant à l'étrange destin des hommes. Aussitôt les nuages s'éloignent, et le soleil revenu, dans le ciel limpide, réchauffe ses épaules. Alors il fait tout ce que le cheval lui a demandé de faire. Puis il se couche dans l'herbe, et s'endort jusqu'au matin du jour prochain.

Une voix très douce le réveille. Il se dresse, frotte ses yeux. Devant lui se tient une jeune fille d'une grande beauté. Elle lui dit :

— Lève-toi, et ne t'étonne pas de me voir ici. Tu m'as délivrée de cette carcasse de cheval dans laquelle j'étais enfermée. Toi qui as su, dans cette vie, aimer sans défaut, regarde.

Spani regarde autour de lui. De la tête du cheval a surgi un palais de neuf étages. Du cœur placé dans sa bouche la jeune fille est sortie. Sur les entrailles répandues alentour un rempart de pierre blanche s'est élevé. Des poils de la crinière éparpillés au vent de la montagne sont nées de superbes forêts, et de la peau étalée, de vastes pâturages, et des dents jetées dans les prés, un innombrable troupeau de moutons.

Ainsi fut créé un pays parfait. Spani épousa la jeune fille. Trois enfants naquirent de leur union. Leur histoire est trop belle pour que je sache la conter.

Tsougpa, le marchand clairvoyant

Un beau jour, un pauvre marchand nommé Tsougpa arrive dans une grande et belle ville en fête. Les ruelles sont décorées de guirlandes, les boutiques illuminées. Tsougpa suit le peuple endimanché. Il se sent léger, joyeux. Pourtant il n'a pour toute fortune qu'un sac de vieilles marchandises accroché à l'épaule. Qu'importe : des bandes d'enfants le bousculent en riant, il rit avec eux, l'air sent bon les épices et les gâteaux frais. Il déambule au hasard, les mains dans ses poches vides.

Il arrive ainsi devant une auberge. Il jette un coup d'œil, en passant, par la porte vitrée. Aussitôt il tombe en arrêt. Il aperçoit devant la cheminée une servante qui fait sauter des crêpes dans une grande poêle. Il adore les crêpes. Il regarde, l'œil allumé, la salive à la bouche, un long moment, puis il pousse la porte, entre et dit à l'aubergiste :

— Je n'ai pas de quoi la payer mais si tu me donnes une crêpe, tu feras une bonne action.

— Écoute, répond le bonhomme, je te propose un marché. Je te donnerai la plus belle si tu peux me dire combien, de ces crêpes qui te font tellement envie, sont empilées sous la serviette que tu vois, là, près de la cheminée.

Tsougpa éclate de rire : il le sait, il les a comptées derrière la porte, à mesure que la servante les cuisinait. Il dit triomphant :

— Vingt et une !

L'aubergiste le regarde, abasourdi.

— Tu es un grand clairvoyant, dit-il. Tu es de ces hommes rares qui voient les choses cachées. Tiens, rassasie-toi, mange, bois, après quoi je te conduirai chez notre roi, qui a perdu le plus beau cheval de son écurie. Il en est désolé, et la tristesse le rend cruel. Si tu retrouves ce cheval merveilleux, tu nous éviteras bien du désagrément.

Tsougpa sourit béatement. Il mange, boit un peu trop, et se laisse entraîner au palais royal.

On ouvre devant lui de hautes portes d'ivoire. Le roi apparaît assis sur son trône d'or, se penche vers le pauvre marchand, l'air terrible, et lui dit :

— Ainsi, homme, il paraît que tu es clairvoyant ? Je te conseille donc de retrouver mon cheval favori avant demain midi, sinon tu auras la tête tranchée. Maintenant, hors de ma vue !

Tsougpa s'en va, pâle, suant froid. « Me voilà mal embarqué, se dit-il, moi qui ne suis en vérité pas plus clairvoyant qu'une taupe. Il faut que je quitte ce pays au plus vite, si je veux sauver ma tête. » Il se faufile par les ruelles, comme un voleur, sort de la ville, court sur le grand chemin, jusqu'à la nuit tombée. A la lueur de la lune, il aperçoit une maison abandonnée, dans un champ. Il grimpe sur le toit et s'installe là, pour attendre l'aube, à l'abri des bêtes sauvages. Il s'endort. Vers minuit, il est réveillé par des bruits de pas. Il se penche, prudemment, au bord du toit. Il voit, juste au-dessous de lui, trois hommes. Ces hommes parlent à voix basse. Le premier dit :

— J'ai caché le cheval du roi dans ce petit bois de pins, là-bas.

— C'est bien, répond le deuxième, demain nous irons le vendre au-delà des montagnes.

— Maintenant, dit le troisième, allons dormir, la journée qui vient sera rude.

Ils entrent dans la maison. Alors Tsougpa descend du toit et s'éloigne sur la pointe des pieds. Dans le petit bois de pins il trouve sans peine le cheval du roi, attaché au tronc d'un arbre. Il dénoue la bride, monte en selle et revient vers la ville. Il arrive de grand matin sous les fenêtres du palais royal. Le roi, entendant sonner sur le pavé les sabots de sa monture familière, sort devant sa porte. Il accueille Tsougpa avec enthousiasme.

— Tu es vraiment un merveilleux clairvoyant, lui dit-il. Désormais tu seras mon conseiller. Entre, ce palais est le tien.

Tsougpa, le pauvre marchand, s'installe ainsi dans la grande vie tranquille.

Mais les jours paisibles ne durent guère. Un matin, le roi furibond convoque son nouveau conseiller et lui dit :

— On a volé ma bague de turquoise. Retrouve-la, et vite. Je ne peux vivre sans elle, car elle est le signe de ma royauté.

Tsougpa s'incline. « Cette fois, se dit-il, je n'échapperai pas à la hache du bourreau. Par chance étonnante, j'ai pu dire à l'aubergiste combien de crêpes étaient cachées sous sa serviette. Par chance insensée j'ai retrouvé le cheval du roi. Mais je sens que sa bague de turquoise me sera fatale. » Il s'en va les épaules voûtées, malheureux comme les pierres. Il erre dans la ville jusqu'à la nuit. Enfin il s'assied, accablé, contre le mur d'une maison en ruine, au bout d'une ruelle. Les mains sur le visage, il se lamente. Il pleurniche : « Autrefois j'étais pauvre mais heureux. » Il frappe du poing son front.

— Qu'as-tu fait, homme fou, dit-il, qu'as-tu fait ?

Alors il entend une pauvre voix terrorisée qui gémit de l'autre côté du mur :

— Hélas, une bien mauvaise action, monsieur, oui, c'est ce que j'ai fait. Et qui me pardonnera ?

Tsougpa se dresse, les yeux ronds.

— Qui a parlé ? dit-il, effaré.

Il se précipite dans la maison en ruine. Un homme tombe à genoux devant lui. Il le reconnaît : c'est le Premier ministre du roi.

— Vous qui avez découvert ma cachette, dit le bougre, ayez pitié de moi. Oui, j'ai volé la bague de turquoise. Tenez, je vous la donne. Mais s'il vous plaît, ne me dénoncez pas.

Tsougpa éclate de rire. Il est trop heureux pour n'être pas magnanime. Il laisse aller le Premier ministre voleur. Il revient au palais avec la précieuse bague. Cette fois, le roi, pour le remercier, lui donne sa fille en mariage.

Le voilà riche et heureux. Tout le monde l'honore, le respecte, le craint aussi car on le croit d'une clairvoyance redoutable. « Cet homme est aimé de notre roi, dit-on de lui, car il sait voir les choses cachées. » Quand il entend ainsi parler les gens, Tsougpa sourit et ne dit mot. « Bien faire et laisser croire, se dit-il, c'est la première loi de la sagesse. » Il joue donc les grands savants énigmatiques, lui qui n'a jamais fait que courir les chemins, son sac sur l'épaule, toute sa vie.

Un soir pourtant, dans son palais, auprès de la princesse, il se laisse aller à la mélancolie. L'envie lui vient de tout avouer à sa femme, car Tsougpa est un simple, il lui déplaît de jouer le savant. Il avale donc quelques gobelets d'alcool, pour se donner du courage, il s'installe dans un fauteuil profond, fait asseoir son épouse près de lui et lui dit :

— Ma chère femme, écoute-moi. Je n'ai jamais été qu'un pauvre marchand vagabond. Je n'ai jamais eu le moindre pouvoir de clairvoyance. Si j'ai su dire à l'aubergiste combien de crêpes étaient cachées sous la serviette, c'est que je les avais comptées pendant que la servante les cuisinait. Si j'ai retrouvé le cheval favori du roi et sa bague de turquoise, c'est que, par un étrange hasard, j'ai rencontré ceux qui les avaient volés. En vérité, je ne suis qu'un pauvre homme que la chance a servi.

La princesse l'écoute et la colère s'allume dans ses yeux. Elle frappe enfin du poing sur son genou et rugit :

— Mon père m'a donnée à un vagabond ! Quel affront intolérable !

Elle se lève et s'en va, furieuse. Elle se rend tout droit chez le roi son père :

— Ton maître-clairvoyant n'est qu'un imposteur, lui dit-elle. Voici pourquoi.

Elle lui raconte ce que vient de lui dire le pauvre Tsougpa. Le roi, perplexe, se gratte la barbe, il réfléchit, longuement. Il répond enfin :

— Avant de faire trancher sa tête, je voudrais le soumettre

à une dernière épreuve. Après tout il ne t'a peut-être pas dit la vérité. Sait-on jamais avec ces magiciens !

Il appelle son chambellan et il lui dit :

— Monte sur la montagne. Grimpe plus haut que les forêts, plus haut que les bêtes sauvages, grimpe jusqu'au dernier brin d'herbe avant les neiges éternelles. Là, tu saisiras entre le pouce et l'index le premier insecte que tu trouveras, tu l'envelopperas dans ton mouchoir, et tu me le ramèneras.

Ainsi fait le chambellan. Il grimpe à la cime de la montagne et sur la dernière fleur qui se balance au bord des neiges éternelles il cueille une petite abeille dorée. Il l'enveloppe dans son mouchoir, enferme le mouchoir dans son sac, et redescend au palais royal. Alors le roi convoque Tsougpa. Le pauvre marchand s'avance, tête basse, dans la grande salle du trône. Toute la cour est là. Les ministres impassibles, les dignitaires chenus, silencieux, l'air terrible, le regardent. Tsougpa marche vers le trône, aussi terrifié qu'un condamné à mort. Devant le roi il tombe à genoux. Le chambellan se tient debout, à côté de lui, son mouchoir noué à la main.

— Maître Tsougpa, dit le roi d'une voix sonore, si tu me dis ce que mon chambellan cache dans son mouchoir noué, je te donne la moitié de mon royaume. Si tu ne peux me le dire, je te fais trancher la tête.

C'est l'instant de vérité. « Je suis perdu », pense Tsougpa. Il renifle, essuie une larme sur sa joue. Puis il dit, tout tremblant :

— J'entends déjà le sabre de ton bourreau tournoyer autour de mon crâne. Il fait un bruit semblable à l'abeille bourdonnant autour de la fleur.

Le chambellan ouvre son mouchoir. Une abeille s'envole. Le plus étonné de tous, c'est Tsougpa : bouche bée, il la regarde disparaître par la fenêtre. Sans penser à ce qu'il disait, il a nommé l'insecte que le chambellan cachait dans son mouchoir. Il a gagné la moitié d'un royaume.

Plus jamais, jusqu'à sa mort lointaine, Tsougpa ne voulut jouer au magicien de peur que la chance ne l'abandonne. On dit qu'il devint, au fil des ans, d'une grande et belle sagesse tranquille.

VI. CHINE

Koan le prince et Sheng le magicien

Le prince Koan suivit autrefois le sentier dangereux et malaisé qui conduit à travers des déserts de cailloux, des précipices insondables, des glaciers et des tempêtes de givre, jusqu'au palais des esprits illuminés. On ne sait trop ce que le prince Koan fit dans ce palais dont la façade est aussi éblouissante que le soleil, dressée sur les neiges éternelles de la plus haute montagne du monde. On sait seulement qu'il y rencontra l'Immortel du pôle Sud, et que cet homme vénérable lui confia un document extrêmement précieux : la liste des vivants capables, dans les siècles à venir, de conquérir l'immortalité.

Ce texte sacré dans son sac, le prince Koan s'en revint de Chine. Or, sur le chemin du retour, se reposant un jour à l'ombre d'un arbre, au bord du ravin de la Licorne, voilà qu'il rencontre un fameux magicien très savant et très rusé, nommé Sheng. Maître Sheng le salue courtoisement, s'assied à côté de lui et engage aussitôt la conversation.

— Vos pouvoirs, prince Koan, dit-il, sont indiscutables, et intéressants. Vous savez comment assécher les marais, détourner le cours des fleuves, changer la forme des collines. Vous êtes un grand civilisé, vous avez appris à modeler la nature. Mais permettez-moi de vous le dire : je suis infiniment plus puissant que vous. Pensez donc : moi, je peux couper ma propre tête, la lancer dans le ciel au-delà de la lune et la faire retomber sur mon cou. Je connais tous les secrets de la magie. Écoutez : je suis prêt à les partager avec vous si vous me donnez ce document que vous a confié l'Immortel du pôle Sud dans le palais des esprits illuminés.

Sheng le magicien pose sa main sur l'épaule du prince Koan qui réfléchit un moment, perplexe. Il regarde bouger l'herbe devant lui, à l'ombre du grand arbre. « Si cet homme ne ment pas, se dit-il, sa puissance est fabuleuse. Et s'il partage avec moi cette puissance, je régnerai même sur les immortels. » Il lui répond :

— Faites avec votre tête comme vous avez dit, et si je vois cela de mes propres yeux, je vous donnerai ce document sacré que vous me demandez.

Sheng aussitôt bondit sur ses pieds en riant. Le voilà debout sur un gros caillou au bord du ravin de la Licorne. Il enlève son chapeau, le pose sur le sol. Il empoigne ses cheveux de la main gauche, puis il les noue solidement avec un ruban de soie rouge. Il prend son sabre dans sa main droite, il se tranche le cou et lance sa tête dans les airs. Le prince Koan, bouche bée, voit cette tête monter dans le bleu du ciel, et disparaître. Sheng reste debout, immobile. Le sang jaillit de son cou comme un jet d'eau pourpre et retombe dans son corps, sans qu'une seule goutte ne tache ses vêtements. Le prince Koan, assis à l'ombre de l'arbre, est fasciné par ce spectacle, tellement fasciné qu'il pousse un cri de peur puérile quand il entend auprès de lui la voix familière de l'Immortel du pôle Sud qu'il n'a pas entendu venir et qui se tient là, l'air malicieux, les mains croisées sur sa longue robe brune. Il dit :

— Imbécile. Comment peux-tu te laisser tromper par un vulgaire truc de charlatan ? Ah, Koan, tu me déçois. Je t'ai suivi depuis ton départ du palais des esprits illuminés. J'ai entendu ta conversation avec cet homme. Allons, ne t'inquiète pas. Mon oiseau blanc a intercepté la tête de Sheng. Je peux laisser mourir ce balourd décapité. Je peux aussi lui rendre sa tête. Qu'en penses-tu ?

— Ne le tuez pas, répond Koan, s'il vous plaît, ne le tuez pas. Après tout, un homme qui maîtrise à ce point la magie est digne de respect.

L'Immortel du pôle Sud sourit dans sa barbe blanche. Il fait un geste vif, ses doigts dressés dans l'air bleu. Un oiseau couleur de neige apparaît au fond du ciel. Il tient dans son bec la tête du sorcier, il la lâche, elle tombe, en tournoyant, droit sur le cou de Sheng le magicien, qui aussitôt ouvre les yeux. Il voit l'Immortel et le prince Koan à l'ombre de l'arbre. Alors, sans un mot, il ramasse son chapeau et s'enfuit à travers les broussailles.

— Voilà, dit l'Immortel du pôle Sud. Es-tu content, prince Koan ? Ah, ces mortels, toujours prêts à suivre le premier sorcier venu capable de jongler avec sa tête ! Comment te faire comprendre que tout est illusion dans ce monde ? Oui, tout, même moi.

A peine ces paroles dites, il disparaît. Le prince Koan, perdu dans ses pensées, reprend le chemin de la Chine, son pays. La terre, tout à coup, lui paraît bien fragile.

L'aventure de Chu

Il était une fois deux voyageurs, l'un nommé Chu et l'autre Meng. D'où venaient-ils, où allaient-ils, qu'importe, ce n'est pas là l'histoire. Ils cheminaient, le ciel sur la tête, le baluchon à l'épaule et sous les pieds la terre ferme. Et voilà qu'un jour de pluie et de grand vent, au bout d'un chemin bordé de roseaux, le dos courbé sous l'averse, ils arrivent devant un petit temple délabré mais tout à fait bienvenu par ce mauvais temps. Chu et Meng s'y mettent à l'abri. Alors, dans ce lieu paisible où le silence n'est troublé que par les rafales de pluie, ils voient venir vers eux un vieil homme maigre, au regard innocent, un ermite qui vit là, loin du monde et qui accueille les deux voyageurs avec une courtoisie touchante.

— Venez, leur dit-il, venez, je vais vous faire visiter les fresques qui ornent les murs de cette pauvre et belle demeure. Elles sont merveilleuses.

Le vieil homme part en trottinant devant eux. Chu et Meng le suivent.

Le mur au fond du temple est en effet décoré d'une fresque magnifique. Un groupe de jeunes filles est représenté, dans un bosquet de pins parasols. L'une d'elles cueille des fleurs. Elle est coiffée de longues tresses noires. Elle sourit doucement, ses lèvres sont vives comme la chair des cerises, et ses yeux brillent. Chu est fasciné par ces yeux peints avec une étonnante minutie. Il regarde la jeune fille, longuement, si intensément qu'il se sent flotter dans l'air. Et voilà que tout à coup, il n'est plus dans le petit temple délabré, il n'entend plus la pluie tambouriner sur le toit, mais le vent léger dans des pins parasols. Il entend aussi parler. Des jeunes filles pépient comme des oiseaux. Chu voit celle qu'il a remarquée sur la fresque rejeter en arrière ses longues tresses et s'éloigner en riant. Il la suit. Le ciel est bleu comme il l'a vu sur la peinture mais le paysage maintenant autour de lui est vivant. Le soleil chauffe ses épaules, la jeune fille va sur le chemin, il court derrière elle. Elle se retourne, elle lui sourit, longe la grille d'un jardin et pousse la porte d'une petite maison. Elle attend Chu sur le seuil, elle lui fait signe d'entrer. Les voilà tous les deux dans une chambre aux murs de papier blanc. Ils s'embrassent comme deux amants éperdus. Chu a soudain le sentiment d'être amoureux de cette jeune fille depuis des siècles. Ils tombent ensemble sur le lit. Quand ils se relèvent ils sont mari et femme. Alors devant son miroir l'amoureuse dénoue ses tresses et coiffe ses cheveux en lourd chignon sur sa nuque, car telle est la coiffure convenable des femmes mariées. Elle sourit et Chu sourit aussi. Ils parlent comme deux amants qui se retrouvent après avoir été trop longtemps séparés.

Soudain, ils entendent un remue-ménage effrayant. Des éclats de voix retentissent dehors, des cliquetis de chaînes et le pas lourd d'une paire de bottes. Quelqu'un traverse le jardin, devant la maison. La jeune femme pâlit, se précipite dans les bras de Chu, lui met la main sur la bouche :

— Ne dis pas un mot !

Ensemble, osant à peine respirer, par une fente de la porte ils regardent. Ils voient un homme colossal vêtu d'une armure d'or. Son visage est noir comme un boulet de charbon, il tient dans ses poings des fouets et des chaînes. Les jeunes filles qui tout à l'heure étaient dans le bosquet de pins parasols l'accompagnent. Elles sont épouvantées. Le colosse rugit d'une voix menaçante :

— On m'a dit qu'un mortel se cachait parmi vous. Faites place, je vais fouiller la maison.

Le visage de la jeune épouse est gris comme la cendre tant elle a peur. Elle dit à Chu :

— Cache-toi sous le lit.

Chu se précipite sous le lit. Il entend et voit deux bottes entrer dans la chambre.

Pendant ce temps, devant la fresque, au fond du petit temple délabré, son compagnon Meng s'aperçoit que Chu n'est plus auprès de lui. Il se tourne de tous côtés et demande au vieux moine :

— Où est-il parti ? Il était là, il y a un instant.

— Oh, il n'est pas loin, répond le moine.

Il s'approche de la fresque, il frappe du doigt contre le mur et dit :

— Monsieur Chu ! Qu'est-ce donc qui vous retient si longtemps ? Votre ami s'impatiente.

Alors Chu apparaît comme s'il sortait de la muraille. Il a l'air abasourdi, ses genoux tremblent, il est livide. Meng le prend par les épaules.

— Hé, que t'est-il arrivé ? lui dit-il.

Chu répond la voix chevrotante :

— Je ne sais pas, j'étais caché sous le lit, j'ai entendu un fracas de tonnerre, je suis sorti pour voir ce qui se passait et me voici.

Les deux amis regardent la fresque. La jeune fille est toujours là, qui ramasse des fleurs dans le bosquet de pins parasols. Mais elle a changé de coiffure : elle ne porte plus les tresses. Elle porte maintenant le chignon des femmes mariées, et son sourire est peut-être un peu plus mélancolique, un peu plus rêveur. Le vieux moine dans un coin du temple est perdu dans ses prières, le visage illuminé. Les deux voyageurs s'éloignent lentement. Dehors, il ne pleut plus. Ils s'en vont, sans un mot. Ils ont encore un long chemin à faire.

La maison hantée

Il était une fois, dans la ville de Li Cheng, une vaste et belle maison abandonnée. Personne ne l'habitait. L'herbe folle poussait sur le seuil, sa façade se délabrait. Son propriétaire, maître Tsang, était pourtant un des notables les plus fortunés de la région. Mais il n'aurait vécu dans cette maison pour rien au monde : ses couloirs et ses chambres étaient hantés par des fantômes que l'on disait terrifiants mais que nul n'avait jamais vus.

Or, un soir, un jeune étudiant nommé Yin, festoyant avec quelques camarades, buvant sec, bavardant, se met à parler de la maison hantée, la bouche un peu pâteuse. Ses compagnons discutent ferme : les uns croient aux spectres, les autres pas. L'un d'eux, enfin, à bout d'arguments dit :

— Moi, je suis prêt à payer un festin à celui qui osera passer la nuit dans cette maison.

Aussitôt, Yin, le jeune étudiant, répond :

— Je veux bien, moi, y dormir. J'espère seulement que les rats ne m'incommoderont pas trop.

Il se lève. Ses camarades l'escortent jusqu'à la grille du jardin de la maison hantée. A la lueur de la lune, il regarde la façade pâle, haute et lézardée, puis il traverse le jardin envahi par les mauvaises herbes. Il pousse la porte grinçante. Le voilà dans une grande pièce obscure qui sent la poussière et le moisi. A tâtons il va jusqu'à la fenêtre, butant contre des meubles, des chaises éparses. Il ouvre les volets. Il regarde les étoiles, se couche là, sur le plancher baigné par la lumière douce et l'air frais de la nuit, et il s'endort.

Il est réveillé en sursaut par un bruit de savates dans un escalier. Il ne bouge pas, il écoute, les yeux entrouverts. Il devine la lueur d'une lanterne. Il entend une voix qui dit :

— Il y a un étranger, là, devant la fenêtre.

Quelqu'un s'approche de lui, il sent tout près la présence de celui qui répond :

— C'est maître Yin, le futur président du tribunal de Li Cheng. Il est ivre. Nous n'avons pas à nous gêner pour lui.

Mais voilà que Yin, toujours couché, immobile, est pris soudain d'une irrépressible envie d'éternuer. Il ne peut se retenir d'exploser à grand bruit, il ouvre grands les yeux, se dresse sur le coude. Au milieu de la pièce des chandelles brûlent sur une longue table couverte d'une nappe blanche. Un vieillard bien vêtu, au visage tout blanc, souriant, affable, s'approche de lui :

— Maître Yin, dit-il, puisque vous voilà réveillé, permettez-moi de vous inviter à la fête que je donne ce soir en l'honneur de ma fille qui aura dix-huit ans demain.

Yin remercie le vieillard, en bégayant un peu. Des invités arrivent en effet, de brillantes lumières s'allument au plafond, une rumeur de salon emplit la pièce, on entend une musique lointaine. Des couverts d'argent et des gobelets d'or ciselé sont alignés sur la table. Un repas est servi, succulent et parfumé. Yin prend place dans cette assemblée. Il ne connaît personne mais il mange, il boit, il parle. A la fin du dîner il prend un gobelet d'or sur la table et le cache dans sa manche, car il veut emporter une preuve palpable de l'aventure qu'il est en train de vivre, pour être sûr de n'avoir pas rêvé.

L'aube vient. Yin se sent soudain la tête lourde. Il ferme un instant les yeux, il se laisse bercer par la rumeur des conversations qui l'environnent. Il est brusquement réveillé par un bruit de graviers jetés contre la porte. Il se dresse. La grande salle, que baigne maintenant le jour, est déserte. Elle semble depuis très longtemps abandonnée. Une épaisse couche de poussière couvre les meubles et le plancher. Une odeur âcre de moisi flotte dans l'air. Il sort. Ses camarades sont là, au bout du jardin, qui l'attendent. Il les rejoint en courant. Il tient serré dans sa main un gobelet d'or.

Quelques années plus tard, maître Yin, devenu président du tribunal de Li Cheng, est invité un soir à dîner par maître Tsang, son très fortuné collègue, qui, en son honneur, fait servir un vin rare dans des gobelets d'or exactement semblables à celui que Yin a conservé précieusement depuis sa mémorable nuit passée dans la maison hantée. Très étonné, maître Yin demande à son ami où il a découvert ces merveilleux objets.

— Un de mes ancêtres, répond son hôte, au temps où il était ministre dans la capitale, les a fait ciseler par un artisan de grand renom. Depuis ce temps, dans ma famille, ils se sont transmis de père en fils. Nous ne les avions pas utilisés depuis longtemps, ils étaient précieusement rangés dans un coffret de bois, et je suis très contrarié car en ouvrant moi-même ce coffret, tout à l'heure, je me suis aperçu qu'il en manquait un. Personne, pourtant, n'a pu le voler : ce trésor de famille était enfermé dans une armoire dont je garde toujours la clé sur moi. Je ne sais vraiment que penser.

Le lendemain, Yin envoya le gobelet manquant à son ami Tsang avec, inscrite sur un rouleau de papier de riz, l'étrange histoire que je viens de vous raconter.

Histoire de Feng, le vagabond du temps oublié

Feng était un soldat paillard, buveur, batailleur, grande gueule, un peu brigand. Un soir d'ivrognerie lourde il se fit chasser de l'armée après avoir insulté son général. Il s'en fut donc sur les chemins avec deux compagnons, deux soudards aussi tonitruants que lui. Ensemble ils vécurent de petits brigandages, ou de services rendus, selon l'humeur et les hasards de la route, jusqu'au jour où commence cette histoire.

Ce jour-là, les trois malandrins sont assis au pied d'un arbre, dévorant quelques volailles volées dans un poulailler malchanceux. Le repas terminé Feng s'allonge dans l'herbe, les mains croisées sur sa bedaine. Il se sent un peu lourd, il s'endort, à l'ombre douce. Ses compagnons vont se baigner dans le ruisseau voisin. Alors l'endormi, dans la lumière des rêves, voit s'arrêter devant lui un cavalier sur un cheval blanc, un homme richement vêtu qui l'invite à monter en croupe. Feng obéit, tout étonné. Ils chevauchent longtemps dans un paysage inconnu. Ils arrivent enfin dans une ville splendide et populeuse. Les sabots du cheval font jaillir des étincelles sur le pavé des longues rues. Ils s'arrêtent devant le perron d'un palais à la façade ornée de dragons, de licornes, de bêtes fantastiques sculptées dans le marbre. Feng entre dans ce palais. Une porte à double battant s'ouvre devant lui. Au fond d'une salle aux dalles étincelantes un homme est assis dans un fauteuil d'or.

— Voici le roi, dit une voix lointaine.

Le roi se lève, il accueille Feng avec familiarité.

— Je suis heureux, lui dit-il, que vous ayez accepté d'épouser ma fille.

« Quel est ce mystère ? se dit Feng. Et quel est ce pays, cette ville, ce roi ? » Il pense tout cela mais n'ose protester.

Il épouse donc la fille du roi. Il n'a pas besoin pour cela de se faire violence, elle est belle, elle semble très amoureuse de lui. Feng est nommé général des armées du royaume, et règne auprès de son beau-père. Sa vie est violente et somptueuse. Il fait la guerre aux pays voisins, il est parfois vainqueur, parfois vaincu. Sa femme lui donne trois fils. Un jour, après douze ans d'heureux mariage, elle meurt. On l'enterre en grande cérémonie. Au retour des funérailles le roi prend Feng par l'épaule et lui dit tristement :

— Un songe m'a visité la nuit dernière. J'ai rêvé que tu déchaînais sur notre tête un déluge qui nous engloutissait tous. Je pense que tu ferais mieux de rentrer chez toi.

— Rentrer chez moi ? dit Feng. Mais je suis ici chez moi. Mes enfants sont ici.

— Tes enfants, répond le roi, tu les reverras dans trois ans. Maintenant va-t-en.

Feng le vagabond se réveille à l'ombre de l'arbre où il s'est endormi. Ses compagnons sont à quelques pas de lui, dans le ruisseau, ils s'éclaboussent en riant. Quelques minutes à peine sont passées depuis qu'un cavalier sur un cheval blanc est venu le chercher. Il a dormi la tête appuyée contre une grosse pierre lisse. Il se dresse au soleil, il s'étire, soulève la pierre lisse, du bout du pied. Il découvre une fourmilière tout à coup grouillante, affolée. Il se penche au-dessus d'elle. Alors il reconnaît la ville où il vient de vivre douze années, il reconnaît les armées qu'il a commandées, le roi, la tombe de sa femme — un grain de poussière près d'un brin d'herbe minuscule. Il regarde, fasciné. Une grosse goutte de pluie tombe sur son front. Il lève la tête. Le ciel est sombre tout à coup. Un éclair déchire les nuages. Feng et ses compagnons courent se mettre à l'abri dans une cabane voisine. Le tonnerre gronde, l'orage s'abat. Une grosse averse, rien de plus. Mais pour la fourmilière que la pierre ne protège plus c'est un déluge — la fin du monde.

Feng après la pluie revient au pied de l'arbre et contemple le royaume ravagé. Dans trois ans, lui a dit le roi des fourmis, tu reverras tes enfants. Il comprend qu'il n'a plus que trois ans à vivre, trois ans avant de regagner les racines du monde. Alors Feng le soudard se fait moine. La légende dit que la veille de sa mort il a écrit ces mots, afin qu'ils soient gravés sur sa tombe : « Les puissants de l'Empire règnent, ordonnent, dictent des lois. Le sage les regarde en souriant : des fourmis grouillent, c'est tout. » Ainsi finit l'histoire du vagabond qu'un rêve, un jour, illumina.

La princesse Déa

Autrefois en Chine, une cité superbe s'élevait entre la mer de Jou et la montagne nuageuse. Le roi de cette cité était un homme orgueilleux et rude. Il méprisait ceux qui le craignaient, il haïssait ceux qui osaient lui tenir tête. Il était infréquentable, et tous les vivants de son pays redoutaient ses humeurs. Seul, celui qu'on appelait le capitaine Lang et qui vivait sur la montagne nuageuse, dans son château de brouillard, ne craignait pas ce roi parce qu'il n'avait peur de rien. On le voyait parfois descendre des nuées sur son cheval aussi blanc que son vaste manteau. Au bord de la mer de Jou il venait se promener, toujours solitaire, le regard rêveur.

Or, un jour, voilà que son œil s'illumine. Il voit venir vers lui une jeune fille si belle qu'il s'arrête, ébloui, sur le sable de la plage. La jeune fille devant lui s'arrête aussi. Ils se regardent. Avant même d'avoir échangé la première parole, ils savent qu'ils sont à jamais amoureux.

Elle se nomme Déa. Son père, c'est le roi aux yeux noirs, aux sourcils broussailleux, le tyran de la cité. Le capitaine Lang tend la main à Déa. Elle dénoue sa chevelure, elle la dépose dans cette main tendue. Lang prend l'amoureuse dans ses bras et sur son cheval l'emporte dans son château de brouillard sur la montagne nuageuse. Quand le roi apprend que sa fille s'est enfuie avec le seul homme de son royaume qui ne craint pas sa colère, il convoque devant lui les sept généraux de son armée et les trois magiciens de son royaume. Il leur dit ceci :

— Allez chercher ce capitaine Lang dans son château de brouillard. Dites-lui que je désire le voir. S'il ne veut pas vous suivre, par ruse ou par force, faites en sorte de le convaincre.

Les messagers s'en vont dans la montagne. Au bout de sept semaines de marche, ils arrivent au château de brouillard. Lang devant sa porte les accueille aimablement. La force ni la ruse n'ont sur lui aucune prise, mais la tendresse de sa femme, la princesse Déa, le décide à seller son cheval.

— J'aimerais, dit-elle, revoir mon père, et je veux que tu fasses la paix avec lui.

Ils descendent donc dans la cité, au bord de la mer de Jou. Le roi fait préparer un festin somptueux en leur honneur, et le capitaine Lang sent fondre sa méfiance. Il mange et boit de bon cœur, à la droite du roi. Il ne voit pas la main d'un serviteur bossu se tendre vers sa coupe et verser dans son vin une poudre blanche. Cette poudre à peine bue endort le capitaine Lang qui s'effondre, cognant du front contre la table. Alors le roi se dresse et donne des ordres secs : sa fille, la princesse Déa, est enfermée dans la plus haute chambre du palais. Les trois magiciens du royaume enchaînent Lang et le jettent dans la mer de Jou en prononçant une terrible incantation afin qu'il n'en puisse jamais sortir.

Or, le lendemain, à l'aube, la nourrice de la princesse vient ouvrir secrètement la porte de sa chambre et lui dit :

— Va-t-en vite. Je mourrai pour t'avoir délivrée, mais toi, tu vivras. Adieu.

Déa s'en va par les chemins, échevelée, désespérée, demandant à tous ceux qu'elle rencontre de l'aider à délivrer son époux, le capitaine Lang. Elle marche longtemps, des jours, des nuits, des semaines, suppliant les hommes, les arbres, les cailloux, les nuages de lui venir en aide. Un jour enfin, dans une forêt, un vieillard très maigre, assis au seuil d'une caverne, sourit et lui répond :

— Tes plaintes me bouleversent. Je peux, moi, délivrer ton époux, car je suis le génie des nuées. Écoute et vois : je te confie ces sept bouteilles, elles contiennent les sept vents du monde. Descends avec elles au bord de la mer de Jou. Là, tu les aligneras, sur la plage, face aux vagues, et tu les déboucheras. Alors les sept vents ensemble déchaîneront une tempête si puissante que la mer s'ouvrira et Lang, ainsi, pourra te rejoindre.

La princesse Déa pose ses lèvres sur le front ridé du génie des nuées et s'en va, emportant dans son sac les sept bouteilles pleines des sept vents du monde. Elle descend vers la mer, s'épuisant à marcher parmi les rochers, dans les broussailles. La nuit venue, elle tombe, tant elle est fatiguée, et s'endort aux portes de la cité de son père, comme une mendiante. Un enfant passant par là voit les bouteilles, à côté d'elle, et les trouve belles, à la lueur de la lune. Il en débouche une. La bourrasque aussitôt se déchaîne, si violente qu'elle emporte l'enfant dans les airs. Quand, le lendemain matin, la princesse Déa délivre les vents embouteillés face à la mer de Jou, les vagues rugissent, se soulèvent jusqu'au ciel, mais pour que la mer s'ouvre jusqu'à son tréfonds, manque le dernier souffle de la dernière bouteille vidée par l'enfant innocent.

Le capitaine Lang ne revit jamais son épouse ni son château de brouillard sur la montagne nuageuse. La princesse Déa fut changée par le génie des nuées en nuage blanc, pour qu'elle ne souffre plus parmi les hommes. Depuis ce temps les vieux chinois disent, quand le ciel pâlit : « La princesse Déa part à la recherche de son mari. Il va faire du vent. » L'histoire finit ainsi.

Le peintre Touo Lan

Au pays des Taï, vécut autrefois un peintre nommé Touo Lan. C'était un vieil homme maigre, aux longs cheveux lisses et blancs, au regard vif. Il habitait une cabane de bambou, au bout d'un sentier tracé dans l'herbe haute, à la lisière de son village. Il sortait rarement de chez lui. De temps en temps, il allait au marché, il y faisait quelques provisions, puis il s'asseyait à l'ombre sur un banc et, les yeux plissés, il observait les gens. Il restait ainsi une heure ou deux, immobile, puis il rentrait chez lui. Alors il disposait sur la table ses pinceaux et ses encres et il se mettait à peindre, sur une feuille de papier, de soie ou de bois. Il peignait chaque jour sept visages. Son travail l'absorbait tant qu'il n'entendait ni le vent, ni la pluie, ni les oiseaux. A la fin de la semaine il accrochait sept fois sept visages aux murs de sa maison. Il les contemplait longuement, la tête penchée de côté, les mains derrière le dos et secrètement se réjouissait.

Or, une nuit, il entend frapper à sa porte. Il est tard mais il travaille encore, penché sur son labeur à la lueur d'une bougie. Dehors l'orage gronde, les éclairs déchirent le ciel noir, la bourrasque hurle.

— Qui est là ? dit Touo Lan, sans même lever le front.

— Je suis la Mort, répond une voix forte, derrière la porte. Je viens te chercher.

Le vieil homme se lève en ronchonnant, il va ouvrir. Une nuée de feuilles mortes, une bouffée de pluie s'engouffrent dans la pièce. Sur le seuil se tient un grand personnage vêtu de noir, au visage d'ombre.

— Entre, dit Touo Lan. Assieds-toi.

Il désigne une chaise dans un coin.

— Il faut que j'achève de peindre le visage de cette fillette que j'ai rencontrée hier au marché du village.

Il tourne le dos à la Mort et se remet au travail. La Mort, sa longue faux rouillée dans sa main gauche, s'approche de Touo Lan. Sous le pinceau du vieillard apparaît une jeune fille radieuse, qui sourit. La Mort regarde, bouleversée : elle connaît toutes les grimaces du monde mais n'a jamais vu un sourire humain. Elle n'ose plus, tout à coup, abattre sa main squelettique sur la nuque de Touo Lan. Elle s'éloigne, confuse, à pas discrets et dans la nuit noire, traversant la tempête, elle remonte au ciel.

Quand le roi des cieux la voit apparaître dans le palais céleste, sa faux sur l'épaule, il lui demande d'une voix rugueuse :

— Pourquoi reviens-tu seule ?

— Majesté, répond la Mort embarrassée, quand je suis entrée chez Touo Lan, il était en train de peindre un sourire sur un visage. Je n'ai pas pu le déranger.

— Diable, dit Dieu. Un mortel capable d'intimider la Mort est une perle rare. Je veux le voir ici, devant moi, avant l'aube.

La Mort redescend sur terre. La voilà sur le sentier qui conduit à la cabane de bambou. Dans la nuit noire, elle aperçoit la lumière clignotante de la bougie derrière la fenêtre. Cette fois, elle ne prend pas la peine de frapper à la porte. Elle entre.

— Où étais-tu partie ? dit Touo Lan. Pourquoi m'as-tu fait attendre ?

Il est debout au milieu de la pièce. Il tient sous son bras ses affaires de peintre, quelques feuilles blanches, des encres de couleur, des pinceaux. La Mort d'un geste large l'enveloppe dans son manteau et l'emporte.

Touo Lan entre dans le palais divin. Le roi des cieux, sur son trône, contemple longuement ce vieux mortel fluet, vêtu de vêtements cent fois rapiécés, encombré de feuilles de papier, de pinceaux, de flacons d'encre.

— Tu n'as jamais peint que des visages, lui dit-il. Pourquoi ?

— Parce que, répond Touo Lan, les visages humains sont les plus beaux paysages du monde.

Le roi des cieux sourit, lui tend la main et dit :

— Viens.

Ils sortent ensemble dans un grand jardin. Au milieu de ce jardin, sous les arbres, parmi les fleurs, une source transparente jaillit d'une petite grotte moussue. Un soleil immobile brille dans le ciel.

— Voilà ta demeure éternelle, dit le roi des cieux. Tu vivras ici, près de l'Esprit de Vie. Tu peindras des visages. Tu en choisiras un dans ta collection, chaque fois qu'un enfant naîtra sur terre, et tu le lui donneras.

Tel est, tel sera jusqu'à la fin des temps, le travail de Touo Lan. Vous qui avez entendu cette histoire, que la beauté de vos enfants vous réjouisse jusqu'à la fin de vos jours.

VII. VIETNAM

Le ver à soie

Il était une fois un vieux colporteur qui avait une fille. Cette fille était jeune et jolie, mais son regard était toujours brumeux, et ses joues un peu trop pâles : elle était malade d'ennui et de mélancolie, car sa vie était grise comme un ciel de novembre ; son père était toujours sur les routes, à vendre ses bibelots, et elle n'avait pour compagnie, dans sa petite maison perdue, qu'une vieille nourrice un peu simple d'esprit. Pour tromper sa solitude, chaque soir, à l'heure où se lève le vent, elle allait jusqu'au bout du jardin, elle s'accoudait au mur de pierre sèche et regardait au loin, vers la rivière, passer de longs vols d'oiseaux sauvages, au-dessus des roseaux.

Un jour qu'elle est ainsi rêveuse au bout du jardin, elle entend près d'elle un bruit de pas dans les feuilles mortes. Elle se retourne vivement. C'est son cheval blanc, son seul compagnon. La porte de l'écurie, là-bas, grince au vent du soir, sans doute était-elle mal fermée, le cheval est sorti. Il frotte doucement sa tête contre l'épaule de sa maîtresse. Elle caresse son encolure et dit, le regard perdu au loin :

— Si tu savais où est mon père en ce moment, si tu pouvais aller le chercher et le ramener aussitôt, j'accepterais de te prendre pour époux. Oui, je me marierais avec toi.

Elle parle ainsi distraitement. Mais à peine a-t-elle dit ces paroles que le cheval hennit, frémit, se cabre, bondit au-dessus du mur de pierre et part au galop sur la plaine.

Il traverse la forêt, s'écorchant aux branches, aux buissons griffus, il escalade la montagne, la crinière échevelée. Ses quatre sabots crépitent sur les rochers, il traverse des vallées et des plaines, les naseaux fumants, il fend les vents et les brouillards, sans se reposer jamais. Enfin, une nuit glaciale, noire et blanche, une nuit de lourde neige, il arrive devant une auberge, au bord d'un chemin. Il s'arrête là. Il hennit trois fois en grattant la porte du sabot. Dedans, un voyageur qui boit un bol de soupe en se chauffant devant le feu se dresse. C'est le colporteur, le père de la jeune fille. Ce hennissement, il le reconnaît. Il sort en toute hâte. Le cheval se cabre, la neige amoncelée sur son dos s'éparpille en poussière blanche. C'est bien le cheval de sa fille. « S'il est venu me chercher jusqu'ici, se dit l'homme, c'est qu'il est arrivé malheur à mon enfant. » Il laisse là ses bagages et bondit sur le dos du cheval, qui part au galop. Ils traversent la nuit, les montagnes, les forêts. A l'aube, les voilà sur la vaste plaine. L'homme aperçoit sa maison au loin, plantée seule sur l'horizon plat. Le cheval traverse la rivière dans une gerbe d'écume, franchit le petit mur de pierre sèche. La jeune fille court vers son père, joyeuse, elle l'embrasse en riant. Puis elle conduit la bête frémissante, ruisselante de sueur, à l'écurie et la laisse là, et l'oublie.

Alors, le cheval, jour après jour, dépérit. Un matin d'hiver glacial, il se couche sur la paille et meurt. Le colporteur et sa fille en sont affligés mais la mort d'un cheval n'est pas un vrai malheur. Le bonhomme, après avoir un peu pleuré, dépouille la bête, met sa peau à sécher sur le petit mur de pierre et se prépare à repartir en voyage : c'est sur les routes qu'il gagne sa vie. Il recommande à sa fille de veiller à ce que la peau du cheval sèche bien, pour qu'à son retour il puisse en faire une selle de cuir. Il s'en va.

A peine a-t-il disparu à l'horizon qu'un grand vent mauvais se lève, ébouriffant les arbres et faisant pencher les roseaux. La jeune fille court dans le jardin, en hâte elle range le blé, prend la peau du cheval sur le petit mur de pierre pour la mettre à l'abri. Mais voilà que dans le vent tourbillonnant cette grande peau, au long pelage blanc, tout à coup terriblement vivante, s'enroule autour d'elle, l'enveloppe, et la jeune fille se sent emportée dans les airs, vers les nuages. Elle aperçoit la plaine, en bas, qui s'éloigne puis elle ne voit plus rien car la peau du cheval se ferme sur elle, se resserre sur son corps, l'étouffe, et se resserre encore.

Après avoir longtemps tourbillonné dans le ciel, cette peau fermée tombe et s'accroche à un buisson de mûrier. Là, lentement elle se change en cocon, et la jeune fille prisonnière à l'intérieur se métamorphose en ver à soie. C'est depuis ce jour d'étrange fin d'amour, que l'on appelle, au Vietnam, le ver à soie femme-à-tête-de-cheval

Drit-de-rien

Son nom était Drit. On l'appelait Drit-de-rien. Pourquoi Drit-de-rien ? Parce qu'il était le plus pauvre de tous les traîne-savates de son village. Il habitait une cabane avec sa grand-mère, la mère Brousse, et son chien Nigre. Il vivait de fruits sauvages, de racines que la mère Brousse allait ramasser dans la forêt, et de menu gibier que le brave Nigre dénichait, de temps en temps, dans les broussailles.

Un jour, au détour d'un sentier, Nigre tombe en arrêt devant une touffe de bambous. Il gémit, il grogne, il jappe. Drit s'approche, intrigué. « Cette touffe de bambous est ordinaire, se dit-il. Pourquoi trouble-t-elle mon chien ? » Il l'arrache et l'emporte chez lui, Nigre frétillant sur ses talons. Le lendemain matin, Drit, mère Brousse et Nigre s'en vont chercher de quoi ne pas mourir de faim dans la forêt. Alors dans la maison vide, la touffe de bambous frémit et d'elle naît une jeune fille fragile, aux longs cheveux noirs, aux joues pâles, aux yeux rieurs. C'est la fée des collines, son nom est Rondi-la-radieuse. Elle écarte doucement le feuillage de bambous, regarde autour d'elle, sort à pas menus et se met à faire le ménage. Puis elle court à la rivière, revient avec un panier de poissons frétillants. Pour les faire frire, elle allume le feu dans la cheminée. Cela semble l'amuser beaucoup. Elle entend du bruit dehors. Elle court se cacher dans sa touffe de bambous. Mais avant qu'elle n'ait pu disparaître Drit l'attrape par le poignet où tintent des bracelets d'or. Elle pousse un petit cri effarouché. Drit, le malin, voyant fumer sa cheminée était revenu voir qui faisait du feu chez lui. Maintenant il voit : une fille si belle qu'il n'aurait jamais osé rêver d'elle. Il tremble, tant il est ému.

— Je veux que tu restes avec moi, dit-il.

Rondi baisse la tête et sourit. Elle répond :

— Puisque tu le veux, je resterai avec toi.

Voilà Drit tout heureux, et mère Brousse aussi, et Nigre le bon chien qui bondit autour d'elle et lui lèche les mains.

Quelques jours plus tard, le seigneur du pays, passant devant la cabane, aperçoit Rondi-la-radieuse par la fenêtre ensoleillée, et revient tout songeur dans son palais. Le lendemain, il envoie chercher Drit. Drit le pauvre, Drit-de-rien, s'incline devant son seigneur, triturant nerveusement son chapeau dans ses mains.

— Il paraît, dit le gros maître, que tu as une bien belle femme.

— Oh, vous savez, répond Drit, on épouse qui on rencontre.

— Voici mes ordres, dit le seigneur : je veux que demain matin tu me rapportes une feuille de figuier assez grande pour recouvrir entièrement le village. Sinon, je prendrai ta femme.

Le gros cousu d'or éclate d'un rire méchant. Il empoigne Drit, le fait attacher sur un cerf-volant et, de la plus haute tour de son palais, il le lâche dans les airs. Drit s'envole, poussé par le vent, environné d'oiseaux étonnés, il dérive loin de son village, il trébuche enfin contre la cime d'un arbre, tombe à travers les branches, et se retrouve assis dans l'herbe, à moitié assommé. Une fourmi rouge lui pique la fesse. Il fait un bond, en criant. Alors il entend une voix menue qui lui dit :

— Hé, Drit, ne t'en fais pas, Rondi, la fée des collines, nous a prévenues. Ne t'en fais pas, nous allons t'aider.

Aussitôt des milliers de fourmis rouges sortent des herbes, des troncs d'arbres, des cailloux creux. Elles se mettent à l'ouvrage, rassemblent des feuilles, les cousent ensemble. A la fin du jour le travail est fini. Elles ont fabriqué une feuille de figuier capable de couvrir un village. Drit, triomphant, revient chez le seigneur avec sa feuille géante. Le gros homme aux bagues précieuses espérait ne jamais le revoir. Il enrage. Il fait enchaîner le pauvre homme au pilier central de son palais, puis il envoie des gardes chercher Rondi-la-radieuse. Les gardes reviennent déconfits : Rondi-la-radieuse a disparu.

— Où est-elle ? rugit le seigneur, en brandissant son fouet.

— Je n'en sais rien, répondit Drit, désespéré.

C'est vrai : il n'en sait rien. On le fouette, on le bat, on le torture, on l'abandonne enfin dans la poussière, à demi mort. Alors Drit entend une voix qui lui dit :

— Demande au seigneur de creuser un puits jusqu'à l'autre face de la terre et de t'y descendre, au bout d'une corde, pour aller chercher Rondi, car elle est en vérité sur l'autre face de la terre.

Il fait ainsi. Le puits creusé, il descend, au bout d'une corde. Il tombe, épuisé, au bord d'un lac.

Alors un héron s'approche de lui et plonge son bec dans l'eau. Drit affamé l'attrape par les pattes.

— Si tu me laisses la vie sauve, dit l'oiseau, je te donnerai mon talisman nommé Désir : il exauce tous les vœux.

— D'accord, répondit Drit.

Il prend le talisman et crie joyeusement :

— Je veux voir Rondi-la-radieuse.

Aussitôt le plumage du héron s'ouvre, Rondi apparaît, elle sourit, puis le plumage se ferme, le héron disparaît. Rondi aussi. Drit n'a que le temps d'arracher une plume. Il tombe à genoux en gémissant. Mais il n'a pas le temps de se lamenter. Un homme vient vers lui, qui lui dit :

— Hé, ne seriez-vous pas un peu sorcier, par hasard?

— Peut-être bien, répond Drit.

— Alors, dit l'homme, venez avec moi. La fille de notre roi est malade, elle se meurt, vous pouvez peut-être la sauver.

Drit le suit, sa plume de héron à la bouche. Il arrive au palais. On le fait entrer dans la chambre de la princesse. Que voit-il, dans le lit rouge ? Rondi-la-radieuse, qui lui fait un clin d'œil.

— Si je la guéris, je veux l'épouser, dit Drit.

— Comme il te plaira, répond le roi.

Drit s'approche, chatouille le nez de Rondi avec la plume du héron. Elle éclate de rire. Il l'épouse. Ils sont heureux, et l'histoire finit ici.

VIII. JAPON

L'ermite Unicorne

L'ermite Unicorne vivait autrefois dans les hautes herbes de la profonde montagne. Il portait, plantée au milieu du front, une belle corne torsadée qui lui pesait un peu car il était très vieux, mais comme il était aussi un fameux magicien il s'accommodait fort bien de cet inconvénient. Il savait voler dans le ciel, chevaucher les nuages, et parler aux oiseaux. Un homme capable de cela ne fait pas un drame d'une corne au milieu du front.

Pourtant l'ermite Unicorne était devenu, avec l'âge, très irascible. Un jour qu'il se promenait dans la montagne, sa longue barbe au vent, voilà que la pluie le surprend sur un sentier lointain. Une averse soudaine, torrentielle, ravageuse, qui fait rugir les torrents et ravine les chemins. Unicorne court sous l'averse, cherchant un abri. Mais il n'est plus aussi agile qu'au temps de sa jeunesse, il glisse sur l'herbe mouillée et tombe lourdement assis au milieu d'une flaque. Il jure, il peste contre les dragons du ciel qui font tomber la pluie, grince des dents et pleurniche. Enfin il frappe du poing sur son genou en poussant un juron ravageur. Il se redresse, menaçant. Il grimpe au sommet de la montagne, s'envole dans les nuages, attrape les dragons de la pluie par la queue. Il les fourre dans un grand pot, ferme le couvercle.

— Voilà, dit-il, maintenant je suis tranquille. Il ne pleuvra plus de si tôt.

Un an passe, deux ans, trois ans, sans que tombe une goutte de pluie. La sécheresse est effroyable. Les hommes dépérissent, la terre n'est plus qu'un vaste champ de caillasse et d'herbe jaunie. Le roi du pays convoque ses prêtres, ses sages, ses devins. Il ne leur offre même pas un verre d'eau à boire, il n'y en a plus. Il leur dit :

— Que pensez-vous de la situation ?

Les prêtres, les sages, les devins répondent en chœur :

— Elle est catastrophique. Tant que l'ermite Unicorne gardera les dragons de la pluie prisonniers, il ne pleuvra pas. Il faut le convaincre de les relâcher. Mais comment ?

Ils réfléchissent longuement, ils méditent, ils invoquent les dieux, se grattent le crâne. Enfin une idée leur vient.

— Envoyons-lui, disent-ils, la plus belle fille du royaume. Tout ermite qu'il est, il se laissera peut-être séduire.

On envoie donc dans la montagne une jeune fille de seize ans d'une beauté à faire trébucher un saint sur le chemin du paradis. Devant la caverne de l'ermite elle s'assied dans l'herbe, sous un arbre sec et se met à chanter une admirable chanson. Unicorne sort devant sa porte. Il est effrayant à voir. Il est vêtu d'un vêtement de mousse, il est si maigre qu'on se demande où se cache son âme, il cligne des yeux au soleil, tout ridé. Sa corne sur son front est terreuse. Elle pointe droit au milieu de sa chevelure hirsute, grouillante d'insectes, comme un buisson. Il dit, chevrotant, appuyé sur sa canne :

— C'est un ange du ciel que j'entends là chanter.

Soudain ses yeux s'allument : il aperçoit la jeune fille. Il s'approche d'elle.

— Quelle merveille ! dit-il. Laissez-moi vous toucher.

La jeune fille est épouvantée. « Quel affreux bonhomme », se dit-elle. Mais elle répond en tremblant :

— Faites comme il vous plaira, saint homme.

Alors Unicorne l'entraîne dans sa caverne, il la renverse sur sa litière en riant terriblement. Ils roulent ensemble sur la paille : un coup de corne malencontreux brise le pot où l'ermite tient prisonniers les dragons de la pluie. Aussitôt les dragons délivrés déploient leurs ailes et montent au ciel. Le tonnerre gronde, les éclairs crépitent, l'orage superbe déferle des nuages. Pendant cinq jours il pleut à verse. La terre enfin s'abreuve longuement, et les hommes aussi.

Le cinquième jour, le soleil apparaît dans le ciel lavé. Alors la fille dit à l'ermite :

— Je ne peux rester ici, il faut que je m'en retourne chez moi.

Unicorne lui répond assis devant elle, amoureux et mélancolique :

— Je vais t'accompagner.

Il se dresse et va devant la jeune fille. Il descend vers la vallée courbé en deux sur sa canne, vêtu de haillons de mousse, ridé, édenté, effrayant et ridicule. Il va jusqu'à la ville, où passe une rivière.

— Ermite Unicorne, dit la fille, porte-moi sur ton dos.

Unicorne, réduit, soumis, gâteux d'amour, la prend sur ses épaules, traverse la rivière. Ses jambes sont comme des bâtons secs mais elles sont encore solides. L'un portant l'autre, ils entrent dans la ville. Les gens s'attroupent sur leur chemin. La jeune fille les salue, chevauchant son vieillard grotesque. Et les rires autour d'eux déferlent : rien n'est plus ridicule qu'un vieux sage gémissant vaincu par la beauté triomphante d'une femme.

Ainsi finit l'histoire : le saint homme abandonna toute magie, et vécut désormais dans l'innocence de l'amour.

Kogi-le-sage

Il y a bien longtemps vécut au Japon un moine nommé Kogi. Il avait toute sa vie médité sur l'apparence des choses, la fragilité du monde, et il avait conquis ce trésor subtil et rare : un sourire d'enfant sur son visage de vieillard.

Or, un soir, il se couche, ferme les yeux et meurt. Ses amis s'assemblent autour de son lit, se penchent sur son corps, pleurent, se lamentent. Ils l'aimaient si fort, leur vieux maître Kogi, qu'ils ne peuvent se décider à célébrer tout de suite ses funérailles. Trois jours durant ils veillent en silence devant sa dépouille. Le troisième jour, Kogi soudain pousse un long soupir, ouvre les yeux, se soulève sur le coude et dit :

— Enfin me voici de retour. J'en suis heureux, mes bons amis. Je viens de faire un étrange voyage. Je vous le raconterai tout à l'heure mais pour l'instant, allez donc chercher le voisin de notre monastère, le noble Taïra. Vous le trouverez en train d'accommoder du poisson cru pour son dîner. Qu'il vienne à mon chevet.

Un messager aussitôt court à la résidence du noble Taïra. Il le trouve en effet en train d'accommoder un plat de poisson cru.

— Venez vite, lui dit-il, maître Kogi est revenu à la vie, il veut vous parler.

Taïra se précipite au monastère. Kogi l'accueille avec affection :

— Asseyez-vous, lui dit-il, et écoutez-moi attentivement.

Hier vous avez commandé du poisson à un pêcheur nommé Bunski.

— C'est vrai, dit l'autre. Mais comment pouvez-vous savoir cela ?

— Ce pêcheur, poursuit Kogi, a franchi ce matin votre porte, un grand panier sous le bras. Vous, noble Taïra, vous étiez en train de jouer aux échecs avec votre frère, assis devant une fenêtre ensoleillée. Votre jeune fils était près de vous, il observait le déroulement de la partie en mordant dans une orange. Vous vous êtes levé pour accueillir Bunski le pêcheur. Il a déposé son panier sur le sol et vous lui avez offert une coupe de saké. Puis vous avez choisi dans ce panier une carpe magnifique et vous l'avez tendue en riant à votre cuisinier. Jusqu'ici, dit Kogi, est-ce que je me suis trompé ?

Taïra, bouche bée, est tellement stupéfait qu'il est incapable de parler. Il fait signe que non, de la tête, non maître Kogi ne s'est pas trompé. Alors le vieux moine dit ceci :

— Mes amis, vous allez tout comprendre. Trois jours durant vous m'avez cru mort. Pendant ce temps, moi, je vivais la plus étrange aventure de ma vie. Écoutez : il y a trois jours, je me suis éteint si paisiblement que je ne me suis même pas aperçu que je quittais cette vie. J'ai donc abandonné mon corps comme on le fait en rêve et j'ai franchi la porte du monastère. J'étais parfaitement bien. J'étais aussi heureux que l'oiseau délivré qui rejoint les nuages. Je suis allé me promener au bord du lac. Voyant les eaux vertes si calmes l'envie m'a pris de m'y baigner. J'ai plongé. Moi qui n'ai jamais aimé l'eau froide j'ai nagé avec une allégresse, avec une facilité tellement merveilleuse que l'envie m'a pris d'être un poisson. A peine ce souhait avait-il germé dans mon esprit, que j'ai vu venir vers moi, sur les vagues, un homme richement vêtu, à cheval sur un dragon des eaux multicolores. Cet homme m'a dit : « Vénérable moine, qu'il soit fait selon ton désir. » Il a souri et il a disparu dans un reflet de soleil. Moi, stupéfait, j'ai regardé mon corps. Je me suis vu couvert d'écailles dorées. En un instant je m'étais métamorphosé en carpe. Alors j'ai plongé au fond du lac, heureux et libre comme je ne l'avais jamais été, j'ai nagé parmi les algues et les rochers. Je suis remonté à la surface, j'ai joué longuement avec les vagues scintillantes. Puis j'ai eu faim. J'ai cherché, çà et là, quelque nourriture. J'ai rencontré un appât qui dérivait entre deux eaux, au bout d'une ligne — au bout de la ligne de Bunski le pêcheur. Je l'ai gobé. Alors avec une extrême brutalité je me suis senti attiré hors de l'eau. J'ai hurlé. Aucun son n'est sorti de ma bouche. Je suis tombé dans le panier de Bunski, j'ai cogné tant que j'ai pu contre les parois d'osier. J'ai crié : « Bunski, hé, je ne suis pas une carpe, je suis Kogi, le moine. » Bunski ne m'a pas entendu. Il est venu chez vous, maître Taïra, son panier sous le bras. Je vous ai vu en train de jouer aux échecs, j'ai vu ce que je vous ai dit tout à l'heure. Vous m'avez pris par les ouïes et vous m'avez tendu à votre cuisinier. Ce cuisinier m'a posé sur une planche, il a levé sur ma tête un grand couteau luisant. Alors je me suis réveillé sur mon lit, parmi vous, mes amis.

Ainsi parla Kogi le moine. Avait-il fait un rêve ? Avait-il vraiment voyagé hors de son corps ? Nul ne sait. On dit qu'il a vécu longtemps encore, et qu'après son aventure, il occupa ses loisirs à peindre, sur papier de soie, des poissons merveilleusement coloriés. Un jour enfin, il s'est senti vraiment mourir. Alors il a pris ses peintures et les a dispersées dans le lac. Sous le regard souriant de Kogi les poissons peints se sont détachés du papier de soie et se sont métamorphosés en poissons vivants. Ils ont bondi sur l'écume, ils ont plongé au fond des eaux. Kogi-le-sage les a salués. Il leur a dit :

— Attendez-moi un instant, j'arrive.

Il s'est penché sur les vagues, il est tombé de l'autre côté du miroir, et personne ne l'a jamais revu.

La tortue rouge

Il y a bien longtemps sur une île du vieux Japon, vécut un jeune pêcheur qui s'appelait Uraski. Il était habile, intrépide, un peu fou. Personne, parmi les hommes de son village, n'osait pousser sa barque aussi loin que lui sur les vagues, et les vieillards qui venaient tous les matins réchauffer leur carcasse ridée sur la plage disaient de lui :

— Un jour il ira trop loin et ne reviendra pas.

Mais Uraski n'en faisait qu'à sa tête, et sa tête était aventureuse comme un oiseau de mer.

Or, un soir, comme il tire ses filets à la proue de son bateau, il aperçoit parmi les poissons frétillants une petite tortue rouge. Il la prend, et la jette dans une caisse, à côté de lui. Alors il entend ces paroles plaintives :

— Aie pitié de moi, j'aimerais vivre encore. Si tu me rends la liberté, je saurai t'en remercier, un jour ou l'autre.

Uraski, perplexe, regarde la tortue rouge au fond de sa caisse. C'est elle qui vient de lui parler ainsi. Il en est, à l'instant, certain. Elle remue lentement la tête, à droite, à gauche. Alors, sans plus réfléchir, il la prend et la rejette à la mer, vivement, comme l'on se délivre d'un objet inquiétant.

Des semaines passent. Uraski oublie la tortue rouge et les étranges paroles qu'il croit, maintenant, avoir rêvées, car il est un homme raisonnable. Un jour, en pleine mer, une énorme tempête s'abat sur sa barque, l'écrase, la brise comme une feuille morte. Avant que le pauvre Uraski ait le temps de hurler sa détresse, sa bouche est pleine d'eau salée, la pluie battante l'aveugle, il se débat, parmi les planches éparses, dans la fureur des vagues. Il va mourir, il le sait. La terre est trop lointaine. Il lutte pourtant, jusqu'au bout de ses forces. Puis il dit adieu au ciel, à la lumière. Il perd conscience.

Quand il se réveille, il se frotte les yeux, il n'imagine pas qu'il ait pu survivre. La mer familière, maintenant calmée, est là, pourtant, autour de lui, et le soleil dans le ciel limpide. Il est couché sur le dos d'une tortue rouge. Cette tortue lui parle encore, comme autrefois, sur la barque. Elle lui dit :

— Tu m'as rendu la vie, je t'ai sauvé. Nous sommes quittes. Je peux te déposer sur le rivage. Je peux aussi, si tu le veux, te faire visiter le pays du fond des mers.

Une lumière éblouissante tournoie dans la tête d'Uraski. Il n'a pas le temps de choisir. La tortue rouge plonge sous les vagues. Uraski, cramponné à son cou, traverse de grands espaces bleus, silencieux, des forêts d'algues et des plaines de coquillages, parmi les poissons surpris.

Le voyage dure trois jours. Uraski se sent heureux et paisible comme si sa mère le portait encore dans son ventre chaud. Il vit un rêve prodigieux. Tout à coup devant lui, dans la lumière indécise du fond de l'eau se dresse un palais de cristal, aux portes de nacre, au carrelage de diamant.

— Voici la demeure de Rigon, le dieu de la mer, dit la tortue rouge. En vérité, je suis la première dame de compagnie de sa fille, la princesse Otohimé. Tu la verras bientôt.

Uraski sent monter dans sa gorge un fou rire ravageur. « Une tortue dame de compagnie, se dit-il, quel est ce monde grotesque ? » Il ne rit pas pourtant, car la beauté qui l'environne l'émerveille. Il entre dans un couloir aux murs de corail. La tortue rouge trotte devant lui. Une grande porte s'ouvre. Le voici dans une chambre au sol de sable très doux, au plafond bleu traversé de rayons de lumière. Au milieu de cette chambre, la princesse Otohimé se tient debout près d'un grand lit couleur d'or. Ce lit est posé sur quatre diamants éblouissants comme des soleils. La longue chevelure de la princesse Otohimé ondule comme une algue. Uraski la salue. Elle sourit. Elle lui dit, avec une naïveté émouvante :

— Si vous voulez rester près de moi, dans ce palais, je serai tout à fait heureuse. Vous serez, vous aussi, heureux car vous ne vieillirez jamais.

Uraski tombe à genoux devant elle, il baise ses mains. Il répond :

— Je vivrai près de vous jusqu'à la fin des temps.

En vérité, après sept années de bonheur, il est pris, un matin, d'une envie mélancolique : il veut revoir sa famille et son village qu'il a abandonnés, là-haut, sur l'île. La princesse Otohimé, le voyant nostalgique, lui dit tristement :

— Si tu t'en vas tu ne reviendras plus.

Uraski lui répond avec passion :

— Je reviendrai.

Alors Otohimé lui tend une petite boîte d'or :

— Prends-la, lui dit-elle, et surtout quoi qu'il arrive ne l'ouvre pas. Si tu sais résister à la tentation, la tortue rouge t'attendra sur le rivage et te ramènera.

Elle lui dit adieu. Uraski s'en va.

Quand il arrive sur l'île il ne reconnaît pas son village. Les maisons depuis son départ ont changé d'apparence, les gens aussi. On le regarde comme un étranger. Bouleversé, il court au cimetière. Il découvre, parmi les broussailles, la tombe de ses parents. Sur la dalle il lit la date de leur mort. Trois cents ans ont passé, depuis son départ. Il revient au village. Parmi ces gens différents qui ne parlent plus le même langage que lui, il croit devenir fou. « Je vis un mauvais rêve », se dit-il. Croyant se délivrer de ce mauvais rêve, il ouvre la petite boîte d'or que lui a confiée la princesse Otohimé. Une vapeur mauve s'en échappe. Alors quelques enfants assemblés autour de lui voient ce prodige : Uraski se recroqueville soudain comme un vieux papier qui brûle et tombe en poussière. Un coup de vent l'emporte vers la mer. L'aile d'une mouette éparpille ses cendres sur les vagues.

IX. BORNÉO

Le sang de Kaduan

Il était une fois un homme très pauvre, nommé Kaduan. Il avait sept filles qu'il n'arrivait pas à nourrir. Il s'épuisait au travail, de l'aube au crépuscule, mais il recevait de ses maîtres qui le faisaient trimer dans leurs champs, davantage de coups de bâton que de grains de riz, et quand il rentrait le soir dans sa hutte délabrée, il en était réduit avec ses filles maigres et sa femme efflanquée, à manger les cendres du foyer. Kaduan désespérait.

— Elles vont mourir, se disait-il. Il faut que je les arrache à la misère, sinon, à force de manger de la cendre, elles vont tomber en poussière.

Or une nuit, il fait un rêve qui le bouleverse. Un esprit céleste le visite pendant son sommeil, et lui donne l'ordre d'aller chercher des maris pour ses filles.

— Va au-delà de la rivière, lui dit l'esprit, tu y trouveras sept riches garçons à marier.

Kaduan gémit :

— Ils n'accepteront jamais d'épouser mes filles, elles sont trop pauvres, elles n'ont pas de dot.

L'esprit lui répond, l'index levé devant ses yeux éblouissants :

— Leur dot sera le sang rouge de ton corps.

A peine ces mots prononcés, la vision s'efface et Kaduan se réveille dans sa hutte trouée, parmi ses enfants décharnés. « Quel rêve étrange, se dit-il en se grattant la tignasse. Comment le sang de mon pauvre corps pourrait-il charrier le moindre caillou d'or ? » Il réfléchit un moment, assis sur sa paillasse. Il ne comprend rien à tout cela, mais il sait qu'il faut toujours suivre le chemin tracé par un rêve. Alors de grand matin, il prend son bâton et s'en va.

Il marche toute la journée sous les grands arbres de la forêt. A la nuit tombée, il arrive au bord de la rivière. Il se baigne longuement au clair de lune, dans l'eau tiède et transparente, puis il s'endort dans l'herbe. Le lendemain matin, dans le premier rayon du soleil levant, il aperçoit, sur l'autre rive, un château. Sa façade blanche est ornée de sculptures de marbre, son toit est en céramique luisante. Kaduan traverse la rivière et pousse la grille. Dans la cour, des dizaines de volailles picorent des grains de blé répandus sur le sol. A l'ombre d'un porche, le maître de cette maison fortunée est allongé dans un hamac, les mains croisées sur sa bedaine. Il s'appelle Gerlunghan. Il est gros, il sue beaucoup car la chaleur est déjà accablante. Il accueille Kaduan avec courtoisie. Il le fait entrer dans une pièce fraîche. Ses sept fils — de beaux garçons vigoureux — apportent au voyageur sept plateaux de riz et sept cruchons de vin. Kaduan mange et boit en compagnie du gros Gerlunghan, puis à la fin du repas, le ventre plein, l'œil brillant, un peu ivre, car il n'a pas l'habitude de boire du vin, il se met à parler haut, à fanfaronner.

— Mon bon Gerlunghan, dit-il, ne vous fiez pas à mon apparence. Je suis un homme riche. Des brigands de grand chemin m'ont dévalisé. Voilà pourquoi vous me voyez vêtu de haillons. En vérité, à une journée de marche d'ici, j'habite une belle maison de brique vernie, flanquée de quatre tourelles. Ma basse-cour est aussi grande, aussi peuplée que la vôtre, mais moi, je donne du riz blanc à mes volailles. Et puis j'ai sept filles au teint de lait, à la bouche de rose, aux yeux de sept couleurs. D'ailleurs, pour tout vous dire, je cherche à les marier. Oui, je cherche pour elles des époux vaillants, vigoureux et confortablement riches, comme vos fils par exemple, mon bon ami.

Gerlunghan écoute ces paroles, souriant, béat comme un bouddha paillard, et Kaduan parle, bavarde encore, et fanfaronne si bien que le lendemain matin, le voilà sur le chemin du retour en compagnie de son hôte et de ses sept fils qu'il a imprudemment invités. Il leur a promis ses filles en mariage et maintenant, le pauvre homme dégrisé ne sait comment expliquer qu'il est le plus misérable des vivants de ce monde. Le gros Gerlunghan marche à côté de lui sur le chemin et parle déjà des préparatifs de la noce. Kaduan, le cœur battant, se tait. A chaque pas montent des larmes dans ses yeux. Ils parviennent enfin devant la hutte moisie qui abrite sa famille. Ses filles sont là, sur le seuil, assises dans la poussière, vêtues de loques, les cheveux pendants sur la figure, les joues creuses, tellement maigres qu'elles ne peuvent même pas se lever. Alors Kaduan se jette aux pieds de ses invités.

— Pardonnez-moi, dit-il, je vous ai trompés, je suis en vérité le plus pauvre des pauvres. Tuez-moi, je préfère la mort à la honte que j'éprouve.

Gerlunghan pâlit tant il se sent outragé. Tremblant de rage, il tire de sa ceinture un couteau effilé. Le miséreux lève les bras devant son visage, le couteau s'enfonce dans sa main droite et la traverse. Le sang jaillit.

Alors ce sang répandu sur le corps de Kaduan lui fait un manteau de soie rouge. Ce sang ruisselant dans la poussière met au monde des volailles caquetantes, des buffles, un grand jardin, une maison magnifique flanquée de quatre tourelles aux toits de cuivre. Les sept filles de Kaduan s'avancent au-devant de leurs invités. Elles sont superbement vêtues et belles à déchirer le cœur d'un ange. Kaduan se lève, le visage illuminé. Il tend la main vers le seuil de sa maison, il dit à Gerlunghan :

— Entrez. Soyez les bienvenus.

Et l'on entend une musique très douce dans les arbres.

La femme-abeille

A Bornéo vécut autrefois un homme qui s'appelait Rakian. C'était un jeune paysan paisible et solitaire qui gagnait durement sa vie à travailler les champs des autres. Mais il espérait le bonheur.

Un jour, dans un grand arbre, il trouve un nid d'abeilles. Il s'émerveille, car il n'a jamais vu d'abeilles pareilles. Elles sont blanches, immaculées. A gestes prudents il détache le nid de la branche, le dépose soigneusement dans son panier et l'emporte chez lui. Les abeilles ne semblent même pas s'apercevoir qu'elles changent de domicile. Elles bourdonnent, dans le panier, grouillantes, parfumées de miel.

Le lendemain matin Rakian part travailler à la rizière. Quand il revient au crépuscule, il trouve sur sa table un plat de riz et de poisson grillé parfaitement préparé, qui semble l'attendre. Il s'étonne. « Qui a préparé ce repas ? » se dit-il. Ses voisins ne lui ont jamais fait pareil cadeau, ils sont encore plus pauvres que lui. Son œil s'arrondit sous son front plissé. Puis, il se met à table, il mange et va se coucher. Le lendemain, au retour des champs, même mystère. Un repas succulent l'attend, à la nuit tombée, dans sa cabane.

Le troisième jour Rakian, très intrigué, décide de savoir enfin qui le nourrit ainsi. De bon matin, il fait semblant de partir pour la rizière puis revient sur ses pas, se cache derrière un arbre, et du coin de l'œil surveille sa maison. Il n'attend pas longtemps. Éberlué, il voit apparaître, sur le seuil, en plein soleil, une belle jeune femme portant une cruche à la main. Elle s'éloigne, elle va puiser de l'eau à la rivière pour faire sa cuisine. Rakian se précipite, pousse la porte, entre chez lui. Il examine le nid d'abeilles dans son panier accroché au-dessus de son lit. Il est intact, mais vide.

Il le prend, l'enferme dans un placard, puis il se cache sous un tas de vieux vêtements. La jeune femme revient, la cruche pleine d'eau sur la tête. A peine entrée, elle pousse un cri :

— Mon nid, dit-elle, où est-il ? On me l'a volé, je suis perdue !

Rakian aussitôt sort de sa cachette. Il la saisit par le bras, il lui dit :

— Qui es-tu ? Que fais-tu ici ?

Elle baisse la tête, elle répond, butée :

— Où est mon nid ? Rends-le-moi.

— Si je te le rends, dit Rakian, tu vas disparaître.

La jeune femme sourit, timidement. Elle murmure :

— Non, je resterai avec toi, je te promets. Je resterai parce que je t'aime bien.

Rakian hésite un peu, puis sans un mot il ouvre le placard, où le nid d'abeilles est caché. La jeune femme le prend, le pose sur ses genoux, regarde l'homme devant elle et lui dit :

— Si tu veux je serai ton épouse fidèle. A une condition : tu ne devras jamais révéler à personne que ta femme est une abeille. Car c'est ce que je suis : une abeille en voyage au pays des humains.

Elle est très belle. Rakian s'agenouille devant elle et promet.

Pendant plus d'un an il garde le secret et vit heureux avec sa femme-abeille. Un enfant naît de leur union, un bel enfant joufflu. Rakian invite ses amis pour fêter cette naissance. Jusqu'au soir ils chantent, ils boivent, ils s'enivrent à grandes rasades d'alcool, ils rient très fort. A la fin du dîner, Rakian se lève, son verre à la main. Il tangue d'un pied sur l'autre. La voix brumeuse, il dit :

— A la santé de ma femme-abeille. Car mon épouse est une abeille, mes amis, je vous l'annonce.

A peine a-t-il dit ces mots qu'une longue plainte s'élève. Tous les visages se tournent vers la femme de Rakian. Elle n'est plus là, elle s'est évaporée, son tabouret est vide. Devant la place qu'elle occupait, sur le rebord de la table une abeille blanche bourdonne, puis s'envole et disparaît par une fente du toit. Alors Rakian, l'amoureux imprudent, s'affole. Il prend son enfant dans ses bras, il sort dans la nuit, il poursuit sa femme-abeille. Il l'appelle, désespéré :

— Reviens ! Reviens !

Il court comme un perdu derrière un point blanc qui vole dans le ciel noir. Il court jusqu'à l'aube. Il parvient enfin devant une maison de bois sur la rive d'un fleuve. Il entre. D'innombrables abeilles sont accrochées en grappes lourdes aux murs, aux poutres du toit. Rakian s'avance sur le sol couvert de paille, son enfant dans ses bras. Il gémit, à bout de forces :

— Femme, n'as-tu pas pitié de notre fils ?

Alors il entend les murs autour de lui craquer, il voit la maison se métamorphoser, s'agrandir aux dimensions d'un palais. Son épouse apparaît devant lui, elle lui dit :

— Sois le bienvenu dans notre ruche. Puisque tu as su me suivre jusqu'ici tu vivras désormais parmi nous. Nous serons heureux, car je tiendrai parole, moi : je ne dirai jamais aux gens de ma famille que tu es un homme, un homme-abeille.

Rakian bourdonne et s'envole avec son épouse vers le toit de la ruche. On ne l'a jamais revu dans son village où l'on racontait cette histoire, autrefois, en hochant gravement la tête.

Aki Gahuk

Aki Gahuk fut d'abord un chef puissant, puis il vieillit, comme tout homme, et quand commence cette histoire il est voûté, la tête poudrée de blanc, les jambes et les mains tremblantes. Ses fils sont adultes, ils se sont mariés, ils ont abandonné leur père. Ils le nourrissent à contrecœur. Le vieux est si faible, si décrépit, qu'il ne peut même plus marcher. Ses enfants lui portent, tous les jours, quelques restes de viande. Pourtant ils sont contrariés de le voir vivre aussi longtemps. Ils aimeraient bien qu'il se décide à mourir.

Mais Aki Gahuk s'accroche obstinément à la vie. Il passe ses journées assis dans la rivière, accoudé sur une pierre plate. Il médite, sa tête vénérable penchée sur les reflets du soleil. Il est si bien dans l'eau fraîche qu'il oublie peu à peu ses douleurs et sa faiblesse. Le temps passe. Il se sent de plus en plus vigoureux. Par quel étrange miracle ? Ses fils ne viennent plus que rarement lui porter à manger, et ses petits-enfants, quand ils vont jouer sur la rive à l'ombre des grands arbres, lui lancent des cailloux. Aki Gahuk les regarde sans se plaindre. Son corps, au milieu de la rivière, durcit. Lentement, insensiblement, il se métamorphose. Ses rides se changent en écailles régulières. Sa peau s'épaissit et devient luisante dans l'eau ensoleillée. Ses bras et ses jambes à nouveau se musclent, et se font de plus en plus trapus. Sa tête posée sur la pierre s'aplatit. Ses yeux sortent de leurs orbites à force de guetter la venue de ses fils. Ses mâchoires s'élargissent, ses dents s'aiguisent.

Les fils d'Aki Gahuk s'inquiètent de voir leur père ainsi transformé. Ils se penchent au bord de la rivière, ils lui crient :

— Père, il semble que tu n'aies plus l'intention de mourir. Alors sois raisonnable, sors de l'eau et reviens chez nous. Nous te ferons une place à notre table. Nous te donnerons des vêtements pour couvrir ta nudité.

Aki Gahuk bâille au grand soleil, découvrant ses mâchoires aux longues dents pointues, puis il répond :

— Trop tard. Vous n'avez pas eu pitié de moi quand j'étais un pauvre vieillard tremblant. Alors je suis devenu une autre créature. Je ne suis plus de votre famille. J'ai l'intention de me marier. Oui, je vais prendre une épouse dans la rivière.

— Hé, ho, disent ses enfants en riant méchamment, tu n'en trouveras jamais, tu es bien trop pauvre, et trop triste et trop difforme.

Aki Gahuk répond avec dignité :

— Je vais demander à Pang, la femme du Varan, de venir partager ma couche à l'embouchure du fleuve. Nos descendants seront à la fois des créatures de la terre, des eaux et du soleil. Ils seront couverts d'écailles. Ils seront voraces, leurs mâchoires seront assez puissantes pour broyer les crânes des humains, et je leur permettrai de vous dévorer, vous, vos enfants, et les enfants de vos enfants.

Ainsi parle Aki Gahuk dans la rivière ensoleillée, Aki Gahuk le vieillard mal aimé qui se fit une carapace pour ne plus avoir à souffrir de la sécheresse d'âme de ses fils, et qui se fit méchant parce qu'on ne voulait plus qu'il soit un homme. En vérité la dureté des vieux aiguise les dents des enfants, la dureté des enfants fait les vieux crocodiles.

Océan Pacifique

X. MÉLANÉSIE, AUSTRALIE, NOUVELLES-HÉBRIDES

Un peu de soleil dans la mer

Un jour, six pêcheurs dans leur pirogue s'en vont à la pêche au dauphin. Ils rament dans le lagon bleu. Ils chantent, le visage ensoleillé, pour se donner du cœur. Et voilà que le premier à la proue de la barque tout à coup se dresse tout droit. Il vient de voir, là, sous les vagues, quelque chose d'étincelant qui l'émerveille.

— Mes amis, dit-il, je crois que je viens de découvrir un trésor de nacre. Ramez à l'envers, arrêtez la pirogue, il faut aller le chercher.

Les six hommes se penchent sur la mer. Ils regardent, les yeux écarquillés, les mains en auvent sur le front. On dirait en effet qu'un objet brille au fond de l'eau.

— C'est vrai, disent-ils, tu as sûrement raison. Ce doit être un trésor de nacre.

Celui qui l'a vu le premier se retourne vers ses compagnons :

— Attendez-moi, dit-il, je vais le chercher.

Il plonge. Il nage sous les vagues aussi profond qu'il le peut, puis il remonte. Son visage émerge sur l'eau, ruisselant, dépité. Il n'a pas pu atteindre le trésor. Alors il dit :

— Revenons au rivage. Allons chercher des pierres et des lianes. Nous attacherons ces pierres à nos pieds, ainsi nous pourrons descendre au fond de l'océan jusqu'à cet objet qui brille, jusqu'à cette nacre merveilleuse.

Ils font ainsi, et ils reviennent. Le premier, alourdi de cailloux se laisse glisser dans l'eau bleue. Les autres dans la pirogue le regardent descendre et disparaître. Puis ils attendent. Au bout d'un moment un homme dit :

— Maintenant il devrait être revenu. Ce trésor doit être trop lourd pour lui seul. Je vais l'aider.

A son tour, il descend, une pierre à chaque pied. Quelques longues minutes passent. Dans l'eau transparente ne monte plus la moindre bulle d'air.

— Ils sont en train de se noyer, disent les hommes. Décidément ce trésor doit être colossal. Il faut aller les aider.

Ils descendent, les uns après les autres, sous les vagues. La pirogue vide se balance sur la mer. Les hommes ne remontent pas. Aucun n'est jamais revenu du fond de l'eau pour raconter la fin de l'histoire. Mais je vais vous la dire, elle est simple : ces hommes avaient pris pour un trésor de nacre un rayon de soleil. Un simple rayon de soleil qui jouait dans l'eau bleue.

L'épopée de Maui

Un jour, une jeune femme nommée Taranga se promène sur la plage avec ses quatre enfants qui jouent, courent, piaillent autour d'elle, dans le grand vent. Elle arrive devant sa cabane au bord des vagues. Elle compte ses fils. Ils ne sont plus quatre maintenant, mais cinq. Ils n'ont pourtant rencontré personne. Elle prend par le bras le petit intrus, elle lui dit :

— D'où sors-tu, toi ?

— De ton ventre, répond l'enfant. Tu es ma mère. Souviens-toi : mon nom est Maui. Quand je suis né tu m'as enveloppé dans une mèche de tes cheveux et tu m'as jeté dans l'océan. Mais j'ai été sauvé par le bon vieillard de la mer. Il a tressé pour moi un berceau d'algues, puis il a appelé la tempête. La tempête m'a poussé vers le rivage, et me voici.

— C'est vrai, dit Taranga. Je me souviens maintenant. J'ai coupé mon chignon pour te faire un maillot avant de te jeter à la mer. Sois le bienvenu, mon fils.

Elle l'embrasse, et l'accueille dans sa cabane.

Le lendemain matin à l'aube, Maui s'éveille et voit sa mère sortir sur la pointe des pieds. Ses frères dorment encore. Par la porte entrouverte il aperçoit Taranga, à quelques pas du seuil : elle arrache une touffe de joncs et dégage un trou dans la terre. Elle se glisse dans ce trou, remet la touffe de joncs à sa place, au-dessus de sa tête, et disparaît. Maui, très intrigué, sort à son tour et suit le chemin de sa mère. Il se rend compte aussitôt que la touffe de joncs dissimule un tunnel qui plonge dans les ténèbres. Alors il suit ce tunnel étroit dans la nuit de la terre, il marche longtemps, il parvient enfin dans une vaste caverne. Au fond de cette caverne une lumière brille. Il court. Le voici devant un grand jardin paisible sous le ciel bleu. A l'ombre d'un arbre il aperçoit sa mère et son père qui bavardent avec quelques amis. Maui s'approche d'eux, il les salue. Il n'est plus un enfant maintenant. Il est fort et beau comme un demi-dieu, car il a traversé les entrailles de la terre. Il demande à ses parents quelle est cette étrange contrée souterraine, illuminée par quel soleil ? Il apprend que la reine de ce pays est sa grand-mère Muriranga.

— Muriranga, lui dit son père, vit seule dans un désert, très loin, là-bas, au-delà des quatre points cardinaux. De temps en temps on lui apporte à manger car elle est trop vieille pour cultiver la terre.

— Je veux aller lui rendre visite, répond Maui.

Il se charge de fruits et de viande. Il s'en va. Il marche des jours, des nuits. Il arrive enfin dans ce désert où vit sa grand-mère Muriranga. Il l'aperçoit assise sur un roc, immobile, les genoux dans ses mains, maigre, ridée. Une voix grinçante sort de sa bouche et dit :

— J'ai cru qu'on m'avait oubliée. Voilà des semaines que j'ai faim.

— Je te donnerai à manger, grand-mère, répond Maui, si tu me donnes, en échange, ta mâchoire. J'ai besoin d'une arme.

La vieille affamée maugrée, renâcle, mais accepte le marché. Elle arrache sa mâchoire et la jette aux pieds de Maui. Il la saisit, la brandit, le poing dressé vers le ciel, et s'en va. Il revient sur terre, au pays des hommes, au bord de la mer.

Un matin, Maui dit à ses frères :

— Les nuits sont trop longues, les jours trop courts. Il faut mettre bon ordre à cela. Fabriquez un filet solide. Nous allons combattre le soleil.

— Es-tu fou ? répondent ses frères. Le soleil est un ennemi trop puissant pour nous. Devant son visage terrible nous tomberons en cendres.

Maui rugit :

— Faites ce que je vous dis, et cessez de pleurnicher.

Ils fabriquent donc un filet très solide, et s'en vont vers l'Est, où habite le soleil. Ils marchent la nuit, le jour ils se cachent pour que leur flamboyant ennemi ne les découvre pas. Ils parviennent enfin à la porte de l'Est. Là, ils fixent leur filet aux quatre coins du ciel, ils tendent des cordes de façon à pouvoir le fermer une fois que le soleil y sera bien engagé. Puis les frères de Maui se cachent de chaque côté du seuil du Levant. Maui, lui, s'accroupit derrière un buisson, le poing fermé sur la mâchoire de sa grand-mère. Le soleil se lève. C'est un animal prodigieux. Il s'avance. D'abord il ne semble pas sentir le filet. Il engage d'un coup sa tête rutilante, puis ses épaules et ses pattes de devant, enfin son ventre rouge, ses pattes de derrière, sa queue touffue. Il s'élève lentement au-dessus des montagnes pour escalader le ciel.

Alors Maui soudain se dresse, ses frères tirent sur les cordes, le soleil retombe lourdement sur le sol, empêtré dans le filet. Maui se rue sur lui, il frappe à grands coups de mâchoire magique la bête étincelante qui se débat, hurle, pleurniche, gémit. Enfin le soleil se tait, couché sur le sol, immobile. Il est vaincu. Maui se recule, ses frères lâchent les cordes. L'animal prodigieux se traîne hors du filet, et boitillant, sans se retourner, il reprend son chemin vers le ciel. Depuis ce temps, sa course est plus lente et les journées sont plus longues.

Le lendemain, Maui part à la pêche avec ses frères. Il fabrique un hameçon avec un éclat de la mâchoire de Muriranga, sa grand-mère, et l'attache au bout d'un long fil magique. Puis il arrache un morceau de chair de son bras et l'accroche, en guise d'appât, à la pointe de cet hameçon. Il le jette à l'eau, il laisse aller le fil. L'hameçon s'enfonce, lentement jusqu'au fond de la mer. Alors Maui sent que le bout de sa ligne accroche quelque chose. Il tire. Rien ne vient. Il tire plus fort. Il tire de toutes ses forces. La barque tangue sur les vagues. Maui vient d'accrocher la maison du Vieillard-de-la-mer. Cette maison monte vers la surface, avec la terre sur laquelle elle est plantée, avec toutes les propriétés du

Vieillard-de-la-mer. La terre apparaît sous la barque, au bout de l'hameçon et la barque se retrouve au beau milieu d'une vaste prairie. Maui vient de pêcher un pays pour son peuple.

Il revient dans son village. Il arrive à la nuit tombée. Tous les foyers sont éteints. Les gens se plaignent :

— Nous avons perdu le feu, disent-ils.

Alors Maui s'en va, au fond du ciel, frapper à la porte de Mahuika-la-flamboyante, la déesse du feu. Mahuika se dresse devant lui dans un tourbillon de braise.

— Que veux-tu ? lui dit-elle.

— Je suis venu chercher un brin de feu, répond Maui.

Elle hoche sa tête enfumée, gravement. Elle arrache un de ses ongles enflammés et le lui tend. Maui le prend, s'éloigne, se cache derrière un rocher, crache sur l'ongle enflammé et l'éteint. Puis il revient sur ses pas.

— Grand-mère Mahuika, lui dit-il, votre feu s'est éteint.

Alors Mahuika-la-flamboyante lui donne un autre ongle enflammé, et Maui rejoue le même jeu, jusqu'à ce que la vieille Mahuika ait arraché tous les ongles de ses mains et de ses pieds. Tous sauf un, le dernier, qu'elle lui jette à la figure en criant :

— Maintenant, va-t-en, et ne m'importune plus !

Aussitôt la terre s'embrase. Maui s'enfuit mais les flammes le poursuivent. Il se change en aigle. Les flammes montent plus haut que lui. Il se change en poisson, plonge dans le fleuve. Mais le feu fait bouillir l'eau. Il reprend sa forme humaine, implore ses ancêtres dans un tourbillon de fumée :

— Envoyez-moi des pluies, dit-il, faites lever des tempêtes, sauvez-moi !

Des nuages noirs l'enveloppent, des pluies s'abattent, torrentielles. Elles éteignent l'incendie. Mahuika-la-flamboyante a perdu tout son feu sauf quelques étincelles qu'elle a plantées dans les arbres. C'est depuis ce temps que le bois sert à faire le feu.

Maui épuisé revient à son village et se repose quelque temps. Un jour il entend parler d'une étrange déesse nommée Hine-Nui, la Dame de la mort.

— Ses yeux sont rouges comme le soleil au couchant, lui dit son père. Ses cheveux sont pareils à des algues, sa bouche est celle d'un poisson, ses dents sont tranchantes comme des éclats de verre.

Les yeux de Maui brillent.

— Je veux la vaincre, dit-il.

Il s'en va donc vers la maison de la déesse de la mort. Une bergeronnette, cette fois, l'accompagne. Ensemble, l'homme et l'oiseau arrivent devant la maison de Hine-Nui. Elle dort, la déesse. Maui se déshabille. Il saisit son arme magique, la mâchoire de sa grand-mère. Il dit à la bergeronnette :

— Je vais me glisser dans le corps de la Dame de la mort. Mais surtout ne chante ni ne ris, garde le silence jusqu'à ce que j'apparaisse entre les dents de Hine-Nui. Alors, tu pourras laisser aller ta joie.

Maui entre dans le corps de la déesse de la mort. Elle est endormie, elle ne se rend compte de rien. Il taille son chemin avec son arme, comme dans une forêt vierge. Le voilà dans le ventre de Hine-Nui. Il grimpe dans sa poitrine. La bergeronnette trouve cela très drôle, elle a beaucoup de mal à se retenir de rire. Maui arrive dans le gosier de la déesse. L'aube apparaît. Alors la bergeronnette éclate de rire. La vieille Hine-Nui ouvre les yeux, regarde autour d'elle, porte la main à sa gorge, avale sa salive.

Ainsi meurt Maui, dans un flot de salive de la Dame de la mort, qu'il n'a pas pu vaincre. Ainsi finit l'histoire. Si la bergeronnette n'avait pas ri, la mort serait morte, et à l'heure qu'il est nous danserions encore sur son ventre, au beau milieu de l'éternité.

La sécheresse

Un beau matin ensoleillé, une grenouille goulue avale les eaux, toutes les eaux jaillies de la terre, et s'assied, l'air digne, gorgée jusqu'à ras bord, énorme. Elle est comme une montagne d'eau bleu-vert, lisse, la peau presque transparente, tant elle est tendue. Elle ne peut bouger, elle est trop lourde. Ses yeux ronds comme des lunes regardent alentour. Elle contemple les animaux de la terre et les hommes minuscules assemblés devant son ventre. Personne n'ose l'attaquer, elle est trop grosse, trop imposante. Que faire ? se disent les vivants privés d'eau. Nous allons mourir, nous allons nous racornir comme des herbes au feu. Il faut que cette monstrueuse grenouille ouvre sa large gueule, il faut l'obliger à nous rendre les rivières, les ruisseaux, les sources, mais comment ?

— En la faisant rire, disent les hommes. Si nous la faisons rire, elle ouvrira la bouche et les eaux déborderont, elles déferleront en cascade de ses lèvres.

— Bonne idée, répondent les animaux.

Ils dressent aussitôt les tréteaux d'une grande fête devant la grenouille monstrueuse. Ils font les pitres, dansent, se roulent dans la poussière, s'épuisent en grimaces, en plaisanteries de music-hall, en cabrioles, en bouffonneries, ils racontent des histoires drôles, chantent des chansons paillardes. A la fin ils s'effondrent, l'œil vague, la langue pendante, aphones. La grenouille du haut de sa bedaine gigantesque les contemple, impassible, l'air méprisant. Apparemment elle les trouve tout à fait sinistres, ces pauvres gens.

Une sorte de petit bouffon sans membres se dresse alors sur

le bout de la queue devant le gros ventre bleu-vert. C'est une anguille. Elle se met à danser, ridicule, grotesque. Elle se contorsionne, s'entortille dans ses courbettes. Un énorme hoquet secoue les flancs de la grenouille. L'anguille, encouragée, fait une grimace minuscule. Elle louche. La grenouille monstrueuse suffoque, étouffe, éclate de rire et les eaux débordent de sa gueule fendue, les rivières, les ruisseaux, les sources. La terre s'abreuve, les arbres reverdissent. Les hommes plongent dans les cascades avec les animaux. La sécheresse est vaincue, la vie recommence. Il était temps. A l'horizon, le désert déjà mobilisait ses bataillons de sable.

Le phoque blanc

Il était une fois dans une île perdue en plein océan gris une jeune fille taillée pour le bonheur tranquille, belle, bonne, douce. Elle était blonde, son regard avait la couleur du grand large, et son sourire était vif comme les étincelles d'un bon feu à l'abri des tempêtes. Elle s'appelait Déla. Elle avait dix-huit ans, elle était amoureuse d'un jeune pêcheur nommé Rouné, un grand gaillard vigoureux aux yeux noirs, aux cheveux lisses. Rouné amenait souvent Déla sur les rochers, le long de la mer. Ils faisaient de longues promenades, ils rêvaient, dans le fracas des vagues et le cri des mouettes qui traversaient le vent entre la mer et le ciel bas. Ils étaient heureux. Et comme leur bonheur était tout neuf, il leur paraissait éblouissant.

Un jour, Rouné et Déla vont à la pêche ensemble comme ils le faisaient souvent. Leur barque s'éloigne vers le large. Les nuages sont lourds à l'horizon. Au loin tanguent de hautes vagues. Ils vont pourtant comme des enfants joyeux. Rouné rame puissamment, Déla, les yeux fermés, se laisse asperger d'écume. A peine ont-ils passé la barrière des récifs qu'un tourbillon de bourrasque les bouscule et bascule la barque au creux de la houle. Rouné, debout à la proue, manœuvre aussi bien qu'il le peut mais la pluie s'abat et la tempête gronde. Une énorme lame s'écrase sur la barque. Déla pousse un grand cri et tombe à la renverse. Rouné, terrifié, l'aperçoit soudain qui se débat dans les vagues. Il ne peut la rejoindre, tant la tempête est furieuse. Il plonge, il parvient à se rapprocher d'elle, la mer l'emporte, Déla, les mains tendues, ses cheveux blonds répandus sur l'eau grise, lui dit adieu et dans le rugissement du vent Rouné affolé entend ces mots :

— Ne pleure pas, ne me pleure pas, la mer me prend, elle me rendra. Je deviendrai un phoque blanc et je viendrai chanter pour toi, tous les soirs, au crépuscule.

Déla disparaît dans les vagues furieuses.

Rouné désespéré parvient à rejoindre le rivage, mais désormais il n'a plus le goût de vivre. Dans son cœur, dans sa tête, il se sent comme un arbre cassé. Maintenant tous les soirs il s'en va, le long des côtes de l'île, seul, dans le bruit du vent, les roulements des vagues, les cris des oiseaux sauvages. Il espère entendre le chant d'un phoque blanc, mais il écoute en vain. Alors il revient au milieu de la nuit, épuisé, le regard un peu fou, dans la cabane de pierre où il vit parmi les siens. Ses frères tentent de l'arracher à sa folie, ils lui disent :

— Déla ne reviendra jamais. Oublie-la, marie-toi, trouve une femme qui te fera de beaux enfants. Autrefois, oui, les ancêtres disaient que les jeunes filles noyées se changeaient en phoques blancs. Mais il ne faut pas croire ces choses-là, ce ne sont que des légendes, des chansons de vieilles femmes.

Rouné écoute ces paroles, assis dans un coin, la tête enfouie dans ses mains. Déla lui a dit qu'elle reviendrait. Déla reviendra, il en est sûr. D'ailleurs, il ne pourrait pas vivre, sans cette certitude.

Une sombre nuit d'hiver, il s'endort à bout de forces sur sa paillasse, et tout à coup se réveille, se dresse et crie, le regard halluciné :

— Écoutez, je l'entends qui chante ! Elle m'appelle, écoutez !

Avant même que ses frères réveillés en sursaut se soient frotté les yeux, Rouné bondit sur ses pieds, il sort en courant dans les ténèbres, laissant derrière lui la porte grinçante. Ses frères se lèvent, allument une lanterne. Ils entendent un chant étrangement plaintif qui semble venir du rivage. Ils écoutent, bouche bée. Ils n'osent pas franchir le seuil de la maison, sortir dans la nuit noire. Ce chant est si triste et si beau qu'ils ont peur de le briser en faisant le moindre geste, le moindre pas. Ils restent ainsi jusqu'à l'aube, comme des bêtes à l'affût. Alors, la mélodie s'éteint. Les frères de Rouné s'aventurent dehors. Il fait assez jour maintenant pour qu'ils puissent distinguer les touffes d'herbe sur le chemin et la forme des nuages. Ils vont vers la mer, ils appellent Rouné le long de la côte déchirée. Ils le découvrent enfin, très loin de leur maison, dans un creux de rocher, à l'abri du vent. Il est couché, mort. Mais au-delà de la vie son visage immobile semble illuminé par un sourire d'une tendresse infinie. Il tient serré contre sa poitrine le corps luisant d'un grand phoque blanc aussi mort que lui. Et aussi fou que lui, sans doute.

XI. POLYNÉSIE, HAWAÏ, TAHITI

La création de Tahiti

Aux temps lointains, le peuple de Tiki s'en fut sur l'océan, dans une nuée de barques fragiles, n'emportant rien qu'un peu d'eau douce et quelques galettes d'avoine. D'où venait-il, et pourquoi avait-il ainsi abandonné sa terre natale ? Personne ne le sait. On l'appelait le peuple de Tiki, car tel était le nom de son chef : Tiki fils du soleil.

Ces nomades intrépides et leurs enfants à la peau brune naviguèrent donc sur le vaste océan, droit vers le soleil levant. Ils croyaient en des dieux puissants. Leur foi sans doute les sauva, car ils ne furent pas dévorés par les monstres marins et les terrifiantes colères de la mer. Mais ils s'épuisèrent, à force d'errer, et désespérèrent : un matin, perdus au milieu d'un désert de vagues lentes, accroupis dans leurs barques grinçantes, les yeux brûlés, le corps séché par la famine et le vent salé, ils abandonnèrent les rames et les gouvernails. Les mains sur leur visage, ils n'attendirent plus que la mort. Ce jour-là, le soleil était accablant. Dans la brume lointaine aucune terre n'était en vue. Alors Tiki se dressa seul debout à la proue de la première barque, tendit les bras vers le soleil et se mit à hurler une prière sauvage. Il appela au secours les dieux impassibles dans le ciel trop calme :

— Donnez une terre à mon peuple, dit-il. Arrachez un morceau d'étoile ou soulevez le fond de la mer ! Tracez devant nous un rivage. Si vous faites ce miracle, je vous le paierai de ma vie. Je vous offre ma vie pour une terre !

Derrière lui au fond des barques les hommes pleuraient en silence et les femmes gémissaient, berçant leurs enfants somnolents, accablés par la chaleur et la famine. Mais à peine ces paroles dites, ils se dressent tous, écoutant gronder un étrange tonnerre dans les profondeurs de la mer. Les vagues bouillonnent comme une marmite pleine sous un feu d'enfer. Devant eux, éclaboussant le soleil, jaillit une gerbe d'eau, de feu, de rocs, de sable, et l'océan tremble, les barques s'affolent, prises dans des tourbillons rugissants. Tiki, les bras ouverts, aspergé d'écume brûlante, rit comme un démon splendide : la mer prend feu, un volcan s'élève, une montagne de lave crache de longues flammes, des fumées, des cailloux dans le ciel rougeoyant. Combien de temps dure ce formidable accouchement d'une île sur l'océan bouleversé ? Personne ne le sait : la cendre et la fumée effacent la lumière. Les jours sont rouges, comme les nuits.

Un matin enfin, les grondements s'apaisent au fond des eaux. Devant le peuple de Tiki se dresse une terre nouvelle. Sur cette terre Tiki le premier pose le pied. Les barques sont tirées sur une plage noire, chaude, fumante. Au centre de l'île le volcan crache encore sa salive rouge. Alors Tiki, le fils du soleil, s'habille de vêtements multicolores, puis il dit adieu à son peuple et s'en va seul dans la montagne. Son peuple assemblé le regarde disparaître, là-bas, parmi les rochers sombres. Il grimpe lentement, en chantant des chants guerriers. Parvenu au bord du cratère il salue le ciel, la mer, les dieux. Il bondit dans la fournaise. Alors le feu s'éteint. Dans un dernier rugissement la gorge du volcan se ferme. De lourds nuages roulent contre ses flancs rocheux et la pluie s'abat bienfaisante et tiède. Le peuple de Tiki la boit avec délices, la bouche ouverte contre le ciel.

Ainsi fut créé Tahiti. C'est en tout cas ce qu'affirmaient, autrefois, les Maoris, fils de Tiki. Les historiens prétendent qu'ils sont en vérité venus de l'Asie du Sud-Est, vers l'an 200 de notre ère. Qu'importe, les Maoris sont venus et leur parole a créé le monde — leur monde. Ils ont fait ainsi leur travail d'hommes. Qu'ils soient, pour cela, honorés.

La légende du poisson volant

A Tahiti vécut autrefois un jeune guerrier nommé Oro. Il était beau et vif comme un torrent, fier comme un arbre, dans son regard noir brûlaient des soleils. Mais il n'était pas heureux, car un désir violent travaillait son esprit : devenir le plus fameux des hommes de sa tribu. Ce rêve tournait sans cesse dans sa tête comme un oiseau fou. Donc un soir, gorgé d'ennui, fatigué de vivre en paix parmi les filles nonchalantes, il quitta son village et s'en fut dans la nuit.

Voici donc Oro sous la lune ronde. Sa lance sur l'épaule, par un sentier à peine tracé dans les hautes herbes, il marche, écoutant les bruits de la nuit. Au loin, il aperçoit un feu devant une cabane. Il s'approche. Un très vieil homme est assis sur le seuil, et son visage infiniment ridé luit à la lueur des flammes. Oro le salue. Il lui dit :

— Vieillard, je veux aller au royaume de corail où vivent les esprits, et ramener la pierre magique qui sépare les âmes vivantes des âmes mortes. Dis-moi par quel chemin je dois aller.

Le vieillard tisonne un moment les braises, l'air rêveur, puis il lève la tête et répond :

— Le voyage que tu veux entreprendre est difficile. Peut-être ne reviendras-tu jamais dans ton village.

Oro plante sa lance devant lui, il dit fièrement, avec un brin d'impatience :

— J'irai et je reviendrai.

Alors le vieillard lui répond d'une voix très douce :

— A l'aube prochaine tu perceras deux trous dans une noix

de coco. Tu la videras de son eau et dans ta pirogue tu t'en iras sur la mer, vers le soleil couchant. Tu navigueras jusqu'à la nuit tombée. Alors tu regarderas par un trou de la noix de coco et tu verras le reflet d'une étoile sur les vagues. Suis cette étoile, jusqu'à ce que tu rencontres une île. Le maître de cette île, mon frère Tauna, t'indiquera le chemin du royaume de corail où vivent les esprits.

A l'aube, Oro s'éloigne sur la mer, dans sa pirogue. Le lendemain, il parvient devant une île de pierre noire, déchirée, battue par les vagues. De grands oiseaux tournoient dans le ciel tourmenté. Il aborde sur une plage de gros galets. Au loin, un sentier grimpe dans la montagne. Un vent méchant siffle et tourbillonne parmi les rocs tranchants. Oro va dans ce paysage sinistre, courbé, face à la bourrasque. Il monte entre deux murailles de rochers noirs. Le sentier, par une faille étroite, s'enfonce dans une caverne. Oro, le cœur battant, s'avance dans les ténèbres.

Il n'entend maintenant que le bruit de ses pas sur le gravier mouillé. Il va comme un aveugle, les mains en avant. Il marche longtemps. Enfin il aperçoit, au bout du long couloir, la lueur d'un feu. Il se met à courir, s'écorchant aux parois abruptes. Il parvient ainsi au bord d'une rivière souterraine. C'est là, sur la rive, que brûle le feu. Devant ce feu, un vieillard est assis. L'ombre immense de ce vieillard danse sur la voûte de la caverne. Il est tellement sec, ridé, cassé, qu'il semble né de la première nuit du monde. Il lève la main quand le jeune guerrier apparaît. Il lui dit :

— Je t'attendais. Je suis Tauna. Je connais ton désir de conquérir la pierre de vie et de mort. Tu n'es pas encore au bout du voyage. Regarde cette rivière noire et pourtant transparente. Des coquillages vivent sur les rochers du fond. Il te faut les pêcher. Tu les ouvriras, et dans certains d'entre eux, tu découvriras de petits cailloux blancs et lisses. Quand tu auras trouvé assez de ces petits cailloux pour te faire un collier et quatre bracelets, je te dirai le chemin qui conduit au royaume des esprits.

Ainsi parle Tauna, le vieillard. Puis il se lève et disparaît dans les ténèbres.

Oro se met aussitôt à l'ouvrage. Il plonge au fond de la rivière et remonte au bord du feu. Le travail est difficile, harassant, interminable. Il ne trouve qu'une perle pour cent coquillages ouverts. Combien de temps travaille-t-il ainsi, sans repos, dans ce lieu que le soleil ignore ? Il ne sait. Mais il arrive un jour au bout de sa longue peine. Alors, paré de son collier et de ses quatre bracelets, il s'avance jusqu'au bord de l'ombre et appelle Tauna. Tauna aussitôt apparaît. Il lui dit :

— Tu es assez puissant, maintenant, pour atteindre le royaume des esprits. Prends cette plume rouge. Quand tu seras dehors, lâche-la dans le vent. Elle te conduira où tu veux aller. Mais fais vite, car un autre guerrier de ton village est déjà en chemin. Peut-être trouvera-t-il avant toi la pierre de vie et de mort. Il se nomme Athi.

Oro, entendant prononcer ce nom, pousse un rugissement de colère. Athi est son rival, depuis l'enfance. Il le déteste. Il s'en va en courant follement le long du couloir ténébreux.

Parvenu au bord de la mer, il lâche dans le vent la plume rouge qui s'envole aussitôt au-dessus des vagues. Il la suit, dans sa pirogue, trois jours et trois nuits. Au matin du quatrième jour, une longue aiguille de pierre étincelante se dresse sur la mer à l'horizon. La plume rouge a disparu. Au pied du roc, Oro découvre une porte où s'engouffrent les vagues. Il plonge. Au fond ensoleillé des eaux, le voici devant le gardien du pays des âmes mortes. C'est un formidable serpent enroulé sept fois autour de l'aiguille de pierre. Ce serpent lui dit d'une voix terrifiante :

— Si tu veux entrer au royaume des esprits, tu dois d'abord te prosterner trois fois devant moi. Mais attention : si tu hésites un seul instant à m'adorer, tu ne reverras jamais ton village.

Oro répond fièrement :

— Je suis prêt.

Aussitôt le serpent se métamorphose en une énorme araignée hideuse, épouvantable. Oro sans hésiter se prosterne sur le sable entre ses pattes. Il se redresse. Une anémone de mer apparaît, environnée de filaments multicolores. Oro sait bien que si l'un de ces filaments l'effleure il sera terriblement brûlé. Il se prosterne pourtant. Alors l'anémone prend forme humaine et Oro voit devant lui Athi, son rival. Son cœur bondit dans sa poitrine, il recule d'un pas.

— Trop tard, tu as perdu ! ricane le serpent à l'instant revenu.

Oro pris de fureur lève sa lance. Un tourbillon l'emporte. Quand il revient au monde, son corps est couvert d'écailles. De fines et longues nageoires sont plantées dans son dos. Il est devenu un poisson volant. Un poisson fou comme un homme : affamé de lumière il cherche perpétuellement à s'arracher à la nuit des vagues, et n'y parvient pas. Ainsi l'histoire ne finit jamais.

Comment Mahoki-le-troisième conquit le feu

Au temps où la terre était toute neuve, dans une île du Pacifique, vivait un homme, Manuha, qui avait trois fils, tous les trois nommés Mahoki. Il y avait donc Mahoki-le-premier, Mahoki-le-deuxième et Mahoki-le-troisième. Le plus futé des trois, le plus intrépide aussi, le plus vif, était Mahoki-le-troisième. Celui-là, on aurait dit qu'il avait tété du lait de déesse tant son œil était brillant, toujours éveillé, pareil à une braise noire. Il avait remarqué que son père Manuha disparaissait tous les jours à l'aube, comme par magie, sans sortir de sa maison, et revenait tous les soirs, sans avoir ouvert la porte. Mahoki dormait pourtant à côté de lui, mais il n'arrivait pas à découvrir comment il s'y prenait pour disparaître ainsi. Alors, une nuit, quand Manuha enleva sa ceinture pour dormir, Mahoki en saisit le bout et le plaça sous ses fesses. « Ainsi, se dit-il, quand mon père s'habillera demain matin, il me réveillera en tirant sa ceinture de sous ma fesse. Et je saurai comment il s'y prend pour disparaître. » C'est ce qu'il advint. Le lendemain, à l'aube, Mahoki, l'œil à peine entrouvert, vit son père se lever doucement et s'approcher du pilier central de la maison. Il l'entendit qui disait à voix basse :

— Oh, pilier, ouvre-toi pour que Manuha puisse descendre dans le monde d'en bas !

Alors le pilier s'ouvrit et Manuha descendit, par un trou obscur, dans la terre.

Aussitôt, Mahoki bondit sur ses pieds, réveilla ses frères et leur dit :

— J'ai grande envie de jouer. Sortez, je vais chercher une cachette dans la maison, et vous essaierez de deviner où je suis.

Mahoki-le-premier et Mahoki-le-deuxième sortirent en se frottant les yeux, Mahoki-le-troisième ferma la porte, prononça la formule magique devant le pilier, comme il l'avait vu faire à son père, et descendit lui aussi dans le monde d'en bas.

Le voilà maintenant qui explore le ventre de la terre. Il rencontre son père Manuha qui travaille, tranquillement dans un champ souterrain. Il traverse des paysages obscurs. Enfin, après longtemps de marche, il aperçoit sur le seuil d'une caverne une vieille femme accroupie devant un feu. Au seuil de cette caverne, se dressent trois arbres secs. Mahoki cogne doucement, du bout de son bâton, contre un de ces arbres. La vieille aussitôt lève la tête et grogne :

— Qui frappe l'arbre de Mahoki-le-premier ?

Mahoki ne répond pas, il cogne doucement contre le deuxième arbre.

— Qui frappe l'arbre de Mahoki-le-deuxième ? dit la vieille.

Mahoki cogne contre le troisième arbre. La vieille rugit d'une voix terrible :

— Qui frappe l'arbre de Mahoki-le-troisième ?

— Je suis Mahoki-le-troisième, répond l'enfant. Et toi, qui es-tu ?

— Je suis ta grand-mère Ina-l'aveugle et tu es mon petit-fils.

Aussitôt l'arbre sec de Mahoki-le-troisième se couvre de feuilles luisantes et de belles pommes rouges. L'enfant tout heureux cueille une pomme et la croque en riant, à belles dents et puis, avec le trognon de cette pomme, juteux et parfumé, il frotte le visage ridé de sa grand-mère Ina-l'aveugle, il frotte ses yeux morts aussi, tendrement. Alors grand-mère Ina pousse un grand cri : la pomme de Mahoki-le-troisième lui rend la vue, et ses joues lisses de jeune femme. Elle embrasse son petit-fils en pleurant des larmes sucrées :

— Le monde d'en haut et le monde d'en bas sont à toi, lui dit-elle. Je te les donne.

— Grand-mère, répond Mahoki, le feu aussi est donc à moi ? Ce feu qui brûle entre ces deux cailloux ?

— Ah, dit grand-mère Ina, le feu, je ne peux pas te le donner, il est à ton grand-père, le terrible Tangaroa. C'est à lui qu'il faut aller le demander. Il habite là-bas, sur la montagne trouée. Mais fais bien attention : Tangaroa est le plus infréquentable des mauvais bougres. Il est bien capable de te dévorer.

— Je vais tout de même lui rendre visite, dit Mahoki.

Il s'en va vers la montagne trouée.

Tangaroa, le voyant venir par le chemin de cailloux, pousse un rugissement terrifiant, il fait trembler la terre, mais Mahoki esquive les avalanches et les crevasses. Il arrive sans une égratignure au sommet de la montagne trouée. Grand-père Tangaroa est un vieillard rouge et ridé, ses cheveux et sa barbe sont comme une épaisse fumée autour de sa figure. Il est assis, les jambes croisées devant un grand feu. L'enfant le salue. L'homme ne répond pas, il tisonne les braises.

— Je suis venu chercher le feu, dit Mahoki.

Tangaroa, sans même le regarder, lui donne une bûche enflammée. Mahoki prend cette bûche, va se cacher derrière un rocher et l'éteint en la couvrant de terre. Puis il revient vers Tangaroa.

— J'ai perdu le feu que tu m'as donné, dit-il.

Tangaroa, en grognant, lui tend une autre bûche enflammée. Mahoki va l'éteindre, comme la première.

Il fait ainsi jusqu'à ce qu'il n'y ait plus, devant Tangaroa, que des cailloux fumants. Alors le vieux se met en colère :

— Pauvre fou, dit-il, maladroit ! Maintenant il faut que j'allume un nouveau feu !

Qu'il allume un nouveau feu, c'est bien ce que veut Mahoki, car il a grande envie de voir comment son grand-père s'y prend pour accomplir ce travail sacré. Tangaroa saisit un bâton, puis une planche trouée, qu'il pose sur un petit tas de paille sèche. Il enfonce le bâton dans le trou de la planche et le fait tourner vivement entre ses mains, jusqu'à ce que la fumée s'élève et que la paille, sous la planche, s'enflamme. Mahoki regarde cela, les yeux brillants, grands ouverts. Puis il bondit sur ses pieds et s'en va en riant, en criant :

— Merci, Grand-père Tangaroa ! Merci !

Il revient dans le monde d'en haut. Il enseigne aux gens de son village comment on fait du feu. Et la longue histoire des hommes commence.

Histoire de Lono

En ce temps-là, dans l'île d'Hawaï et peut-être sur la terre entière, aucun homme n'était aussi vaillant que le jeune roi Lono. A la chasse aux requins il était sans égal. Les femmes l'aimaient car il était aussi beau que vigoureux : ses yeux étaient comme des soleils, et sa chevelure était noire, luisante comme la lune sur la mer. Elles l'aimaient tant qu'un jour une jeune fille désirant vivre auprès de lui se fit tatouer le visage pour ressembler à un garçon et s'engagea parmi ses gardes. Elle s'appelait Viana. Chacun la prenait pour un homme fragile. La nuit, elle dormait aux pieds de Lono, et cela suffisait à son bonheur.

Or un matin, dans la lumière du soleil levant, sur la plage, Lono parmi ses guerriers s'exerce joyeusement à manier la lance quand tout à coup il pousse un grand cri, comme si la foudre ravageait l'intérieur de son crâne, et il tombe à la renverse, les yeux grands ouverts. Ses compagnons se précipitent, tentent de le soulever pour le transporter dans son palais, mais ils ne peuvent. Le corps de Lono est soudain lourd comme un roc. Le peuple accourt, s'assemble et se lamente. Les prêtres et les magiciens du royaume autour du jeune roi foudroyé lèvent les bras au ciel et implorent Kané, le dieu créateur.

— Par pitié, disent-ils, rendez la vie à Lono, le plus fameux guerrier du monde.

Tous prient et pleurent, sauf un vieux sorcier à la barbe blanche, qui reste assis par terre comme un rêveur muet. De temps en temps il ramasse une poignée de sable et le regarde s'écouler entre ses doigts. On le bouscule. Un prêtre scandalisé lui demande pourquoi il ne prie pas comme tout le monde, pourquoi sa voix ne s'élève pas vers Kané, le créateur.

— Veux-tu vraiment le savoir ? lui dit le vieil homme.

— Je veux le savoir. Nous voulons tous le savoir, répond le prêtre, l'air sévère.

Le vieux sourit, sa barbe tremble.

— Écoutez, dit-il. Lono n'est pas mort. Lono a vu la déesse Laka qui visite la terre tous les mille ans. Voilà pourquoi le roi est tombé foudroyé. Il l'a vue, ses yeux et son esprit en restent éblouis. Élevez un autel à la déesse Laka et je vous dis, moi, qu'elle reviendra, et qu'elle réveillera notre roi.

Des hommes se penchent sur Lono, couché comme une statue renversée. En effet, son cœur bat. Il respire. Alors un autel de cailloux est élevé sur la plage. Sur cet autel chacun vient déposer un chardon rouge, la fleur sacrée de la déesse. Puis le peuple attend en silence. Les heures passent. Au milieu du jour un sommeil invincible envahit les hommes, les femmes, les prêtres et les magiciens. Tous tombent sur le sable les uns après les autres, et s'endorment. Seule, Viana, la jeune amoureuse déguisée en garçon, veille encore près de Lono. Pour résister au sommeil elle appuie son menton contre la pointe de sa lance. Mais bientôt elle succombe elle aussi, elle tombe. La pointe de sa lance lui perce la gorge.

Alors la déesse Laka apparaît sur l'autel. Elle est belle comme un soleil levant, émouvante aussi comme un lointain souvenir d'enfance. Elle est environnée de brume rouge. Or, les yeux de Lono sont seuls ouverts parmi les endormis. Il la voit. Il bondit, les bras tendus, en criant son amour fou. Aussitôt Laka fait un signe infranchissable. Lono tombe à genoux, devant l'autel. Elle dit :

— Je serai à toi, et tu seras à moi. Mais tu dois d'abord t'élever au rang des dieux.

— Je ne suis qu'un mortel, gémit le roi Lono.

— Accomplis un exploit divin, dit la déesse, et tu seras un dieu.

— Ordonne et j'obéirai, répond le roi. Je mourrai si je ne peux t'aimer.

— Alors écoute : grimpe sur la montagne et cours jusqu'à la falaise de Waiki en criant ton nom. Tes ennemis t'attaqueront. Les lances et les flèches siffleront à tes oreilles. Si tu survis, plonge dans la mer du haut de la falaise et à mains nues livre combat contre Aïnaholo, le roi des poissons. Attrape-le et traîne-le hors de l'eau. Je t'attendrai sur la montagne. Si tu déposes Aïnaholo à mes pieds, nous serons à jamais unis.

Ainsi parle Laka, la déesse, puis elle s'évapore dans l'air bleu. Les hommes, les femmes, les prêtres, les magiciens, tous, sauf Viana morte la gorge percée par sa lance, s'éveillent en sursaut, et regardent, étonnés, leur jeune roi courir au loin, vers la montagne.

Parmi les rochers aiguisés, il crie son nom comme un défi, aux quatre vents, fièrement. Alors des hommes sauvages au front bas, aux longs bras velus sortent de leurs cavernes en hurlant. Ils brandissent leurs javelots, les flèches sifflent aux oreilles de Lono qui court si vite que ses pieds nus effleurent à peine les cailloux. Au bout de la montagne il plonge dans la mer ensoleillée.

Or, du fond du ciel, un dieu au regard méchant comme un couteau observe le roi Lono. C'est Kukaïli, le dieu de la guerre. Il est amoureux, lui aussi, de la déesse Laka. Il a vu l'autel dressé sur la plage. Il a entendu les paroles échangées. Depuis cet instant il surveille son rival. Il le voit maintenant échapper à ses ennemis. Il pousse un rugissement de dépit. Il ne peut supporter de voir un simple mortel lui interdire l'amour de la déesse qu'il convoite. Il plonge dans les vagues, lui aussi, et dans les profondeurs des eaux il se métamorphose en un petit requin.

Lono livre combat contre le superbe et terrible roi des poissons, Aïnaholo. Ses écailles ont les couleurs de l'arc-en-ciel, ses nageoires sont tranchantes comme des rasoirs, sa large gueule est hérissée de trois rangées de dents pointues et ses yeux ronds, bombés, énormes, ont fait mourir d'effroi tous les pêcheurs qui ont rencontré leur regard parmi les rayons du soleil, entre deux eaux. Lono, lui, ne frémit pas. Il ne voit partout que la beauté de Laka. Il vit dans l'éblouissement de l'amour qui tient son cœur et son esprit. Les yeux épouvantables d'Aïnaholo, il les arrache. Ses nageoires-rasoirs, il les brise. Sa mâchoire, il la déchire en deux, et le sang se répand dans la mer. Alors un petit requin traverse la nuée rouge du sang d'Aïnaholo, vient planter ses dents dans le dos du roi Lono, entre ses épaules et s'accroche à lui. Lono ne sent même pas sa morsure, il est trop exalté par le combat, et trop occupé à tirer le corps mort du roi des poissons sur les rochers du rivage.

Revenu au plein soleil il pousse un grand cri de victoire. Puis il empoigne le roi des poissons qu'il vient de vaincre, il le traîne sur les cailloux, et gravit lentement la montagne. Là-haut, sur la cime, la déesse Laka l'attend. Alors le requin dans son dos grandit et se fait pesant. Lono courbe l'échine, son cœur se met à battre comme un tambour funèbre. Il va, sur le sentier qui grimpe entre les rochers. Le requin se fait plus lourd encore. Lono trébuche et tombe sur les genoux, aveuglé par la sueur qui ruisselle de son front. Son haleine maintenant n'est plus qu'un sanglot rauque. Il se relève pourtant. Il voit, là-haut, la hutte que Laka a bâtie pour leur amour. Ses murs sont faits de branches d'acacia, son toit est de feuillage et de fleurs. Lono tend la main vers elle, il titube. Le sang bat contre ses tempes à faire exploser son crâne. Il entend la voix de Laka qui l'appelle et lui fait un grand signe, là-haut, sur la cime, la main dans le ciel. Le requin sur son dos se fait encore plus pesant. Lono tombe, se traîne sur les cailloux, s'écorche. Il parvient à s'arracher à la terre. Le voici sur le seuil de la hutte. La dépouille d'Aïnaholo, le roi des poissons, tombe aux pieds de la déesse. Lono dit :

— Pour toi, je l'ai vaincu.

Il veut parler encore, mais un flot de sang jaillit de sa bouche. Les bras ouverts, il meurt, la face sur les fleurs répandues dans la hutte. Dans son dos, le requin et la trace même de sa morsure ont disparu. Un éclat de mauvais rire monte vers le ciel. C'est Kukaïli, le dieu de la guerre, qui hurle, avant de disparaître dans la lumière :

— Regarde tes pieds, Laka, ils sont mouillés du sang de l'homme qui voulut égaler les dieux !

Alors la déesse Laka tombe à genoux près du corps de celui qu'elle n'a pu aimer. Après longtemps de détresse elle se relève, s'avance au bord de la montagne et appelle Kané, le maître des dieux, le Créateur :

— Je ne reviendrai plus au ciel, lui dit-elle, car le roi Lono que j'ai choisi pour époux est mort ici. Venge-nous, et que plus rien désormais, ni dieu ni démon, ne nous sépare.

A peine ces paroles dites, le ciel se couvre, une fumée noire efface le soleil, une boule de feu tombe sur la montagne et dans cette boule de feu une voix sifflante dit :

— Soyez unis à jamais.

La montagne s'embrase. Après longtemps de flammes et de fumée, quand le feu s'éteint, sur l'herbe brûlée de la cime, deux rochers nouveaux sont dressés, noirs comme d'immenses ombres dans la nuit des temps : Laka et son amant, à jamais unis.

La fille tuée sept fois

Il y a longtemps sur l'île d'Oahu, vécut Kahala, fragile et vive comme un ruisseau de montagne. Son regard était couleur d'arc-en-ciel : son père était le dieu du vent et sa mère la déesse de la pluie. Kahala aimait Kauhi, un jeune chef de tribu aux yeux de braise noire, fier et puissant comme un volcan. Le cœur de Kauhi était une boule de feu et la fille fraîche dans les montagnes de l'île, au crépuscule, sous les arbres bercés par le vent, venait réchauffer doucement son front contre ce cœur superbe.

Le jour où commence cette histoire, Kauhi se repose, au retour de la pêche, sur la plage. Deux hommes viennent vers lui. Ils titubent en riant fort, ils sont ivres, des colliers de fleurs flétries se balancent sur leur bedaine. Ils s'interpellent grossièrement, se bousculent. Kauhi les regarde avec indifférence, puis soudain se dresse comme un fauve, le regard flamboyant. Il vient d'entendre ces mots, qui le bouleversent : « Kahala m'a donné un collier plus beau que le tien. »

L'autre ivrogne répond :

— Hé, je n'ai pas, comme toi, fait l'amour avec elle.

Des ricanements, d'autres paroles grasses s'éloignent sur la plage. Kauhi reste pétrifié. Les mains sur le visage, il essaie de contenir la tempête qui ravage son esprit, il s'en va comme un égaré, abandonnant sa pirogue sur la plage. Il court vers la vallée de Manoa. Une fureur noire embrume son regard, un nom cogne dans sa poitrine : « Kahala, Kahala. » Il court sur le sentier rocailleux jusqu'au bord de la cascade où l'attend, d'habitude, celle qu'il maudit maintenant. Là, il la voit, sur un rocher, auréolée de pluie fine. Il casse une branche. Il s'avance les dents serrées, il la prend par le bras. Elle sourit d'abord, puis ce visage dur, halluciné, l'épouvante. Il dit :

— Détourne la tête. Ta beauté ne m'empêchera pas de faire ce que je dois faire.

Elle obéit. Kauhi lève son bâton et l'abat sur la tempe de la jeune fille qui tombe, sans un cri, sur le rocher, morte. Il s'agenouille à côté d'elle, creuse une fosse en gémissant. Au bord de la cascade il enterre Kahala et s'en va, dans la nuit tombée, comme un somnambule.

Alors Pueo, le dieu hibou, dans un arbre voisin, ouvre ses yeux ronds et s'envole. Pueo le hibou est un vieil ami de Kahala, la fille du vent, l'amoureuse innocente qui sait parler le langage des oiseaux. Il se pose sur la terre remuée de sa tombe. Les ailes ouvertes, il gratte le sol, du bec et des griffes, et délivre bientôt le visage de la morte, tout blanc sous la lune. Il frotte doucement son plumage contre la tempe ensanglantée. Alors Kahala revient à la vie et se dresse. Aussitôt elle sanglote, enveloppée dans les ailes du dieu hibou.

— Kauhi croit que je l'ai trahi, dit-elle.

— Retourne chez toi, répond Pueo.

Il l'accompagne un instant sur le sentier, puis disparaît dans les feuillages sombres.

Kahala ne peut revenir dans la maison de ses ancêtres tant qu'elle n'aura pas revu Kauhi. Elle veut poser son front contre sa poitrine et lui dire : « Je suis fidèle, j'ai toujours été fidèle. » Elle va donc à sa rencontre. Elle le retrouve sur la plage au milieu de la nuit. Il est couché, la face contre le sable. Elle s'agenouille près de lui, elle lui parle doucement. Mais Kauhi ne veut pas l'entendre. Il se relève en rugissant, il brandit son bâton, à nouveau il la tue, à nouveau il s'en va, hurlant sa rage et sa douleur, à nouveau Pueo, le dieu hibou, vient caresser doucement la blessure de Kahala, et la ressuscite. Et la folle poursuite dans la nuit recommence.

Ainsi sept fois, jusqu'à l'aube, Kauhi abat son arme, sept fois Kahala tombe morte. A l'aube, ils ont fait le tour de l'île, l'une cherchant la mort, l'autre fuyant l'amour. Les voici revenus au bord de la cascade. Sous les racines d'un acacia l'amoureux impitoyable enfouit la fille du dieu du vent et s'en va. Pueo le hibou pour la septième fois creuse la terre remuée. Mais ses griffes sont usées, il les écorche sur les racines de l'arbre. Il s'épuise, il ne parvient pas à briser cette prison nouvelle, et son œil rond regarde s'éloigner lentement l'esprit de Kahala sur l'écume de la cascade. Le jour vient, dont il ne peut supporter la lumière. Alors il appelle au secours Elépaio, un oiseau vert perché dans l'arbre. Il lui dit :

— Cherche un homme, et trouve-le.

Elépaio l'oiseau vert s'envole dans le petit matin et sur la plage il trouve un homme, nommé Manaha. Il se pose sur son épaule. Manaha entend ces mots dans son esprit : « Vois-tu cet arc-en-ciel qui s'éteint au-dessus de la cascade ? C'est l'esprit de Kahala, il s'éloigne pour toujours de la terre. » Elépaio bat des ailes au-dessus de sa tête et le conduit.

Manaha, au bord de la cascade, devant la fosse à demi creusée, s'agenouille et brise les racines qui emprisonnent le corps de Kahala, la fille du dieu du vent. Elle est pâle et froide comme la brume de l'aube, son visage est souillé de terre et de larmes. Pourtant Manaha, l'homme simple, est ébloui par sa beauté. Il la prend dans ses bras, délicatement, l'emporte dans sa maison, la couche sur un lit de feuilles sèches. Alors la fille du vent soupire et gémit, elle s'éveille lentement, ses paupières battent. Manaha, penché sur elle, la regarde et caresse son front.

Il la veille sept semaines. L'amour dans son esprit germe et grandit. Enfin, les couleurs de l'arc-en-ciel se raniment dans le regard de Kahala. Elle sourit et dit à Manaha, assis près de sa couche :

— Sois béni, car tu m'as sauvé la vie.

Manaha lui répond :

— Sauve la mienne, maintenant. Accepte de me prendre pour époux. Je serai fidèle jusqu'à ce que la mort m'emporte.

Kahala ferme les yeux et répond, le cœur battant :

— Va voir mes parents, ils t'aimeront autant que je t'aime. Je ferai ce qu'ils décideront. Je ne peux moi-même t'accorder ce que tu veux car je suis promise à Kauhi depuis l'enfance.

Manaha s'en va dans la montagne, à la rencontre du dieu du vent et de la déesse de la pluie. Ils habitent une maison de feuillage sur le plus haut rocher de l'île. Ils accueillent comme un fils cet homme pacifique qui vient vers eux les bras chargés de fruits. Le jour de la noce est aussitôt décidé. Le peuple de l'île d'Oahu est convié au festin. A l'heure dite, Manaha, tenant par la main Kahala parée de fleurs, s'avance parmi les chants et les danses.

Alors un guerrier surgit de la foule et lève sa lance au milieu du chemin devant les nouveaux époux. Aussitôt chacun se tait, même le vent retient son souffle, car il n'est pas un enfant qui ne reconnaisse Kauhi, l'amoureux furieux. Son visage est halluciné, un ricanement effrayant tord sa bouche. Il dit, comme l'on crache une insulte :

— Cette fille n'est pas Kahala. Kahala est morte. Je parie ma vie contre celle de Manaha que cette femme, qu'il croit épouser, n'est qu'un fantôme.

Le grand-père de Kahala saisit en tremblant le poignet de Kauhi et lui dit :

— Dépose ton arme. Tes paroles nous blessent. Que l'on appelle les sorciers de l'île. Ils sont seuls capables de savoir et de dire si la fille du dieu du vent est un fantôme ou une vraie vivante. Que l'on allume sur la plage un grand feu, car si tu as menti, Kauhi, tu périras brûlé.

La foule recule. Kahala maintenant est seule au centre d'un cercle de regards inquiets. Quatre sorciers s'avancent vers elle et tournent lentement autour de son corps immobile. Au bord de la mer les flammes d'un grand bûcher s'élèvent en crépitant. Dans le regard de Kahala brille son âme de sept couleurs. Les mains des sorciers dansant autour d'elle deviennent le rayonnement de la vie. Ces hommes sages s'approchent du grand-père Akaaka et lui disent :

— Ta petite-fille est vivante.

Chacun entend ces paroles et la foule pousse un grand cri de délivrance. Kauhi, seul, hurle terriblement, bouscule le peuple comme un cheval emballé et se précipite dans les flammes. Kahala tombe à genoux sur le sable et pleure longuement.

Au crépuscule elle rejoint la maison de son époux Manaha. Sur le chemin du retour son grand-père Akaaka l'accompagne. Il lui dit :

— Prends garde. Kauhi, ce soir, rejoint ses ancêtres. Il s'est sans doute métamorphosé en requin. Ne fréquente plus l'océan, ma fille, tu y perdrais la vie.

Kahala promet d'être prudente. Le temps passe, paisible. Auprès de Manaha, parmi ceux qui l'aiment elle vit heureuse.

Un jour, se promenant seule, sur la plage, au bord des vagues, elle s'enivre du grand vent tiède et salé. La journée est superbe. La chaleur embrume à peine l'horizon. Elle aperçoit au loin une grande vague verte qui jaillit, s'élève vers le ciel et tournoie dans la brume ensoleillée. Voilà tout à coup fascinée la fille du vent au regard couleur d'arc-en-ciel. La bouche ouverte elle ne peut crier mais s'avance dans les vagues, les mains en avant. Elle s'avance vers Kauhi, l'amoureux fou qui l'appelle, et la vague verte déferle sur elle, dans un grand jaillissement d'écume.

Le lendemain, Manaha découvrit sur la plage son corps déchiré. Il l'ensevelit dans les fougères de la vallée. Le vent hurla sa douleur sur sa tombe, la pluie longuement pleura, le grand-père Akaaka secoua la tête, éleva ses mains tremblantes vers Kané, le dieu créateur et dit :

— Enracine-moi près de la tombe de celle que je ne veux plus quitter. Enracine-moi comme un roc.

Le dieu Kané entendit sa prière. Grand-père Akaaka fut

métamorphosé en rocher, dans la vallée de Manoa. Sur ce rocher poussa un arbre à fleurs rouges. Il veille encore sur l'âme arc-en-ciel de Kahala, qui, tous les matins, se baigne dans la cascade toute proche.

Amérique

XII. AMÉRIQUE INDIENNE

La création du monde selon les Indiens hopi (Arizona)

Au commencement du temps, une étincelle de conscience s'alluma dans l'espace infini. Cette étincelle était l'esprit du soleil, nommé Tawa. Tawa créa le premier monde : une énorme caverne uniquement peuplée d'insectes. Tawa les regarda remuer un moment puis il hocha la tête car ce peuple grouillant était stupide. Alors il leur envoya grand-mère l'araignée. Grand-mère l'araignée dit aux insectes :

— Tawa, l'esprit du soleil, qui vous a créés, est mécontent de vous parce que vous ne comprenez rien au sens de la vie. Il m'a donc ordonné de vous conduire dans le deuxième monde, qui est au-dessus du plafond de votre caverne.

Les insectes se mettent donc à grimper vers le deuxième monde. L'escalade est longue, si longue et si pénible qu'avant même d'arriver dans le deuxième monde, nombreux sont ceux qui se sont métamorphosés en animaux puissants. Tawa les contemple un instant.

— Ces nouveaux vivants, se dit-il, sont aussi stupides que ceux du premier monde. Ils n'ont toujours pas l'air de comprendre le sens de la vie.

Alors il demande à grand-mère l'araignée de les conduire dans un troisième monde. Et pendant ce nouveau voyage, certains animaux deviennent des hommes.

Grand-mère l'araignée apprend aux hommes le tissage et la poterie. Elle les instruit. Dans la tête des hommes, des femmes, commence à poindre une lueur, une vague idée du sens de la vie. Mais les mauvais sorciers éteignent ce point de lumière, car ils ne se plaisent que dans les ténèbres. Ils aveuglent donc les humains. Les enfants pleurent, les hommes se battent, se déchirent. Ils oublient, ils perdent le sens de la vie. Alors grand-mère l'araignée revient parmi eux et leur dit :

— Tawa, l'esprit du soleil, est très mécontent de vous. Vous avez gaspillé la lumière née dans vos têtes. Il vous faut donc grimper dans le quatrième monde. Mais cette fois, vous devez trouver vous-mêmes le chemin.

Les hommes, perplexes, se grattent le crâne. Comment grimper dans le quatrième monde ? Ils restent longtemps silencieux. Enfin un vieillard dit :

— Il me semble avoir entendu des bruits de pas dans le ciel.

— C'est vrai, répondent les autres. Nous aussi, nous avons entendu quelqu'un marcher là-haut.

Ils envoient un oiseau-chat explorer ce quatrième monde, qui semble habité. Cet oiseau-chat se faufile, par un trou-dans-le-ciel jusqu'au quatrième monde, et découvre un pays qui ressemble au désert de l'Arizona. Il survole ce pays, il aperçoit au loin une cabane de pierre. Il s'approche. Devant cette cabane, il voit un homme qui semble dormir, assis contre le mur. L'oiseau-chat se pose près de lui. L'homme se réveille. Son visage est étrange, effrayant. Il est rouge, couvert de cicatrices, de brûlures, de croûtes de sang. Il a deux traits noirs peints sur les pommettes et sur le nez. Ses yeux sont tellement enfoncés dans les orbites qu'ils sont presque invisibles et pourtant l'oiseau-chat les voit briller d'un éclat terrifiant. Il reconnaît ce personnage, c'est la Mort.

La Mort regarde l'oiseau-chat longuement et lui dit en grimaçant :

— Tu n'as pas peur ?

— Non, répond l'oiseau. Je viens de la part des hommes qui habitent le monde en dessous de celui-ci. Ils voudraient partager ce pays avec vous. Cela est-il possible ?

La Mort réfléchit un moment, l'air sombre, puis elle dit :

— Si les hommes veulent venir, qu'ils viennent.

L'oiseau-chat redescend dans le troisième monde. Il raconte aux hommes ce qu'il a vu.

— La Mort veut bien partager avec vous son pays, dit-il.

— Qu'elle en soit remerciée, répondent les hommes, mais comment grimper là-haut ?

Ils demandent conseil à grand-mère l'araignée. Elle leur dit :

— Plantez un bambou sur la place de votre village, et chantez pour l'aider à pousser.

Les hommes font ainsi et le bambou grandit. Chaque fois que les chanteurs reprennent leur souffle entre deux couplets, un nœud se forme sur la tige du bambou. Ils chantent encore, et grand-mère l'araignée danse, danse, pour aider le bambou à pousser bien droit. De l'aube au crépuscule, ils s'égosillent. Enfin grand-mère l'araignée dit :

— Regardez ! La cime du bambou est passée au travers du trou-dans-le-ciel.

Alors les hommes grimpent comme des enfants joyeux. Ils n'emportent rien avec eux, ils sont nus, ils sont aussi démunis qu'au premier jour de leur vie.

— Soyez prudents ! leur crie grand-mère, soyez prudents !

Mais ils ne l'entendent plus, ils sont déjà trop haut. Ils prennent pied sur la terre du quatrième monde. Ils construisent des villages, plantent du maïs, des courges, des melons, des jardins et des champs. Et cette fois, pour ne pas oublier le sens de la vie, ils inventent les légendes.

La création du monde selon les Indiens du Montana

Les Indiens du Montana racontent ceci : avant ce monde, il y en eut un autre, beaucoup plus difficile à vivre que le nôtre. Les hommes de ce très vieux temps ne savaient ni inventer des légendes, ni danser, ni composer de la musique. Leur esprit était obscur comme celui des animaux. Tunkashila, le Créateur, n'était pas satisfait de ce monde-là, qu'il avait pourtant fabriqué de ses mains. Alors, un jour, il se dit : « Je vais effacer ma création et je vais en pétrir une autre. Je vais chanter trois chants qui feront tomber tous les orages du ciel. Puis je chanterai un quatrième chant, et je frapperai la terre du pied. Alors la terre s'ouvrira, les eaux souterraines jailliront et plus rien ne sera, sauf les eaux. » Tunkashila le Créateur fit tout cela. Il chanta son premier chant et le tonnerre gronda. Il chanta le deuxième et la pluie dégringola. Il chanta le troisième et les fleuves débordèrent. Puis il chanta son quatrième chant et il frappa du pied. La terre se brisa comme un vieux pot, les eaux souterraines jaillirent et le monde fut noyé.

Alors Tunkashila se laissa dériver sur l'eau, assis sur sa tabatière, en fumant son calumet. Car tels étaient les objets sacrés dont il ne se séparait jamais : sa tabatière et son calumet. Il se laissa porter par les vagues et le vent, de-ci delà. Il n'y avait plus d'hommes, il n'y avait plus d'animaux, il n'y avait plus le moindre grain de terre sur cet océan silencieux. Seul, un oiseau survivait encore : Kangi, le corbeau. Mais il était fatigué. Il ne savait où se poser. Sur l'océan, il vint voler en vastes cercles au-dessus de Tunkashila le Créateur en criant :

— Grand-père, je vais mourir, mes ailes ne me portent plus. Grand-père Tunkashila, fabrique-moi une terre ferme où je puisse me reposer.

Tunkashila tira quelques bouffées de son calumet en regardant le ciel, puis il pensa : « Le moment est venu d'ouvrir ma tabatière. » Il ouvrit sa tabatière, il en sortit un canard noir. Il dit à ce canard :

— Plonge au fond des eaux et rapporte-moi une motte de terre.

Le canard plongea, au bout d'un long moment il reparut sur les vagues :

— Je suis épuisé, dit-il. J'ai failli mourir. J'ai plongé, plongé, plongé encore, mais je n'ai pu toucher le fond. Cet océan est trop profond.

Alors Tunkashila fit sortir une loutre, puis un castor de sa tabatière. L'un après l'autre, il leur ordonna de plonger à la recherche d'une poignée de boue. La loutre plongea. Elle revint aussi bredouille que le canard noir. Le castor plongea, il revint aussi bredouille que la loutre. Enfin le Créateur, du fond de sa tabatière, tira une tortue. Et la tortue à son tour plongea. Elle resta si longtemps au fond de l'eau que le canard, le castor, la loutre disaient :

— Elle est morte, elle ne reviendra jamais.

Le corbeau tournait dans le ciel, désespérait, gémissait :

— Je suis perdu, la tortue s'est noyée.

Elle apparut pourtant à nouveau sur les vagues. Elle cria :

— J'ai gagné, j'ai touché le fond !

Elle portait une boule de terre entre ses pattes. Tunkashila prit cette boule de terre et se mit à chanter. Tout en chantant il la pétrit dans ses mains. Puis il ordonna à cette boule de terre de recouvrir les eaux, et la terre recouvrit les eaux.

Alors le Créateur réfléchit. Il se dit : « L'eau sans la terre ne fait pas un monde vivable. Mais la terre sans eau non plus. Ma création est d'une grande tristesse. » Il se mit à se lamenter sur sa création, à pleurer. Ses larmes ruisselèrent sur la terre, faisant naître des fleuves, des lacs, des océans.

Tunkashila, voyant cela aussitôt s'apaisa. Il dit :

— Eh bien, voilà qui est mieux.

Alors, de sa tabatière il sortit toutes les espèces d'animaux, d'oiseaux, de plantes et les sema partout sur le monde nouveau. Puis il prit quatre poignées de terre, la première rouge, la deuxième blanche, la troisième noire, la quatrième jaune, et pétrit les quatre races humaines.

Enfin il dit aux hommes :

— Écoutez bien, mes enfants. Au commencement des temps j'ai fait le premier monde. Il était mauvais, je l'ai brûlé. J'ai fait un deuxième monde. Il n'était pas meilleur, je l'ai noyé. Je vous donne le troisième monde. Si vous vivez en paix entre vous, en paix aussi avec les autres vivants de la terre, les animaux, les plantes, tout ira bien. Sinon, je détruirai ma création une nouvelle fois. Cela dépend de vous.

Tunkashila hocha la tête et dit encore :

— Un jour peut-être il y aura un quatrième monde.

Puis il disparut dans le ciel, fumant son calumet.

Hiawatha

Un jour des siècles oubliés, la belle Nokomis, enfant de la lune, se coucha au crépuscule sur la vaste prairie et mit au monde une fille. Cette fille grandit en une seule nuit dans les hautes herbes. A l'aube, le soleil l'illumina et le vent d'ouest fut ébloui par sa beauté miraculeuse. Le nom de ce vent vénérable et puissant était Mudjekeewis. Il enveloppa la fille de Nokomis dans ses vastes mains brumeuses, l'emporta, et la déposa dans sa maison de roc, sur la montagne. Là, il fit d'elle son épouse et vécut quelque temps en sa compagnie. Mais le jour où elle accoucha d'un fils sur son lit de pierre blanche, Mudjekeewis, le maître des vents d'ouest, s'en alla vers d'autres horizons, abandonnant son épouse et son nouveau-né. Alors la pauvre femme descendit dans la vallée, le visage ruisselant de larmes, elle confia son fils à sa mère Nokomis, qui s'était établie dans une maison de bois au bord de la rivière, et mourut de chagrin.

L'enfant fut baptisé Hiawatha et fut donc élevé par sa grand-mère Nokomis, qui veilla tendrement sur lui. Elle lui apprit le nom des étoiles et le langage des oiseaux, elle lui enseigna l'art de faire du feu et de suivre à la trace le gibier de la forêt, elle l'instruisit savamment. Ainsi Hiawatha devint un homme d'une sagesse et d'une force prodigieuses. Tous les matins, pour réveiller ses jambes, il tirait une flèche droit devant lui, l'arc tendu à le briser presque, et courait derrière elle si vite qu'il la rattrapait avant qu'elle ne tombe. Tous les soirs devant les flammes paisibles du foyer, il interrogeait la vieille Nokomis :

— Qui est mon père, disait-il, et qui est ma mère ? Je veux le savoir.

Nokomis d'ordinaire faisait semblant de dormir dès qu'elle l'entendait parler ainsi. Pourtant, une nuit de grande bourrasque, il insista si longuement qu'elle ne put se taire. Elle lui raconta tristement la mort lamentable de sa mère, abandonnée par Mudjekeewis le dieu des vents d'ouest. Alors Hiawatha attendit l'aube en méditant devant le feu, puis il revêtit son manteau de plumes d'aigle et s'en alla vers les portes du couchant, vers la demeure de Mudjekeewis.

Il gravit la montagne et découvrit son père assis sur un rocher devant la vaste caverne où il tenait ses ouragans prisonniers. Il fut d'abord effrayé par son air de majesté sévère. La longue chevelure de Mudjekeewis était brillante et blanche, elle tombait sur ses épaules en boucles de lumière neigeuse, son regard était couleur de glace et son corps puissant était vêtu d'un manteau de brouillard. Quand Hiawatha apparut devant lui, il lui dit simplement :

— Voilà des années que je t'attends, mon fils.

Hiawatha sourit et s'assit devant lui. Ensemble ils parlèrent longtemps. Le vieux Mudjekeewis raconta d'une voix tonnante les batailles de sa vie.

— Hiawatha, dit-il, tu es le fils d'un dieu invincible et terrible.

Hiawatha le regarda, la tête penchée de côté. Une lueur rusée s'alluma dans ses yeux. Il répondit :

— Rien sur terre ne peut donc briser ni blesser ton corps ?

— Rien, répondit le maître des vents. Sauf ce rocher noir contre lequel tes épaules sont appuyées. Et toi, dis-moi, que crains-tu en ce monde ?

— Moi, dit Hiawatha, je ne crains que ce roseau, là-bas au fond de la vallée, au bord de la rivière. Lui seul peut m'infliger une blessure mortelle.

Alors, regardant son fils, le visage impassible, voilà que Mudjekeewis tend sa grande main brumeuse vers le fond de la vallée. Au même instant, Hiawatha empoigne le rocher noir et l'arrache de terre en hurlant :

— Tu as tué ma mère, Mudjekeewis. Je suis venu la venger.

Le dieu des vents secoue sa chevelure blanche et baisse la tête, puis il rugit et sa main arrache le roseau, au bord de la rivière. Au même instant, Hiawatha, de toutes ses forces, jette sur lui le rocher noir. Mais les ouragans prisonniers dans la caverne, tout à coup libérés, réduisent ce roc en poussière avant qu'il ne tombe sur le crâne du vieillard. Le roseau, lui aussi, est brisé par les vents furibonds. Alors le père et le fils se dressent face à face. A mains nues ils livrent un combat acharné et si terrible que les aigles s'enfuient vers le soleil et que la terre tremble. Mudjekeewis et Hiawatha, comme deux fauves fous agrippés l'un à l'autre, roulent ensemble sur le sol, roulent jusqu'au bord de la terre, jusqu'à cet endroit où le soleil, au crépuscule, s'enfonce dans l'espace vide. Alors, le dieu des vents se dégage, se relève et saisit son fils aux poignets. Il dit :

— Tu ne peux me vaincre, mon enfant, car je suis immortel. J'ai voulu, en livrant contre toi bataille, éprouver ton courage. Maintenant je sais : tu es un homme sans défaut. Reviens vivre parmi les tiens. Tu délivreras la terre des monstres qui l'épouvantent et des fléaux qui l'accablent, tu combattras des sorciers et des géants. Quand ton destin sera accompli tu viendras me rejoindre sur la montagne du couchant, et je te donnerai la moitié de mon royaume.

Ainsi parle Mudjekeewis. Puis son fils Hiawatha s'en va.

Revenu dans la vallée, il instruit d'abord les hommes, ses semblables. Il leur fait découvrir l'art de la médecine : il leur apprend à reconnaître les bonnes herbes, à extraire du corps des poissons une huile bienfaisante. Il leur enseigne aussi l'agriculture. Bientôt autour des villages, des champs de maïs se balancent au vent de la plaine et le peuple connaît enfin le bonheur tranquille.

Un soir, la vieille Nokomis, sa grand-mère, par la porte ouverte de sa maison de bois, désigne l'horizon que le soleil couchant embrase et dit à Hiawatha :

— Là-bas, fils, dans une caverne de fer au fond de la terre, vit un terrible sorcier nommé Megissog. Il est le maître des métaux et des bijoux. Des serpents de feu gardent la frontière de son domaine. Au-delà de cette frontière un large fossé d'eau noire protège les murailles de son repaire. C'est lui, Megissog, qui souffle sur les hommes les brouillards malsains, les puanteurs des marécages, les fièvres mortelles. Prends ton arc, Hiawatha, prends tes flèches et ta massue, va le combattre, et délivre-nous de ses maléfices.

Ainsi parle Nokomis. Hiawatha baise son front ridé. Dès le soleil levé il pousse dans le fleuve son canoë et s'en va vers l'Occident.

Il navigue une longue journée au milieu du courant. Au crépuscule, il parvient au seuil d'un pays sauvage : la rivière s'enfonce entre deux falaises de pierre grise, des lueurs de feu dansent sur les vagues. Soudain, quatre énormes serpents surgissent de l'eau, se dressent devant le canoë de Hiawatha, sifflent terriblement en balançant leur tête, crachent de longues flammes bleues et des fumées puantes dans l'air du soir. Hiawatha bondit à la proue de sa barque, tend son arc, tire coup sur coup quatre flèches qui percent la gorge des quatre monstres, et les quatre monstres tombent à la renverse en hurlant dans l'eau noire. Leur sang se répand jusqu'aux rochers du rivage. Hiawatha pousse son canoë entre les falaises.

Le ciel s'assombrit, l'air devient étouffant. Hiawatha s'avance maintenant sur une eau croupie, encombrée de roseaux pourrissants, d'algues lourdes, d'insectes furieux sous la lune pâle. Il navigue ainsi péniblement, toute la nuit, dans le silence épais à peine troublé par le bourdonnement des moustiques et des mouches. Au matin, il pénètre enfin sur les domaines de Megissog. Au fond d'une plage noire, il découvre sa caverne de fer, cernée par un large fossé d'eau sombre. Hiawatha saute sur la rive, se cache derrière un arbre accroché au rocher. Son arc au poing il guette l'entrée du repaire de Megissog.

Alors il entend une voix menue au-dessus de sa tête. C'est un pivert qui lui parle, perché sur une branche, dans le feuillage. Hiawatha comprend ce qu'il dit, car sa grand-mère Nokomis, dans son enfance, lui a appris le langage des animaux. L'oiseau dit :

— Quand Megissog paraîtra sur le seuil de sa caverne, vise son crâne, tire une flèche à la racine de ses tresses blanches, car il n'est vulnérable qu'en cet endroit de son corps.

Hiawatha sourit. Il entend grincer des cailloux dans la grotte obscure. Le maître sorcier s'avance au soleil et flaire l'air, le regard méfiant. Sa peau a la couleur des feuilles mortes et comme les feuilles mortes son visage est ridé. Mais son apparence est redoutable. Sa poitrine est ornée d'un lourd collier de métal luisant. Il est coiffé de longues plumes noires. Hiawatha derrière l'arbre tend son arc. Une flèche siffle et s'enfonce dans le crâne de Megissog, debout sur la plage. Il chancelle et pousse un rugissement si terrible qu'il fend la falaise au bord de la rivière. Hiawatha tire encore une flèche. Megissog tombe en gémissant sur les genoux, le visage ensanglanté. La troisième flèche s'enfonce à la racine de ses tresses. Megissog s'abat sur les cailloux et ne bouge plus. Il est mort. Hiawatha le dépouille de son collier, de sa ceinture de cuivre ornée de coquillages, de sa coiffure de plumes. Il revient parmi les siens. Il offre son butin à son peuple et les hommes de son village, émerveillés par les trésors de Megissog, essaient de les reproduire. C'est ainsi qu'ils apprennent l'art de ciseler des bijoux et des ornements.

Il est temps pour Hiawatha de goûter quelque repos. Un jour, il découvre la beauté simple et pure de Mincha, la fille d'un artisan de son village. Il offre en son honneur un grand festin, il l'épouse, et la vieille Nokomis l'accueille dans sa maison. Alors Hiawatha enterre sa hache de guerre, sa massue, son arc, ses flèches. Pour vivre, il pêche, il chasse le castor et le daim. Mincha travaille les peaux, cueille le riz sauvage, éloigne les mauvais esprits des champs de maïs. Ainsi passe longtemps de bonheur.

Mais un jour, Mincha se couche sur son lit de fourrure, pâle et tremblante, le front couvert de sueur froide. Malgré les lamentations, les invocations et les magies de son époux agenouillé près d'elle, elle meurt. Alors Hiawatha, après avoir longtemps pleuré, sort de sa maison de bois et dit à son peuple assemblé :

— Ma tâche est accomplie en ce monde. Adieu, hommes et femmes. Je pars pour la montagne du couchant où vit mon père, Mudjekeewis l'immortel.

Il parle ainsi puis s'en va vers la rivière et pousse son canoë sur les vagues. Il s'éloigne au fil du courant, sans se retourner. Les gens de son peuple sur la rivière le regardent disparaître au loin, dans la brume mauve du crépuscule. Personne ne l'a jamais revu.

Wabi

Wabi vécut autrefois dans un pays de lacs et de forêts profondes. Il habitait une cabane au bord d'un torrent. Il chassait dans les bois, pêchait dans les rivières transparentes. Ainsi commence son histoire :

Un jour, il s'acharne à poursuivre un cerf infatigable sous les grands arbres de la forêt, et se retrouve, au crépuscule, très loin de chez lui, dans une vaste prairie d'herbes hautes que le vent balance. L'horizon est mauve, pâle, brumeux. Wabi ne peut courir plus loin, car la nuit vient. Alors, comme il n'a besoin de rien d'autre que la terre sous son corps et le ciel sur sa tête il se couche là pour dormir. Il pose près de lui son arc, croise ses mains sur son ventre et regarde les étoiles. Il se laisse lentement envahir par le sommeil.

Tout à coup, il se dresse, les yeux grands ouverts. Il vient d'entendre un bruit de voix. Aucune ombre, pourtant, ne bouge sur la plaine. Mais une boule de feu descend lentement du ciel, au-dessus d'un arbre au vaste feuillage. Sous cette boule de feu on dirait que se balance un grand panier d'osier. C'est de là que viennent les voix. Ce panier se pose sur la prairie. Wabi est un chasseur habile et redoutable. Il s'approche en rampant dans les hautes herbes. Le voici tapi, à l'affût. A la lueur de la boule de feu il voit sept jeunes filles, là, dans le pré. Elles cueillent des plantes et respirent l'air de la nuit. L'une d'elles, s'approche de lui, sans soupçonner sa présence. Wabi est ébloui par sa beauté. Elle est toute blanche, ses yeux sont grands et noirs. Sa chevelure est noire aussi, longue et lisse. Wabi bondit sur elle, elle pousse un grand cri. Aussitôt ses sœurs, comme une nuée d'oiseaux effrayés, bondissent dans la nacelle. La boule de feu s'élève dans le ciel, bientôt elle n'est plus qu'une étoile qui lentement s'éteint. Wabi, dans l'herbe de la prairie, serre contre lui la jeune fille qui tremble et se débat comme un animal captif. Il la tient ainsi jusqu'à l'aube. Alors il la prend sur son dos et la porte jusqu'à sa cabane, au bord du torrent.

Là, il l'apprivoise, il l'apaise et lui parle longuement, car il se sent pris d'amour pour elle. Il lui raconte la forêt, la grande prairie, puis il lui fait cadeau d'une robe en peau de daim et de mocassins brodés. La jeune fille peu à peu s'adoucit, elle apprend à sourire, à aimer aussi. Alors Wabi fait d'elle sa femme, et un matin elle met au monde un enfant qui émerveille son père, tant il est beau et vif. Ils sont heureux, Wabi, sa femme, son fils quelques années durant. Mais un jour vient à la femme céleste la nostalgie de sa lointaine planète. Toutes les nuits elle sort dans l'herbe, devant sa porte. Elle regarde les étoiles en pleurant doucement. Un soir, Wabi s'est attardé à la chasse, elle va dans la forêt, elle tresse un grand panier de lianes, dans ce panier elle prend place avec son fils, elle élève ses mains au-dessus de sa tête. De ses mains ouvertes naît une boule de feu, et cette boule de feu emporte la nacelle dans le ciel du crépuscule.

Wabi revient chez lui, et trouve sa maison vide. Il désire mourir tant il est malheureux. Toute la nuit il gémit, il sanglote. A l'aube, il reste là, sans courage, désespéré. Puis peu à peu il se remet à vivre, tristement. Les jours passent, et il se dit qu'il a peut-être rêvé son bonheur évaporé dans le ciel, comme une brume.

Mais là-haut, dans le pays céleste, son fils ne l'a pas oublié. Son fils, tous les soirs, pense avec mélancolie à cette terre où il est né, aux grandes prairies, à la forêt, à sa maison au bord du torrent, à la bonne odeur du feu de bois. Et la nostalgie lui serre tant le cœur qu'un jour sa mère lui dit :

- Ne pleure plus, demain nous redescendrons au pays de Wabi.

Quand Wabi voit apparaître sa femme et son fils, sur le seuil de sa cabane, il croit qu'il rêve. Les mains tremblantes il s'approche d'eux, il faut qu'il touche leur visage pour être sûr qu'ils ne sont pas des mirages. Ils parlent tout le jour, ils jouent, ils rient. Enfin le soir venu sa femme lui dit :

— Viens avec nous au pays céleste. Ainsi nous ne serons jamais plus séparés.

— Je viens, répond Wabi joyeusement. Le temps de prendre quelques cadeaux, je viens.

Il emplit la nacelle de volailles piaillantes et de gibiers vifs.

Wabi, grimpé là-haut, offre aux habitants du pays céleste les cadeaux qu'il a emportés : des lièvres, des oiseaux, des renards et des loups. Et les lièvres, les oiseaux, les renards, les loups de Wabi sont dispersés dans la nuit pour consacrer l'alliance du ciel et de la terre. Ils deviennent tous des constellations d'étoiles. Ainsi est ordonné le ciel, aussi vivant que nous le sommes.

Nyoko-l'affamé

Il était une fois un pauvre homme et sa femme qui n'avaient pas d'enfant et qui s'en désolaient. Leur vie était monotone et sèche. Tous les soirs dans leur cabane, ils s'asseyaient devant le feu, les mains sur les genoux, et regardaient brûler le bois en rêvant tristement. Un de ces soirs-là, la femme aux joues maigres, aux yeux mélancoliques, dit à son mari :

— Puisque le bonheur de vivre pour un enfant ne nous est pas donné, peut-être pourrions-nous trouver un animal qui ait besoin de nous.

L'homme répondit en tisonnant les braises :

— Femme, tu as raison. Demain, j'irai dans la forêt et je ramènerai la première bête perdue qui traversera mon chemin.

Le lendemain de bon matin, il va par la forêt. Le premier animal qui traverse le sentier, devant lui, est un ver de terre. L'homme se penche, le saisit entre le pouce et l'index, et le ramène chez lui. Sa femme l'attend sur le pas de la porte. Il lui dit :

— Regarde. Ce n'est qu'un ver de terre mais si tu veux nous ferons de lui notre fils bien-aimé. Nous l'appellerons Nyoko.

Il le dépose dans une écuelle, sur la table. Aussitôt sa femme cherche de quoi le nourrir. Elle ramasse une feuille de salade, quelques brins de légumes et les dépose près de lui. Le lendemain, ses parents adoptifs s'aperçoivent, consternés, qu'il n'a rien mangé. Pourtant, il a grandi. En une seule nuit, Nyoko le ver de terre est devenu assez long et assez fort pour ne plus contenir dans l'écuelle. Sa mère adoptive lui donne cette fois une tasse de lait, qu'il n'apprécie pas plus que les brins d'herbe de la veille. Alors l'homme, revenant vers midi de la chasse, lui tend dans le creux de sa main le cœur d'un oiseau qu'il vient de tuer. Aussitôt Nyoko dévore ce cœur avec une gloutonnerie frénétique (de petites dents pointues ont déjà poussé dans sa gueule).

— Merveille ! dit la femme. Tu as trouvé la nourriture qui lui convient : du cœur d'oiseau.

Les jours passent et Nyoko grandit, dévorant chaque matin des cœurs d'oiseaux. Mais maintenant il ne se contente plus de cœurs de colibris, ou d'alouettes : il lui faut des cœurs de vautours, des cœurs d'aigles. Ainsi, l'homme, pour le contenter, devient un chasseur redoutable. Plus rien ne bouge dans les feuillages dès que le père de Nyoko s'avance sous les arbres, son arc à la main. Alors il chasse les tigres, les lions, les singes, il donne leur cœur à manger à Nyoko et Nyoko grandit encore. Il est maintenant un serpent gigantesque. Quand il dort dans l'herbe son corps fait deux fois le tour de la cabane. Il pourrait la broyer, s'il voulait. Mais, les yeux mi-clos au grand soleil, tout au long de la journée, il ne fait que siffler entre ses formidables mâchoires :

— J'ai faim, j'ai faim.

Pour l'apaiser, l'homme chasse et tue sans repos. Bientôt les tigres, les lions, les singes désertent la forêt. Nyoko a toujours faim. Terriblement faim.

Alors son père taille de nouvelles flèches et part à la chasse aux hommes. Il rôde à la lisière d'un village et se met à l'affût. Une jeune fille vient vers lui, sur le chemin, portant sur sa tête une cruche d'eau. Il se dresse, il tend son arc. Mais il n'a pas vu le guerrier qui, à quelques pas de lui, derrière un rocher, affûtait son couteau. Le couteau siffle avant la flèche. Le père de Nyoko s'abat dans la poussière, sans un cri, mort. A une journée de marche Nyoko devant sa cabane fait grincer ses dents pareilles à des poignards. Il grogne :

— J'ai faim, j'ai faim.

Il rugit inlassablement jusqu'au crépuscule. Alors sa mère, caressant ses écailles, lui dit :

— Va, mon fils, puisque ton père ne revient pas, pars à sa recherche. Et s'il lui est arrivé malheur, sois sans pitié.

Nyoko s'en va. Son corps colossal bouscule les arbres et les déracine. Maintenant des millions de serpents poussent sur son dos et lui font comme une épouvantable fourrure vivante. Il parvient au village où son père est venu chasser des cœurs humains. Il découvre celui qui l'aima trop, couché au centre de la grand-place, un couteau dans la poitrine. Alors Nyoko s'enroule autour du village et lentement resserre son étreinte, broyant les huttes. Mais les hommes ont fui dans la forêt, armés de flèches, de javelots, de torches enflammées. Ils allument autour de Nyoko un incendie, un rempart de feu crépitant. Nyoko hurle, son rugissement fait trembler la terre. Il s'enflamme, bondit dans le ciel si haut qu'il n'est jamais redescendu sur terre, où la paix est enfin revenue.

Depuis les vieux Indiens disent, désignant la voie lactée dans le ciel nocturne :

— C'est le serpent Nyoko qui aimait tant les cœurs vivants. Maintenant l'affamé, là-haut, mange les astres, et grandit toujours et grandira jusqu'à ce qu'il ait dévoré l'univers.

Ils parlent ainsi, devant les feux rassurants.

Histoire de Lynx

Le jour où commence cette histoire, Lynx, l'enfant indien, a douze ans. Il est assis près de son père, dans une clairière sur un tronc d'arbre mort. Lynx sait qu'il va subir une initiation difficile : il va devoir quitter l'enfance mais il ignore encore comment, par quel chemin. Il regarde son père, qui baisse la tête. Ils restent ainsi, un moment, silencieux. Puis l'homme se lève. Il dit à son fils :

— Adieu.

Il s'en va. Lynx ne doit pas bouger. Il le sait. Alors il reste là, parmi les chants d'oiseaux.

Son père revient au village. Au bord du fleuve, les canoës sont alignés sur le sable. Les gens de la tribu les poussent dans le courant : ils quittent tous le campement. Ils partent à la recherche du pays des bisons, vers le soleil levant. Cela, Lynx l'ignore. Il va devoir survivre sans ressources, seul, dans son village abandonné. Sa grand-mère lui a laissé un inestimable cadeau ; quelques braises rougeoyantes dans un petit tas de cendres. Lynx attend jusqu'au crépuscule, dans la clairière, puis il s'en va par la forêt obscure. Il a peur. Il entend mille bruits inconnus, des froissements d'herbe, des cris sinistres dans les feuillages.

Tout à coup, sur le sentier, devant lui, une ombre humaine apparaît. Un homme. Un homme ? Son corps est comme une brume vaguement lumineuse. Deux yeux pareils à deux étoiles dans son visage ténébreux regardent l'enfant fixement. Ces mots résonnent dans l'air de la nuit :

— N'aie pas peur, je suis Quals, le dieu bienfaisant. Je suis venu te dire que tu ne seras jamais seul au monde. Ton village est là-bas.

Il désigne un point, à travers les arbres. Lynx s'en va en courant. Maintenant, errant sous la lune dans son village mort, il découvre qu'il va devoir vivre comme un animal solitaire. Il trouve les braises sous la cendre. Il les ranime, et s'endort.

Dès qu'il s'éveille, à l'aube, il se met à l'ouvrage. Il fabrique un arc avec une branche souple et une corde en fibre de liane. Il taille quelques flèches et part à la chasse. Le dieu Quals le protège : Lynx tue une multitude d'oiseaux. Il les dévore. De leur plumage multicolore, il se fait un manteau si beau, si éblouissant que le soleil traversant le ciel s'arrête un instant, en plein midi, pour le contempler. Lynx le salue. Alors un homme apparaît au-dessus des huttes. Il descend vers lui, comme un oiseau. Il est rouge, son corps est un crépitement d'étincelles. Il se pose devant l'enfant vêtu de plumes, il lui dit :

— Si tu me donnes ton manteau, je te donnerai le mien. Tu ne perdras pas au change. Regarde : il est en fine peau de gazelle, et son pouvoir est grand : chaque fois que tu le plongeras dans le fleuve, il se remplira de poissons.

— D'accord, dit Lynx.

Il échange son manteau de plumes contre le manteau du soleil.

Maintenant, Lynx vit depuis une année dans son village abandonné. Il fait tous les jours des pêches miraculeuses, grâce au manteau du soleil. Il a construit une grande hutte où il a entassé d'immenses réserves de poisson séché. Il s'endort tous les soirs heureux, devant son feu. Or, un matin, un chasseur vient par le fleuve dans un canoë d'écorce. Les hommes de sa tribu l'ont envoyé voir si Lynx a survécu, et s'il est devenu un homme véritable. Lynx a grandi, il n'a plus son regard d'enfant. Son poitrail est large, ses muscles sont saillants. Il accueille le chasseur, il le rassasie de poisson séché et de volaille. Il lui dit :

— Va chercher ceux de notre peuple. J'ai ici de quoi les nourrir. Ils vivront heureux, paisibles. Ils n'auront plus à craindre la famine.

Le messager s'en va et revient avec la tribu. Lynx le puissant, dans son manteau magique, est maintenant l'homme le plus respecté du village. Le plus fier aussi.

Un jour, il découvre la trace d'un cerf, dans la forêt. Il la suit, son arc au poing. La chasse pourtant n'est plus pour lui un travail nécessaire, le manteau du soleil suffit amplement à le nourrir, lui et ses frères humains. Mais il veut affirmer sa force. Il poursuit le cerf, il le traque. Voici la bête à sa merci contre un rocher. Lynx ajuste une flèche sur son arc. Alors, derrière lui, une voix sonore arrête son geste. C'est le dieu Quals, au visage ténébreux, aux yeux d'étoiles. Il dit :

— Quand tu n'étais qu'un enfant désarmé, j'ai demandé au soleil de te donner son manteau magique pour que tu n'aies plus à chasser. Maintenant, c'est le cerf qui a besoin de ma protection.

Lynx ne l'écoute pas, il ricane et tend la corde de son arc. Alors le dieu Quals effleure son épaule et Lynx ne bouge plus. Il ne bougera plus jamais, car le dieu Quals, en cet instant, le change en haute pierre à forme humaine. Puis il prend dans ses bras le cerf qui broute l'herbe paisiblement et le lance dans le ciel.

La Grande Ourse qui brille dans les nuits claires, c'est lui, le cerf. C'est ce que racontent les Indiens cherokees, le soir, aux enfants que le sommeil fuit.

Les chants et les fêtes (Canada)

Un homme, une femme et leurs trois enfants vivaient ensemble dans une cabane, entre les collines battues par le vent du grand Nord et la mer grise. L'homme était un chasseur redoutable. Parfois, il poursuivait le gibier, dans l'herbe rare, jusqu'à ne plus voir les rochers de la mer. Parfois, dans son kayak, il traquait les phoques et les grands poissons jusqu'à ne plus voir la terre. Il apprit à ses enfants son savoir, son art, ses ruses de chasseur infaillible. Quand l'aîné fut en âge de courir les collines et les landes désertes, il s'en alla fièrement, l'œil brillant, l'arc au poing. Mais dans les broussailles, sa trace se perdit. Il ne revint jamais dans la cabane familiale où sa mère pleura longtemps devant le feu, espérant son retour. Quelques années passèrent. Vint le temps où le deuxième fils fut en âge de partir seul, lui aussi, à la chasse au renne et au caribou. Un matin donc, il s'en alla comme son frère, vêtu de cuir et chaussé de mocassins brodés. Mais comme son frère, il disparut à l'horizon, et jamais on ne le revit. Le visage de ses parents, tant leur douleur fut grande, se couvrit de rides et leur tête de cheveux blancs. Quand leur troisième fils s'en fut par le chemin de la colline, ils le bénirent trois fois, les mains tremblantes et les yeux pleins de larmes. Le garçon leur dit :

— Ne vous lamentez pas ainsi. Moi, je reviendrai. Je vous promets que je reviendrai.

Et il disparut, au loin, sous le ciel gris.

Or, sur la lande, il vit un grand aigle noir tournoyant au-dessus de lui. Le garçon arma son arc et le tendit vers le ciel.

Mais avant qu'il n'ait pu tirer, l'aigle descendit, fonça vers la terre et se posa à côté de lui. Alors son plumage s'ouvrit dans un grand froissement ténébreux, et apparut un homme de haute taille, vigoureux, à la chevelure longue et lisse, au regard vif. Cet homme dit :

— C'est moi qui ai tué tes deux frères. Je te tuerai toi aussi, à moins que tu n'acceptes de faire ce que je vais te demander. Je veux que dès ton retour chez toi, tu chantes des chansons avec tes semblables et tu fasses de grandes fêtes.

— Qu'est-ce qu'une chanson ? répondit le garçon. Et qu'est-ce qu'une fête ?

— Acceptes-tu, oui ou non ?

— J'accepte, mais je ne comprends pas.

— Viens avec moi, dit l'homme-aigle. Ma mère t'apprendra ce que tu dois savoir. Tes deux frères n'ont pas voulu apprendre, ils détestaient les fêtes et les chansons. C'est pourquoi je les ai tués. Toi, dès que tu auras appris à composer une chanson, à assembler les mots comme il faut, à chanter et à danser, tu pourras revenir tranquillement chez toi.

L'homme jeta sur son épaule son manteau en plumage d'aigle et s'en alla, avec le garçon, vers la montagne. Ils marchèrent longtemps, traversant des vallées, des cols, des neiges éternelles. Ils arrivèrent enfin devant une maison de pierre, à la cime d'une montagne rocheuse. Cette maison tremblait, vibrait, secouée par un bruit sourd comme un battement grave, lent et profond.

— Écoute, dit l'homme-aigle. C'est le cœur de ma mère qui bat. Entre, n'aie pas peur.

Il poussa la porte. Dans la grande cuisine enfumée, une vieille femme était assise. Son visage était infiniment ridé, elle se tenait voûtée, tristement.

L'homme-aigle l'embrassa.

— Mère, lui dit-il, tu vas revivre, toi qui te meurs. Ce jeune homme est venu apprendre à composer des chansons, à battre du tambour, à danser. Il enseignera tout cela aux humains qui ne savent rien des fêtes et des chants.

Le visage de la vieille s'épanouit. Elle se leva, serra le garçon dans ses bras et lui dit :

— Grâce à toi, je vais rajeunir. Tu vas me délivrer de mon savoir, enfin ! Au travail vivement ! Tu vas d'abord construire une grande maison, plus grande et plus belle que les maisons ordinaires.

Le garçon, sur la montagne, construisit une grande maison, puis la mère de l'aigle lui apprit à faire un tambour, à battre la mesure, à chanter, à ordonner les mots et la musique, à danser. Et jour après jour, le dos voûté de la vieille femme se redressa, ses rides s'effacèrent sur son visage, sur sa tête poussa une superbe chevelure noire. Quand elle eut fini de dire tout son savoir, elle était devenue une belle femme majestueuse aux joues lisses, aux yeux paisibles et brillants. Le garçon serait volontiers resté avec elle.

Mais un matin il lui fallut partir. Il redescendit en courant vers la vallée, vers la mer, vers la cabane de ses parents qui croyaient l'avoir perdu à jamais, lui aussi, depuis le temps qu'il s'en était allé. Avec son père, il construisit une grande maison, ils firent ensemble des tambours, puis composèrent des chansons.

Quand tout fut prêt, ils s'en allèrent chercher des convives pour le festin. Ils rencontrèrent des gens étranges par les collines. Les uns étaient vêtus de peaux de loups, les autres de peaux de renards, les autres de fourrures d'ours. Ils les invitèrent tous. Devant les feux crépitants celui qui savait chanta dans la grande maison, il joua du tambour, dansa, toute la nuit. A l'aube, les invités s'en allèrent saluant le jeune homme et son père. Alors le jeune homme et son père, les voyant se disperser dans l'herbe grise au petit jour, s'aperçurent que tous ces gens qui avaient fait la fête avec eux étaient des animaux qui s'étaient métamorphosés en hommes et en femmes, le temps d'une nuit. La mère-aigle les avait envoyés pour qu'ils donnent au garçon la dernière leçon, le dernier mot de son savoir. Voici : quand le tambour bat juste, quand la danse est bien rythmée, quand la fête est belle, son pouvoir est si grand qu'il change les bêtes en hommes véritables.

La légende du maïs

Il y a longtemps vécut en Amérique un enfant indien nommé Wunzi. C'était un doux fluet, toujours souriant, insouciant et pacifique. Il était pauvre, trop grand pour son âge, un peu voûté tant il était maigre. Il était fragile comme un oiseau mal nourri, mais il s'accommodait de la misère et n'avait pas peur de la mort.

Quand commence son histoire, Wunzi est à l'âge où les Indiens doivent choisir leur esprit protecteur qui les guidera sur le chemin de la vie. Il doit donc subir une initiation, célébrer une cérémonie importante et grave. Voilà pourquoi, dans l'herbe tendre de la vaste prairie traversée par le vent vif à peine sorti de l'hiver, Wunzi construit une hutte de branches. Dans cette hutte il devra vivre seul, sept jours entiers, sans manger et sans boire. Il s'installe donc dans son abri, assis, les jambes croisées, une couverture sur les épaules, et il attend l'ange qui doit venir le visiter. Ainsi passent trois jours.

Au matin du quatrième jour, un étranger apparaît à l'entrée de sa hutte, le soleil dans le dos, et s'assied en face de lui. C'est un homme presque transparent, au visage aigu, au regard lumineux, très chaud, très bon. Il est vêtu d'un grand manteau de plumes et coiffé de longues feuilles vertes penchées sur son front. Wunzi le regarde, les yeux plissés. Il ne sait trop s'il a, devant lui, un homme véritable, ou si la faim qui creuse son ventre assaille sa tête et trompe son regard. Il tend la main vers l'apparition mais son geste s'arrête à mi-chemin car l'étranger parle. Il dit :

— Mon nom est Mondawmin. Je suis un messager du grand esprit. Je viens t'annoncer ceci : tu ne seras jamais ni un guerrier ni un sorcier. Mais tu peux vivre plus utilement que les guerriers et les sorciers. Je détiens un secret que tu peux m'arracher, si tu acceptes de me combattre.

Mondawmin dit ces mot étranges à voix calme, et sourit. Son visage est illuminé de bonté tranquille. Wunzi se lève. Ses jambes sont faibles, il se sent fiévreux. La tête dans les épaules, il dit :

— Puisqu'il le faut, battons-nous.

Mondawmin se lève aussi. Ils s'empoignent dans la hutte de branches. Chacun essaie de renverser l'autre. Wunzi serre les dents. Il s'agrippe au manteau de plumes de Mondawmin, il cogne du front contre sa poitrine, comme un bélier. Ses jambes tremblent, de toutes ses forces il lutte, le pauvre fluet au ventre creux. Enfin, Mondawmin recule d'un pas, il prend Wunzi aux poignets et dit :

— C'est assez pour aujourd'hui. Demain je reviendrai.

Wunzi tombe à genoux, haletant. Il reprend son souffle à grand-peine. Quand il relève la tête, l'étranger a disparu.

Le lendemain à l'aube, Wunzi attend debout sur le seuil de sa hutte l'homme vêtu de plumes et coiffé de feuillage. Il vient par la plaine. Sans un mot, cette fois, ils se jettent l'un sur l'autre, comme des fauves. Wunzi se sent plus faible que la veille mais plus furieux, plus dur de cœur, plus courageux. Il se bat jusqu'à l'épuisement. A l'instant où il va tomber évanoui dans l'herbe, Mondawmin le retient par les cheveux et lui dit, impassible :

— Demain, nous combattrons pour la dernière fois. Alors, mon fils, tu devras me tuer. Maintenant, écoute : quand je serai mort, tu me déshabilleras et tu m'enterreras. Tu me laisseras reposer en terre. Tu viendras de temps en temps nettoyer ma tombe. Qu'aucune herbe ne pousse sur mon corps enterré. Alors, quand le temps sera venu, je renaîtrai.

Ainsi parle Mondawmin. Puis, immobile, il devient éblouissant comme le soleil, et disparaît. Le lendemain matin, voilà six jours que Wunzi n'a ni mangé ni bu. Debout devant la porte de sa hutte il voit trembler les arbres lointains et l'horizon comme un mirage. Sa tête tourne, il s'avance en titubant sur la plaine. Alors Mondawmin apparaît devant lui comme s'il était soudain sorti de terre. Son costume de plumes frémit et sa coiffure de longues feuilles vertes se balance au vent du matin. Il sourit comme au premier jour, son sourire est chaleureux et bon. Il ouvre les bras, Wunzi aussi et les voilà qui s'embrassent comme père et fils depuis longtemps séparés. Wunzi en pleurant serre Mondawmin contre lui terriblement fort, aussi fort qu'il le peut et bientôt les bras de Mondawmin tombent inertes le long de son corps, sa tête se renverse en arrière, ses yeux se ferment, ses jambes fléchissent. Il meurt ainsi. Alors Wunzi s'agenouille et couche dans l'herbe le corps du messager céleste. Il le déshabille, creuse une fosse et l'enterre. Puis il rentre chez lui et mange enfin, après sept jours de jeûne.

Passent les semaines, le printemps, puis l'été. Wunzi vient de temps en temps nettoyer la tombe de Mondawmin, le messager. Au premier jour de l'automne, il découvre une plante inconnue sur la terre, sur la terre fine et propre, une plante aux longues feuilles exactement semblables à celles que l'homme au manteau de plumes portait sur la tête. Ces feuilles enveloppent un épi luisant, doré. Wunzi se penche et le prend dans ses mains, délicatement :

— Mondawmin revient au monde, dit-il simplement.

Wunzi l'enfant indien pacifique et pauvre regarde, émerveillé, cette plante nouvelle que personne n'a jamais vue encore : le premier plant de maïs, qui fut ainsi donné aux hommes.

La naissance des hommes blancs (Canada)

Un matin toutes les femmes du village sortent de leur tente en peau de buffle, les bras au ciel, en hurlant. Leurs enfants ont disparu, comme si la nuit les avait mangés. Elles se lamentent, échevelées, sur la place. Alors une jeune femme apparaît, l'air étonné. Elle tient son fils dans ses bras. Apparemment il est le seul rescapé de cette nuit terrible, mais il braille et gigote la bouche ouverte vers le ciel, il pousse des hurlements à faire fuir les aigles. Sa mère le berce, un moment, puis excédée, elle le secoue. Alors, comme un papillon qui se déploie hors de son cocon, l'enfant sort de ses vêtements et s'envole dans les airs, métamorphosé en un grand hibou blanc. Sa mère stupéfaite contemple, dans ses mains, les chiffons qui habillaient l'enfant. Toutes les femmes, tous les hommes du village, la voix nouée dans la gorge regardent ce hibou blanc qui plane dans le ciel, au-dessus des tentes pointues. Après longtemps de stupeur, la mère de l'enfant-sorcier parle la première. Elle dit, en sanglotant :

— C'est lui qui a enlevé vos fils. Ce n'est pas étonnant : son père est un homme blanc. Il m'a fait un enfant-vampire. Malheur sur moi !

Mais les gens ne l'écoutent pas car à l'instant où elle parle le hibou blanc se pose sur la croupe d'un cheval. Les hommes se précipitent sur lui, l'empoignent. Alors il redevient un enfant. Il se tient debout, tout nu, sur ses jambes courtes, il porte fièrement sa tête, une lueur amusée brille dans ses yeux. On le conduit devant la tente du chef où les anciens sont assemblés. Que va-t-on faire de l'enfant-hibou ?

— Il faut le tuer, dit un guerrier.

— Non, répond un vieillard, il faut l'abandonner, car il est magicien. Sa mort pourrait attirer des calamités sur nos têtes.

— Et pourquoi, dit un malin, pourquoi ne pas l'échanger contre une fille d'une tribu ennemie ?

Celui qu'on juge ainsi se tient debout devant les hommes perplexes, assis dans l'herbe, les jambes croisées. Il rit et dit :

— Écoutez, Indiens, si vous me laissez la vie sauve, vous ferez preuve de grande sagesse. Voici ce que je vous propose : construisez une grande caisse faite de six troncs d'arbres. Dans cette caisse, déposez-moi et laissez-moi là, seul. Allez pendant trois ans vous établir plus loin dans la plaine. Dans trois ans, s'il vous plaît, revenez me chercher. Alors vous serez témoins d'une étrange merveille.

Les hommes l'écoutent, méditatifs, les poings sous le menton. Puis ils hochent la tête et disent :

— Pourquoi pas ?

Ils construisent donc pour l'enfant-hibou un cercueil fait de six troncs d'arbres, ils le laissent là, et s'en vont traînant leurs bagages dans l'herbe haute, sans se retourner.

Un soir, devant le feu du nouveau camp, le chef de la tribu lève une main pour demander silence et dit :

— Demain nous irons voir ce qu'est devenu le petit sorcier qui dévora tous nos enfants, il y a bientôt trois ans.

Le lendemain matin, les hommes s'en vont à cheval, sur le chemin de leur ancien campement. Or, chevauchant, ils s'étonnent et leur front se barre de rides. Plus ils avancent, plus le sentier s'élargit et quand ils découvrent à l'horizon ce qui fut autrefois leur village, c'est sur une route goudronnée que sonnent les sabots de leurs chevaux. Sur le pré où ils ont abandonné l'enfant-hibou, se dressent maintenant de vastes maisons, des magasins et des usines. Voici la merveille : ceux qui les accueillent dans cette ville neuve sont des hommes blancs bizarrement vêtus qui ne parlent pas la langue des Indiens. Parmi cette foule à la face pâle, l'enfant-hibou s'avance vers ceux de la tribu et leur dit :

— Soyez les bienvenus, nobles gens. Ne soyez pas effrayés.

Vous souvenez-vous de la grande nuit du hibou blanc ? Les hommes que vous voyez ici, ce sont vos fils, que j'ai enlevés cette nuit-là. Descendez de cheval, et suivez-moi. Nous vous donnerons des armes, des vêtements et des outils.

Cette histoire, un vieil Indien, le premier, la raconta à un missionnaire français en 1880. Pour finir il dit ceci : « Depuis ce jour, nos deux peuples ont vécu en bonne amitié. Loué soit le grand esprit qui veille sur nos destinées. »

Winabojo et le voyage au pays des morts

Le jour de ses dix-sept ans, la fille unique d'un pauvre homme se couche et meurt. Son père tombe à genoux, se griffe le visage et la poitrine, s'arrache les cheveux tant il a de douleur. Ses amis tentent de le consoler, l'homme n'entend pas leurs paroles. Il désespère, il crie :

— Je ne peux vivre sans elle, je veux aller la chercher au pays des esprits.

— Pauvre camarade, qui connaît le chemin du pays des esprits ? Personne ici ne le connaît.

Ainsi parlent ses amis. Alors, le sorcier du village, levant l'index devant son visage, dit avec solennité :

— Un seul homme au monde sait comment aller au pays des morts sans se perdre. C'est Winabojo, le héros. Il faut aller le consulter.

Winabojo était le père immortel des Indiens chippewa. Il vivait depuis des millénaires dans une île du grand lac, très loin à l'est. C'était son lieu de retraite après une longue vie de batailles et de travaux surhumains. Winabojo était maintenant comme un très vieux guerrier paisible et majestueux.

— Si tu veux, dit le sorcier, je te conduirai jusqu'à lui. Tes amis nous accompagneront.

— Qu'il en soit ainsi, répond le pauvre homme. Dès demain, à l'aube, nous partons.

Le lendemain matin, ils sont sept à cheminer sur le sentier qui conduit au grand lac. Après de longues semaines de voyage, ils parviennent sur l'île où vit Winabojo. Sa maison est pareille à un œuf gigantesque, couvert de feuillages, de lianes, de broussailles. A l'intérieur, au centre de cet œuf, Winabojo est assis, immobile. Son dos est appuyé contre une grosse pierre ronde. Sur sa tête est posé un cèdre magnifique. Les racines, autour de son visage, autour de son corps, tombent et s'enfoncent dans la terre. Ses visiteurs saluent avec respect ce majestueux vivant. L'un d'eux, fasciné, émerveillé, lui dit :

— J'aimerais pouvoir vivre éternellement près de toi, Winabojo.

Winabojo lui répond, d'une voix caverneuse :

— Si tu veux vivre éternellement, tu dois devenir une pierre.

Il lève lentement la main, touche l'homme à l'épaule, l'homme disparaît, la main de Winabojo se ferme sur un caillou luisant qu'il pose à côté de lui, dans la poussière. Puis il dit aux autres :

— Que me voulez-vous, mes enfants ?

— Nous voulons aller au pays des esprits, répondent les voyageurs. Connais-tu le chemin ?

Winabojo ferme les yeux.

— Que chacun de vous prenne un rameau de l'arbre qui couronne ma tête, dit-il, et que chacun s'en fasse un collier.

Les hommes font ainsi. Ils cueillent, les mains tremblantes, chacun un rameau de l'arbre, ils le nouent autour de leur cou.

— Ce collier, dit Winabojo, vous protégera des maléfices. Gardez-le précieusement jusqu'à votre retour au soleil des vivants. Vous ne passerez qu'un jour et une nuit au pays des esprits. Au crépuscule vous entrerez dans la grande maison commune des morts. Vous vous assiérez dans un coin. Alors la danse des esprits commencera. Quand vous verrez parmi les morts la jeune fille que vous voulez emporter, jetez-vous sur elle, enfermez-la dans un sac, et fuyez comme des voleurs.

Les hommes vivants entrent et s'assoient dans la grande maison des morts. Vers le milieu de la nuit le père voit entrer sa fille, vêtue d'une longue chemise blanche. Il s'approche d'elle, il la prend dans ses bras, mais elle se débat, le visage terrifié. Aucun son ne sort de sa bouche ouverte. Les amis du vivant viennent à son aide, ils la fourrent dans un sac, et s'en vont en courant droit devant eux, dans la nuit sans chemins. A l'aube, ils font halte devant la maison de feuillages et de lianes en forme d'œuf gigantesque, où vit Winabojo l'immortel. Winabojo leur dit :

— Maintenant vous pouvez revenir chez vous tranquillement. Mais souvenez-vous de ceci : le temps que durera votre voyage de retour, chaque soir vous accrocherez ce sac, qui contient l'esprit de la fille, dans un arbre. Vous vous éloignerez de mille pas et là vous camperez. Quand enfin vous serez revenus dans votre village, que personne ne pleure, que personne ne rie, que personne ne chante. Que chacun reprenne le cours normal de ses occupations. Allez, maintenant, et bonne route.

Les hommes s'en vont. Ils font exactement ce que Winabojo leur a dit de faire. De retour au village le père dépose le sac ramené du pays des morts sur son lit de branches, dans sa cabane, puis il sort et s'assied sur le pas de sa porte. Il attend un moment, un brin d'herbe à la bouche. Enfin, il entend la voix de son enfant qui crie :

— Fais-moi sortir de là-dedans, j'étouffe.

Son père se précipite, ouvre le sac, embrasse sa fille et lui dit :

— As-tu bien dormi ?

Elle répond :

— Très bien, merci.

Elle se remet à son travail quotidien, comme si elle n'avait jamais été fantôme au pays des esprits. Ainsi va la vie.

Le pays des âmes (Canada)

Un jeune homme et une jeune fille s'aimaient d'amour vrai. Elle s'appelait Taïra, il s'appelait Solki. Ils avaient dix-huit ans tous les deux et quand ils chevauchaient ensemble, sur la grande prairie, le soleil s'arrêtait dans le ciel pour les contempler, tant ils étaient beaux. Or, un soir, Taïra s'enveloppa dans sa couverture et se coucha devant le feu, pâle et tremblante. Solki la veilla toute la nuit, caressant son front et ses joues glacées. A l'aube, le regard étonné dans le premier soleil, elle mourut. Solki connut la douleur épouvantable de l'amant à jamais abandonné.

Sur la tombe de Taïra, sept jours et sept nuits, il pleura, les mains sur le visage. Sept jours et sept nuits il cogna son front contre toutes les idées noires de la terre. Puis, ne sachant plus où vivre, au matin du huitième jour, il se souvint de ce que disaient, dans son enfance, les anciens de la tribu : « Le pays des âmes mortes est là-bas, vers le sud. Un chemin y conduit. Mais il est si long et si difficile que seuls, parmi les vivants, les héros peuvent entreprendre le voyage. »

— Je ne suis pas un héros, se dit Solki, mais je jure de ne point connaître de repos tant que je n'aurai pas atteint ce pays, où demeure maintenant Taïra.

Il s'en alla donc vers le sud, son sac sur l'épaule, son arc au poing, avec son chien.

Cheminant sans repos, il s'aperçut bientôt que le pays traversé ressemblait à celui de son enfance. Il reconnut les forêts, les collines et les rivières depuis longtemps oubliées.

Cheminant toujours, il découvrit des prairies, des arbres et des fleurs qu'il n'avait jamais vus. L'herbe était moelleuse et les feuillages dorés sous un soleil immobile. Les oiseaux traversaient le ciel comme des fantômes lumineux, sans un froissement d'ailes, sans un cri. Un matin, il pénétra dans une épaisse forêt, si feuillue qu'elle était sombre comme une nuit sans étoiles. A grand-peine il la traversa, s'écorchant aux ronces, cognant du front contre les branches basses. Quand il parvint à en sortir, il vit devant lui dressée une falaise abrupte, blanche et déchirée. Il la gravit, les dents serrées, le front ruisselant de sueur, car la chaleur en cette contrée était si lourde qu'il lui semblait porter le ciel sur ses épaules. Au sommet, parmi les cailloux, il aperçut une cabane de pierre sèche. Il s'approcha. Devant cette cabane un vieillard était assis, à l'ombre du mur. Il était très maigre, enveloppé dans un manteau de peaux de bêtes. Ses cheveux blancs et lisses tombaient sur ses épaules. Solki le salua, l'autre lui tendit la main et lui dit :

— Je t'attendais. Je sais d'où tu viens et où tu vas. Quand elle est passée par ici, celle que tu cherches s'est reposée dans ma maison. Repose-toi comme elle l'a fait, et je te dirai ce que tu veux savoir.

Solki aussitôt, le cœur battant, s'accroupit près de lui et répondit :

— Si tu as vu Taïra, dis-moi vite quel chemin je dois suivre pour la rejoindre.

Le vieillard pointa l'index vers le sud et dit :

— Vois-tu cette île verte et bleue, là-bas, au milieu de ce lac immense ? C'est le pays des âmes. Aucun vivant ne peut y pénétrer à moins qu'il ne laisse son corps en gage. Si donc tu veux revoir Taïra, abandonne ton corps, ton arc, tes flèches et ton chien. Je les garderai pendant ton absence.

— Comment abandonner mon corps ? dit Solki.

Le vieillard hocha la tête en souriant et répondit :

— Je vais t'aider.

Solki aussitôt se sentit léger comme l'air et s'éloigna, frôlant à peine le sol, vers le lac scintillant. Dans un silence merveilleux, il lui sembla traverser des rochers, des collines, des arbres sans les toucher. Il s'étonna. Puis il comprit : en vérité ce n'étaient pas des arbres, ni des rochers, ni des collines qu'il traversait mais seulement leur souvenir. Il se sentit heureux et fier. Il arriva au bord du lac. Là, il vit un canoë, amarré au rivage. Il bondit dans le canoë. Il y découvrit une longue pagaie. Il put ainsi s'éloigner sur l'eau bleue. Bientôt, bouleversé, il aperçut Taïra sur la plage de l'île des âmes mortes. Elle lui fit un grand signe de bienvenue. Il la rejoignit en courant dans l'écume. Il la prit dans ses bras, heureux comme jamais. Ils s'en allèrent en courant joyeusement dans les champs et les bois du pays des âmes.

Dans une lumière perpétuelle ils vécurent quelque temps d'air et de soleil, oubliant les morts car il n'y avait pas de tombes sur l'île. Mais un jour Solki entendit une voix portée par le vent. Taïra se blottit contre lui. Ensemble ils écoutèrent :

— Il faut que tu retournes d'où tu viens, dit cette voix. Ta tribu te réclame. Mon messager t'attend. Il te conduira jusqu'à la cabane du vieillard où tu retrouveras ton corps, ton arc, tes flèches, et ton chien. Le vieillard te dira ce que tu dois faire pour retrouver le chemin de ton pays. Ecoute-le. Le temps de ta vie passera. Sois patient et calme. A l'heure de ta mort, tu reviendras.

Ainsi parla la voix, la voix du maître de la vie. Alors Solki s'en alla, tristement. Il reprit la route du monde. Il retrouva son corps pesant, la neige, le froid, les hommes, la douleur et l'espoir. Et quand le temps fut venu, il reprit le chemin du pays des âmes où Taïra l'attendait sur le rivage de l'île verte et bleue. Ainsi finit l'histoire.

Kotsi et le géant (Canada)

Un jour maudit, un géant entre dans un village indien. Ce géant, énorme sorcier stupide comme tous ses pareils, dit aux hommes, sans même saluer l'assemblée :

— Je veux une âme humaine. Je n'en demande qu'une, mais par tous les diables, il me la faut.

Les hommes protestent, scandalisés. Le chef se lève, sa pipe à la main, et répond :

— Il y a longtemps que les monstres de ta sorte ne nous font plus peur. Nous ne sommes pas des enfants à la cervelle obscure. S'il te faut une âme, va la demander aux ours, peut-être te la donneront-ils.

A peine le chef a-t-il fini son discours qu'une énorme gifle l'abat dans la poussière, le géant pousse un rugissement terrifiant. Son poing saisit une hutte par le bout du toit et la soulève. Il découvre, recroquevillées sur une couverture, deux jeunes filles tremblantes. Il les prend par les cheveux, les fourre dans sa poche et s'en va.

Ces deux jeunes filles, ce sont les sœurs de Kotsi. Kotsi est un garçon intrépide, d'humeur toujours joyeuse, et tellement intelligent que les magies et les sorcelleries de ses ancêtres n'ont, pour lui, aucun secret. Quand le géant enlève ses sœurs, Kotsi est à la chasse. Dès qu'il revient, devant sa hutte ravagée, il ne prend même pas le temps de poser son sac. Le chef du village, le poing tendu vers l'horizon, lui raconte ce qui est arrivé. Alors Kotsi s'en va, à grands pas, sur les traces du monstre.

Après trois jours et trois nuits de marche, il arrive dans un étrange pays : le ciel est caché par une multitude de petits oiseaux blancs. Ils sont si nombreux que l'on ne peut voir le soleil. A peine quelques rayons traversent-ils leurs ailes. Les habitants de ce pays sont aimables, insouciants, car ils se nourrissent de ces oiseaux blancs, et le ciel est fertile. Kotsi se repose chez eux quelque temps, puis il reprend sa course à travers les collines. Un soir, il arrive devant une hutte de branches. Au seuil de cette hutte, une vieille femme tisonne son feu. Son visage est infiniment ridé. Elle semble douce et bonne, son corps est couvert de plumes multicolores. Elle accueille Kotsi, elle lui dit :

— Sois le bienvenu, mon fils, je vais te servir à manger. N'aie pas peur, nous sommes ici de braves gens. Mais si tu marches encore plus loin, tu arriveras au pays des hommes-chiens. Ceux-là sont infréquentables. Des monstres, mon fils ! D'épouvantables monstres !

Kotsi dîne de bon appétit avec cette vieille charmante et bavarde, puis il la remercie, et met à nouveau le chemin sous ses pieds.

Il parvient au pays des hommes-chiens. Sur ce pays, le soleil ne se lève jamais. La nuit perpétuelle est traversée d'aboiements sinistres. Kotsi sait comment trouver sa route dans ces ténèbres car il est sorcier : il fait un grand feu, il jette dans ce feu des yeux de lièvre, et ces yeux de lièvre illuminent la terre. Alors Kotsi aperçoit au loin une maison de bois. Il court vers cette maison, il pousse la porte. Ses deux sœurs sont là, assises dans un coin, une couverture sur les épaules.

— Debout, filles ! dit-il en riant.

Il les prend par la main et les entraîne. Ils s'en vont tous les trois dans l'herbe grise de la plaine illuminée par les yeux de lièvre, sous le ciel noir. Les deux filles pleurnichent :

— Le géant va nous poursuivre, il va nous tuer !

— Faites-moi confiance, répond Kotsi.

Déjà la terre gronde derrière eux, et le géant rugit. Il est stupide mais redoutable : d'un coup de pied formidable il déchire la plaine, il la froisse comme une feuille d'arbre, et soudain, devant les trois fugitifs se dresse une énorme montagne. Kotsi, aussitôt, se métamorphose en aigle et dit à ses sœurs :

— Grimpez sur mes ailes.

L'aigle s'envole, portant les deux filles par-dessus la montagne. Alors le géant lance au ciel un caillou magique et un orage épouvantable se déchaîne sur les fuyards. Les éclairs crépitent autour d'eux, ils ne peuvent plus avancer. Alors Kotsi prend à sa ceinture un lasso, il le lance au plein cœur de l'orage et attrape au collet l'oiseau-tonnerre. Il lui tord le cou. Aussitôt les nuages se défont et le vent s'apaise. Mais le géant hurle et n'abandonne pas. Il prend sa cruche magique et renverse un océan sur la terre. Voilà Kotsi et ses sœurs sur une île déserte. Les filles de nouveau pleurnichent.

— Mes sœurs, leur dit Kotsi, vous m'agacez cent fois plus que ce géant idiot qui nous persécute.

Il coupe une branche de saule, il la pose sur l'eau et aussitôt apparaît parmi les vagues une route sèche, toute droite. Ils courent, tous les trois, échevelés sur cette route en bois de saule. La terre ni la mer, derrière eux, ne grondent plus. Alors, sur la rive, ils allument un feu et campent pour la nuit. Quand le jour se lève, ils marchent jusqu'à midi. A midi, ils arrivent dans leur village.

Or, parmi les huttes familières, ils ne reconnaissent plus personne. Les visages des gens ont changé, leurs vêtements aussi. On leur demande :

— D'où venez-vous, étrangers ?

— Étrangers, nous ? répond Kotsi. Étrangers vous-mêmes !

Un vieillard vient vers eux, courbé sur sa canne.

Il les regarde, les flaire, et leur dit :

— Mes enfants, ma mère, qui est morte il y a bien longtemps, m'a raconté, au temps où je ne savais pas encore marcher, qu'un jour un géant enleva deux sœurs dans ce village, et que leur frère s'en alla les chercher. Seriez-vous, par hasard, ces gens-là ?

— Nous le sommes, répond Kotsi.

Plus de cent ans se sont écoulés depuis qu'il s'en est allé. Nul ne s'étonne, mais chacun s'émerveille :

— Bonne nouvelle, chantonne le vieillard. Le temps n'existe pas ! Le temps n'existe pas !

L'enfant de pierre

Au temps où la terre était nouvelle, dix frères vivaient ensemble avec leur sœur. Elle avait seize ans, elle était belle, brune et lumineuse comme l'enfant de la lune et du soleil. Chaque matin les garçons partaient à la chasse, dans la forêt, la fille rangeait la maison, elle allait cueillir des fruits et des légumes sauvages le long des sentiers, elle faisait la cuisine, et le soir ils se retrouvaient tous autour du feu. Les frères racontaient leurs aventures, la sœur les petits événements de la vie du village, puis ils s'endormaient, jusqu'au lendemain.

Or, un jour, l'aîné des dix frères, à la nuit tombée, ne revient pas. Sa sœur s'inquiète, un mauvais pressentiment lui noue la gorge. Ce soir-là, elle tremble devant le feu. Les garçons la rassurent. Ils lui disent :

— Notre frère a dû poursuivre une antilope un peu trop loin, la nuit l'a sans doute surpris dans la forêt. A l'heure qu'il est, il doit dormir à l'abri d'un buisson. Demain il sera de retour.

Le lendemain, de bon matin, les neuf jeunes gens partent à la chasse, comme d'habitude. Le soir, au crépuscule, ils reviennent, se comptent : ils ne sont plus que huit. Non seulement l'absent n'est pas revenu, mais un deuxième frère s'est perdu. Cette fois, autour du feu, personne ne dit mot. Ils sont tous accablés. Ils discutent pourtant à voix basse. Ils décident d'aller, le lendemain matin, à la recherche des disparus. Ils partent donc vers la forêt à l'aube à peine blanche. Au soir, ils rentrent à la maison, épuisés, tristes, les uns après les autres. Ils ne sont plus que sept. Sept jours durant ils s'obstinent à courir les sous-bois obscurs et chaque jour, le soir venu, l'un d'eux manque à l'appel. Au bout d'une semaine, la pauvre fille se retrouve seule. Le chagrin l'accable. Des nuits entières elle pleure devant les cendres du foyer qu'elle n'a même plus le courage de ranimer. Tous les matins elle s'aventure jusqu'à la lisière de la forêt. Elle appelle ses frères perdus. Seuls, les cris des oiseaux lui répondent.

Un jour, comme elle va, tête basse, sur le sentier, elle aperçoit dans la poussière un caillou magnifique : il est petit, lisse comme un galet de rivière, et multicolore. Elle le ramasse, le fait rouler dans sa main. « On dirait un caillou magique, se dit-elle. Peut-être me portera-t-il bonheur. » Un peu ragaillardie, elle s'en va couper du bois mort et cueillir quelques salades sauvages pour son dîner. Comme le caillou l'encombre, elle le met dans sa bouche. Quelques pas plus loin, elle trébuche contre une racine, tombe, avale la pierre multicolore. Elle se relève bouleversée, gémissante, elle rentre chez elle et oublie le talisman. Mais à partir de ce jour, son ventre s'arrondit. Bientôt elle sent bouger un enfant contre sa peau tiède. Un matin, elle met au monde un magnifique garçon, vigoureux, vif comme l'œil. Cet enfant est le fils du caillou magique. Elle le baptise donc Iyan Hokshi, ce qui veut dire : l'enfant de pierre.

Maintenant, l'absence de ses frères lui pèse moins. Elle élève son fils, heureuse de le voir grandir. Il apprend à se tenir droit sur ses jambes, et à parler. Bientôt il aide sa mère aux menus travaux de la maison. Un jour, elle le trouve en train de jouer avec les arcs et les flèches de ses oncles. Depuis la disparition des dix frères, ces arcs et ces flèches sont restés accrochés dans un coin. Iyan Hokshi demande à sa mère à qui sont ces armes.

— Il n'y a pas de chasseur ici, lui dit-il.

Alors elle lui raconte la triste histoire de ses frères. L'enfant l'écoute, gravement, puis il dit :

— Demain, je pars à la recherche de mes oncles. Mère, ne pleure pas, j'ai besoin d'aventure. Je reviendrai.

Le lendemain matin il s'en va sur le chemin de la forêt, sans armes, comme s'il allait ramasser du bois mort. Mais il ne s'attarde pas sous les arbres. Il marche, droit devant lui, sans prendre un instant de repos. Au-delà de la forêt il franchit des montagnes, des rivières, des plaines.

Un jour, dans une vaste prairie, il rencontre un ours énorme qui se dresse, voyant venir l'enfant sur son chemin, il se met à grogner, la gueule grande ouverte. Iyan Hokshi s'avance vers lui, tranquillement, et lui dit :

— Arrête de brailler, monstre idiot, tu as mauvaise haleine. Laisse-moi passer.

L'autre, furieux, les crocs luisants au soleil, rugit :

— Personne n'a jamais osé m'insulter ainsi. Veux-tu donc mourir, jeune fou ?

Il se précipite sur lui, les griffes déchirant l'air. Alors Iyan Hokshi se métamorphose en pierre. Il devient aussi dur et aussi lourd qu'un roc. Sa peau tout à coup est dure comme le silex. La bête enragée vient briser ses crocs et ses griffes sur lui. Le combat ne dure guère. L'ours recule, le poil hérissé, le museau à ras de terre et ses yeux rouges regardent Iyan Hokshi, qui reprend aussitôt son apparence ordinaire. Le fauve grogne :

— Qui es-tu, toi que je ne peux déchirer ?

— Je suis l'enfant de pierre, répond Iyan Hokshi, et je n'ai peur de personne.

Il s'en va en riant, par la plaine.

Il marche encore trois jours et trois nuits. Alors, au sommet d'une colline il aperçoit, dans le ciel bleu, une petite tache qui descend vers lui. Elle grandit très vite, elle prend l'apparence d'un homme, puis d'un géant. Ce géant se pose devant Iyan Hokshi. Il est rouge de pied en cap, sa chevelure est grise comme la brume. Il lève sa main gigantesque. Il dit :

— Ne va pas plus loin. Ici commence une terre interdite aux humains. Retourne sur tes pas, sinon je t'écrase comme une coquille d'œuf.

— Essaie donc ! répond Iyan Hokshi.

Il se métamorphose en rocher, à l'instant où le géant abat son poing sur lui. Le monstre hurle en secouant sa main écorchée. Il recule, l'air effrayé. Alors Iyan Hokshi reprend son apparence humaine, le géant s'évapore dans l'air, l'enfant poursuit tranquillement son voyage.

Il entre dans une forêt obscure et silencieuse comme le pays des morts. Il marche, brisant les branches pourries sous ses pas. Il arrive devant des marécages puants, infestés d'insectes répugnants. Il les traverse. Au-delà de ces marécages, il parvient à la lisière d'une grande clairière brumeuse. Au milieu de cette clairière, à travers la brume, il aperçoit une cabane. Il s'approche. Le toit de cette cabane est fait de peaux humaines. Ses murs sont des ossements assemblés comme des rondins de bois. Il pousse la porte. Il entre. Une vieille sorcière est là, assise sur un lit de cuir moisi. Elle est horrible à voir. Ses dents sont comme des crocs de loup. Ses yeux sont comme ceux d'un serpent. Ses mains sont comme les serres d'un aigle.

— Sois le bienvenu, dit-elle. Ce n'est pas si souvent qu'un beau garçon vient par ici. Assieds-toi et mange.

Elle lui tend une poignée de viande sèche. Iyan Hokshi mange. Il n'aime pas cette viande mais ne dit rien, par politesse. Alors la vieille se met à gémir :

— Ah j'ai mal aux reins, je suis brisée. Frictionne-moi le dos, s'il te plaît.

Iyan Hokshi s'approche d'elle. La colonne vertébrale de cette sorcière est une longue lame de rasoir.

— Frictionne-moi, très fort, dit-elle.

— Attends un peu, répond Iyan Hokshi, tu n'as jamais été frictionnée comme tu vas l'être.

Il bondit en l'air jusqu'au plafond. Quand il retombe sur le dos de la vieille, il est lourd et dur comme un rocher. Il lui brise l'échine. L'affreuse femme pousse un long cri de bête fauve et meurt.

L'enfant aussitôt explore la cabane. Il aperçoit dix sacs alignés contre le mur, dans l'ombre. Il les ouvre. Il découvre dix corps d'hommes secs, froids, ratatinés, sans vie. Alors Iyan Hokshi ramasse quelques cailloux dans la poussière. Il dit à ces cailloux :

— Je suis l'enfant de pierre. Vous, cailloux sacrés qui m'avez conduit jusqu'ici, dites-moi maintenant ce que je dois faire pour ressusciter mes oncles ?

Il appuie les cailloux contre ses oreilles. Les cailloux lui disent ce qu'il doit faire. Il lave soigneusement les corps morts dans l'eau froide d'une source, derrière la cabane. Puis il souffle dans leur bouche, et les oncles ressuscitent. Ensemble, ils reviennent au village dans la rosée de l'aube.

XIII. AMÉRIQUE LATINE

La Yara

Tapuyo était le plus beau garçon de sa tribu. Il avait les yeux vifs de ceux qui connaissent toutes les ruses du soleil et de l'ombre sur les rivières de la grande forêt. C'était un chasseur redoutable. Sa flèche infaillible arrêtait les oiseaux en plein vol. Il était rieur et fort : ses larges épaules luisaient comme le bois poli. Les vieillards étaient fiers de lui car il était redouté des terribles Indiens coupeurs de têtes qui, par les broussailles et les vastes clairières, venaient parfois rôder à la lisière du village.

Or, un jour, Tapuyo s'en alla seul dans une pirogue, sur la rivière transparente. C'était au crépuscule d'une journée magnifique. Au fond du ciel, un long nuage doré traversait l'horizon devant le grand soleil rouge déjà à moitié tombé derrière les arbres de la colline. L'air était limpide, transparent, parfumé de poivre doux. Au-dessus de la rivière, très haut, planaient des oiseaux de proie, et la pirogue de Tapuyo fendait l'eau calme et Tapuyo fredonnait une chanson paisible, mélancolique comme la fin du jour. Il disparut sous les feuillages penchés au-dessus de la rivière.

Quand il revint au village, il faisait nuit noire et douce. Des feux devant des huttes se consumaient lentement. Pas le moindre souffle de vent : on n'entendait que les cris des oiseaux nocturnes dans la forêt. Tapuyo tira son bateau sur la rive et s'assit, là, dehors, contre le mur de sa cabane, l'air accablé, la tête dans ses mains. Sa mère ne dormait pas encore. Elle l'attendait. Elle sortit devant la porte, s'assit à côté de lui, caressa sa tête penchée. Elle lui dit :

— Comme tu es triste mon fils. Tu es fort et pourtant si fragile.

— Écoute, mère, dit Tapuyo, parlant à voix basse et rauque, la gorge nouée, le regard fiévreux, écoute, toi seule peux dénouer la tristesse qui me serre le cœur, et qui me fait si mal. J'ai vu une jeune fille tellement belle que la lune, là-haut, dans le ciel, ne regardait qu'elle. La soirée était tiède, ma pirogue glissait vers la pointe du Taruman où les oiseaux planent sur le vent quand le soleil se couche. Là, tout à coup, j'ai entendu un chant lointain, une voix merveilleuse qui, d'abord, se confondait avec le murmure du feuillage des palmiers. Je suis allé vers cette voix, ma pirogue glissait sur l'eau. Alors, je l'ai vue. Comme elle était belle, mère ! Elle était assise au bord de la rivière. Ses cheveux étaient couleur de cuivre, elle chantait comme je n'ai jamais entendu chanter. Elle m'a regardé. Ses yeux verts luisaient doucement, elle m'a souri, elle m'a tendu les bras. Puis elle s'est laissée glisser, en chantant, dans l'eau de la rivière qui s'est ouverte pour l'accueillir. Mère, jamais de ma vie je ne pourrai oublier cette femme.

Ainsi parla Tapuyo dans la nuit calme, devant sa cabane. Alors sur le visage ridé de sa mère roulèrent deux larmes silencieuses. Elle murmura :

— Fils, la fille que tu as vue à la pointe du Taruman, c'est la Yara. Son sourire, c'est la mort. Son chant, c'est celui que chantent les démons pour attirer les vivants au royaume des ombres. Fils, oublie. Oublie la beauté de la Yara.

Le lendemain au crépuscule la pirogue disparut sous les feuillages penchés au-dessus de l'eau, emportant Tapuyo que personne, au village, n'a jamais revu. Mais depuis ce jour, les pêcheurs racontent que le soir, à la nuit tombée, du côté de la pointe du Taruman, ils voient souvent à la lueur de la lune deux fantômes lumineux et colorés comme des arcs-en-ciel : un homme et une femme au bord de la rivière. La femme chante, la tête penchée sur l'épaule de l'homme qui l'enlace et lui sourit. Si l'on veut s'approcher d'eux, l'eau s'ouvre, les deux fantômes tombent ensemble, sans le moindre bruit, et disparaissent de l'autre côté du miroir, dans le royaume de Yara, la mère de l'eau.

XIV. ANTILLES

Ti-Jean et la belle-sans-connaître

Le jour de ses deux ans (il sait à peine tenir sur ses jambes) Ti-Jean fait son baluchon et s'en va — vagabond prodige — sur les routes. Il marche, droit devant lui, s'arrêtant à peine, de temps en temps, pour manger et pour dormir. Il marche tant et si longtemps qu'il arrive dans l'autre monde. Il marche encore dans l'autre monde. Le long de son chemin, maintenant, il rencontre de vieilles sorcières, assises sous des arbres noirs, qui mangent les ossements des morts. Le craquement de leurs mâchoires lui glace le dos. Il court. Il arrive dans la capitale du pays des morts : la Ville-aux-rasoirs. Comme il se sent un peu fatigué, il s'assied sur les marches du palais de la Ville-aux-rasoirs et se met à bavarder avec un mendiant squelettique, qui lui dit grelottant :

— Ton air est étrange : tu as l'air vivant.

— Je le suis, répond Ti-Jean.

— Tu es vivant ? Quelle chance tu as ! Sais-tu que nous sommes tous morts ici ? Tu es donc le seul capable de conquérir la Belle-sans-connaître, la troisième fille du roi de cette ville.

— Hé, pourquoi pas ? dit Ti-Jean.

Alors le vieux mendiant se penche à son oreille et murmure :

— Si tu veux tenter l'aventure, achète d'abord un tonneau d'os, un tonneau de fleurs et un tonneau de sucre. C'est un conseil d'ami.

Ti-Jean remercie le bonhomme, achète ses trois tonneaux et entre, le pas sonnant sur les dalles, dans la cour du palais.

Au fond de cette cour il voit une petite porte. Mais elle est gardée par un chien tellement énorme que la terre tremble chaque fois qu'il gronde. Ti-Jean lui jette son tonneau plein d'os. Le chien se précipite sur ces os. Pendant qu'il les ronge, Ti-Jean franchit la porte. Le voilà dans une deuxième cour. Au bout de cette deuxième cour, il voit encore une porte : celle-là est gardée par un colibri géant qui fonce sur Ti-Jean, le bec en pointe de flèche, pour lui crever les yeux. Alors, Ti-Jean répand son tonneau de fleurs dans la poussière. Et pendant que le colibri butine les bouquets répandus, il franchit le deuxième seuil. Le voici dans la troisième cour. Au bout de cette cour, il voit une nouvelle porte : elle est gardée par une mouche monstrueuse aussi grosse qu'un bœuf. Ti-Jean lui lance à la tête son tonneau de sucre et franchit la troisième porte. Il entre dans une grande salle noire. Les murs, le plafond, le sol sont noirs. Au bout de cette salle noire, un roi tout blanc se tient assis sur un trône d'or. Ti-Jean s'approche et dit :

— Je suis venu chercher la Belle-sans-connaître, votre fille.

Aussitôt le roi se met en colère. Il frappe du poing sur son genou, il répond :

— Comment toi, un vagabond, tu oses convoiter ma fille ?

Il appelle ses gardes, il fait jeter Ti-Jean en prison et lui crie méchamment à travers les barreaux cadenassés :

— Il y a quatre-vingt-dix mille ans que je suis marié à une femme qui, hier, en se promenant dans le Sud du Nord, a perdu sa bague au fond de la mer. Si demain matin tu ne m'as pas rapporté cette bague, tu seras passé au fil du grand rasoir de la Ville-aux-rasoirs.

— Jésus, Marie, Joseph, gémit Ti-Jean, je suis perdu.

Il pleure. Alors il entend cogner contre le mur de son cachot. Il s'approche.

— Qui est là ? dit-il.

Il entend ceci :

— Je suis le chien de la première porte. Les os que tu m'as donnés étaient tellement succulents que je m'en pourlèche encore. Pour te remercier, demain matin, je t'apporterai la bague du roi.

Cette nuit-là, tous les chiens du monde vont au bord de la mer. Sur la plage, ils battent du tambour. Alors tous les poissons du monde montent à la surface.

— Est-ce que l'un d'entre vous, leur dit le roi des chiens, n'aurait pas trouvé une bague au fond de l'eau ?

— Oui, moi, dit une sardine.

Le lendemain matin, le roi vient voir Ti-Jean dans le cachot et Ti-Jean lui donne la bague retrouvée. Alors le roi grogne dans sa barbe :

— Mon palais est le plus beau du monde. Je veux que tu en construises un autre en bois, encore plus beau, avant demain matin. Sinon, tu passeras au fil du grand rasoir de la Ville-aux-rasoirs.

Ce soir-là, le colibri géant de la deuxième porte vient voir Ti-Jean et lui dit :

— Tu es en vérité un homme sensible, car tes fleurs étaient délicieuses. Ne t'inquiète pas, le château sera construit avant l'aube.

Dès la nuit tombée, tous les colibris du monde se mettent à l'ouvrage : ils construisent un palais haut comme une montagne et aussi finement ciselé qu'une statue du dieu des artistes. Le roi, devant ce prodige, reste trois jours éberlué. Puis il donne à Ti-Jean un croûton de pain rassis depuis quatre-vingt-dix mille ans, fronce les sourcils et dit :

— Demain je te présenterai mes trois filles. Si parmi elles tu ne reconnais pas la Belle-sans-connaître, le grand rasoir te rabotera.

Les trois filles du roi se ressemblent comme trois gouttes de lait. Voici Ti-Jean devant elles, perplexe. Alors une mouche vient bourdonner à son oreille. Elle lui dit :

— Regarde bien, je vais me poser sur le nez de la Belle-sans-connaître.

Elle bourdonne autour des trois visages et se pose sur le nez de la Belle-sans-connaître. Ti-Jean éclate de rire, il la désigne. Le roi, effondré sur son trône, lui dit :

— Tu es le plus fort. Je te donne la moitié de mon royaume et ma fille.

Alors Ti-Jean répond :

— La moitié du royaume des morts et la Belle-sans-connaître ? Hé, la mort est inutile et je ne veux pas épouser quelqu'un que je ne connais pas. Salut.

Il s'en va, les mains aux poches sur le grand chemin. On ne l'a jamais revu, ni au pays des morts ni ailleurs.

Europe

XV. ESPAGNE

Le magicien de Venise

A Tolède, vécut autrefois un jeune aristocrate sans fortune qui rêvait de puissance et de gloire. Sa bourse était plate, son cœur sec, son intelligence étroite mais il était habité par un désir violent : il voulait régner sur les hommes. Un jour, il entendit parler d'un grand magicien qui vivait loin du fracas des foules et des palais, dans les caves d'une vieille maison de Venise. Il décida d'aller le consulter.

Le voilà donc parti, sur son cheval maigre, pour Venise. Il parvient après quatre semaines de voyage dans cette ville foisonnante de fleurs et de musiques, de palais, de femmes vénéneuses, d'ors et de lumières. Le soir même de son arrivée, au crépuscule, il pousse la porte grinçante d'une petite maison grise au bord d'un canal désert. Une lanterne à la main, il descend les escaliers glissants qui conduisent aux caves. Au milieu d'une grande salle voûtée il trouve le magicien assis devant une vieille table, plongé dans un grimoire ouvert devant lui, entre deux chandelles allumées. Le jeune chevalier le salue avec beaucoup de déférence. Le vieillard regarde son visiteur, la main enfouie dans sa longue barbe blanche, fronce les sourcils et dit :

— Tu viens de faire un long voyage. Pourquoi ?

Le jeune homme lui avoue humblement son désir, lui confie ses rêves de gloire et de puissance.

— Maître, dit-il, je sais que votre magie est infaillible. Je vous supplie de me vendre le pouvoir. Quel qu'en soit le prix, je paierai, foi de gentilhomme.

Le magicien médite un instant puis répond en souriant :

— Je te donnerai ce que tu me demandes, à une seule condition : en paiement de mes services, dans un an exactement, tu devras m'apporter toi-même, sur un plat de terre cuite, une dinde rôtie.

Le jeune homme accepte vivement, surpris de s'en sortir à si bon compte. Alors le sage lui dit :

— Va !

Il fait un grand geste de la main qui éteint les deux chandelles sur la table.

Aussitôt, le jeune homme se retrouve dans sa maison délabrée à Tolède. Les jours passent et la fortune lui sourit. On lui propose une charge d'évêque. Il sait pourtant à peine écrire son nom. Il devient célèbre et fort estimé dans sa ville. Avant six mois il est nommé cardinal. De mémoire de chrétien on n'a jamais vu ascension plus irrésistible. Huit jours plus tard, à Rome, le pape meurt. Le jeune chevalier de Tolède lui succède. Il est maintenant au sommet de la puissance. Il règne sur la chrétienté, sur les rois mêmes. Un an est passé. Un matin, dans son palais, le nouveau pape se souvient brusquement qu'il doit payer le prix de sa gloire au vieux magicien de Venise. Il en est très agacé. Il doit recevoir, ce jour-là, quelques chefs d'État, il n'a pas le temps de se déplacer. Il appelle un serviteur, lui ordonne de rôtir une dinde et de la porter lui-même chez son bienfaiteur, le magicien de Venise.

A peine a-t-il donné cet ordre que son regard s'embrume. Il est pris d'une envie de dormir insurmontable. Le monde s'éteint autour de lui. Quand il se réveille, il est couché sur la terre battue, dans la cave du vieux sage, à Venise, simplement vêtu de ses habits de voyageur sans fortune. Il se frotte les yeux, regarde le magicien penché sur lui. Il entend ces paroles :

— Mon garçon, tu n'as dormi qu'une heure. Tu as rêvé ton destin et je sais maintenant que tu n'es pas digne de la puissance et de la gloire. Tu ne seras jamais évêque, ni cardinal, ni pape. Tu ne seras jamais qu'un pauvre homme gris dans la grisaille du monde. Et moi je ne connaîtrai jamais le goût de la dinde rôtie. Mais si tu veux bien partager mon repas, je t'offre la moitié de mon plat de lentilles.

Ainsi parle le magicien. Il sourit tristement et frissonne. Par le soupirail entre la lueur de la lune à peine levée.

XVI. FRANCE

Le garçon de Nérac et la grande bête à tête d'homme

Autrefois, vécut à Nérac un garçon vigoureux, hardi et pauvre comme les pierres. Les gens lui disaient souvent :

— Tu es beau et fort, pourquoi ne vas-tu pas défier la grande bête de la montagne ? Elle garde une grotte pleine d'or. Elle a promis la moitié de son trésor à celui qui saura répondre à trois questions.

Le garçon répondait :

— Plus de cent personnes se sont déjà présentées devant la bête, elles n'ont pas su répondre à ses questions, elles ont été dévorées. Je ne veux pas connaître leur sort.

En ce temps-là, dans un château voisin un seigneur vivait reclus avec sa fille. Un jour le garçon de Nérac aperçut cette fille pâle et belle dans son jardin et lui dit aussitôt :

— Demoiselle, me voici amoureux de vous. Je veux vous épouser.

La demoiselle répondit :

— Je voudrais vous aimer aussi, mais mon père est pauvre et je dois entrer au couvent.

— Je vais donc tenter fortune, dit le jeune homme. Je ferai de vous la dame la plus riche du pays. Ainsi vous ne vivrez pas prisonnière des nonnes.

Il s'en alla voir l'évêque d'Agen.

— Bonsoir, évêque d'Agen.

— Bonsoir, mon ami, que me voulez-vous ?

— Évêque d'Agen, vous êtes un homme sage et savant. Je

veux aller défier la grande bête à tête d'homme qui garde un trésor sur la montagne. Pouvez-vous me donner quelques conseils utiles ?

— Voici, dit l'évêque : elle te commandera d'abord d'accomplir trois exploits impossibles. Il ne faut pas prendre garde à cela. Tu refuseras simplement de la satisfaire. Alors elle te posera trois questions. Si tu restes muet, elle te mangera tout vif. Si tu sais répondre, tu pourras prendre la moitié de son trésor. Mais si tu te sens assez savant, tu peux toi-même lui poser trois questions. Si elle ne sait pas répondre, tu lui trancheras la tête avec ce couteau d'or que je te donne, et tout son trésor t'appartiendra.

— Merci, évêque d'Agen, dit le garçon de Nérac.

Il prit le couteau d'or et s'en alla dans la montagne.

Trois jours après il arriva dans un pays sauvage, sur un pic tellement élevé que les oiseaux ne pouvaient voler aussi haut. Là demeurait la grande bête à tête d'homme. Le garçon de Nérac lui dit :

— Salut à toi, je suis venu répondre à tes questions.

La grande bête le regarda, ouvrit sa bouche tordue et lui dit :

— D'abord, il faut que tu boives la mer.

— Bois-la toi-même, répondit le garçon. Moi, je n'ai pas un gosier à boire la mer.

— Parfait. Mange donc la lune, dit la bête.

— Mange-la toi-même, répondit le garçon. Pour moi, elle est trop haute. Je ne peux l'atteindre.

— Alors dit la grande bête à tête d'homme, je veux que tu tresses cent kilomètres de câble avec le sable de la mer.

— Non, répondit le garçon. Impossible.

La grande bête grogna, fit grincer ses griffes sur le rocher et dit, l'air menaçant :

— Maintenant, écoute et réponds. Première question : qui va plus vite que les oiseaux, plus vite que le vent, plus vite que l'éclair ?

— L'œil, répondit le garçon. Le regard va plus vite que les oiseaux, le vent, les éclairs.

— Deuxième question, dit la bête : le frère est blanc, la sœur est noire. Chaque matin le frère tue la sœur. Chaque soir, la sœur tue le frère. Pourtant ils ne meurent jamais.

— Le jour et la nuit, répondit le garçon. Chaque matin, le jour tue la nuit. Chaque soir, la nuit tue le jour. Et ils ne meurent jamais.

— Troisième question, dit la bête : il rampe au soleil levant, il marche à midi sur deux jambes, il s'en va sur trois au soleil couchant.

— C'est l'homme, répondit le garçon. Quand il est enfant, et qu'il ne sait pas marcher, il rampe. Quand il est grand il marche sur deux jambes, quand il est vieux, sur trois car il s'aide d'une canne.

Alors la grande bête à tête d'homme dit :

— Tu es très fort. Prends la moitié de mon or.

Mais le garçon de Nérac répondit :

— J'ai trois questions à te poser, moi aussi. La première : qu'y a-t-il au premier bout du monde ?

La grande bête ferma les yeux.

— Au premier bout du monde, dit le garçon, il y a un roi couronné, vêtu de rouge qui brandit une grande épée. Il regarde le ciel, la terre, la mer, mais il ne voit rien venir. Et maintenant, dis-moi : qu'y a-t-il à l'autre bout du monde ?

La grande bête rougit et se mit à claquer des dents.

— A l'autre bout du monde, dit le garçon, il y a un grand corbeau vieux de sept mille ans. Il est perché sur la cime d'une montagne. Il sait et voit tout ce qui se fait, tout ce qui se fera, mais il ne veut pas parler. Et maintenant : que chante le rossignol au soleil levant, le jour de Pâques ?

La grande bête enfouit sa tête d'homme sous son aile noire.

— La gloire de Dieu, imbécile, répondit le garçon.

Alors le monstre posa son front sur le rocher, tristement, et dit :

— Quand tu m'auras tué, prends mon cœur et fais-le manger à ta fiancée, le soir de tes noces. Ainsi elle te fera sept enfants, trois garçons, quatre filles. Les trois garçons seront forts comme toi, les quatre filles comprendront le langage des oiseaux et elles épouseront des rois.

Ainsi fut fait. Le garçon de Nérac épousa sa fiancée qui lui fit sept enfants et lui donna tout le bonheur que je vous souhaite.

Le briquet magique

Un soldat s'en revient de guerre, les mains aux poches, les semelles trouées, son sac vide battant ses flancs. Sur son chemin, il rencontre une vieille femme qui l'accroche par la manche et lui dit :

— Hé, soldat, veux-tu me rendre un grand service ?

— Si je peux, pourquoi pas, lui répond le soldat.

— Merci. Vois-tu cet arbre ? (elle désigne un chêne immense et noueux) il est creux. Un trou conduit jusqu'à ses plus profondes racines. Au fond de ce trou, fut bâti il y a cent mille ans un immense palais. Je veux que tu descendes dans ce palais. Tu découvriras, l'une après l'autre, trois grandes salles éclairées chacune par trois cents lanternes. Dans la première salle tu verras un chien dont les yeux sont grands comme des soucoupes. Ce chien est assis sur une boîte. Tu le prendras par les oreilles, tu le poseras sur ce tablier, que je te donne, et tu mettras dans ton sac tout l'or que tu trouveras dans la boîte. Dans la deuxième salle tu verras un chien dont les yeux sont grands comme des roues de brouette. Lui aussi est assis sur une boîte pleine d'or. Tu feras avec lui comme avec le premier. Dans la troisième salle tu verras un chien dont les yeux sont grands comme des tours. N'aie pas peur de lui : si tu le saisis fermement par les oreilles, si tu le poses sur le tablier, il ne te fera aucun mal. Tu prendras l'or enfermé dans la boîte sur laquelle il est assis. Maintenant, écoute-moi bien : dans cette troisième salle, la dernière fois que j'y suis descendue, j'ai oublié mon briquet. N'oublie surtout pas de me le rapporter.

Le soldat regarde la vieille et lui dit :

— Qui es-tu donc pour me parler aussi étrangement ?

Elle répond :

— Peu importe : une sorcière pour mes ennemis, une fée pour mes amis. Alors, es-tu d'accord ?

— Après tout, dit le soldat, pourquoi pas ? Vive l'aventure !

Il entre dans le tronc du chêne et descend le long des racines. Il va longtemps dans les ténèbres. Il arrive enfin devant une grande porte. Elle s'ouvre en grinçant. Aussitôt la lumière des trois cents lanternes l'éblouit. Il entend un grognement hargneux. Devant lui se dresse un chien énorme aux yeux grands comme des soucoupes. Sans s'émouvoir il le prend par les oreilles, il le pose sur le tablier. Aussitôt le chien disparaît comme une fumée sous le vent. Il fourre la boîte pleine d'or dans son sac, entre dans la deuxième salle. Un rugissement l'accueille : le chien aux yeux grands comme des roues de brouette est épouvantable à voir. Le soldat le prend par les oreilles, le pose sur le tablier. Le chien disparaît, comme le premier. Dans le sac du soldat tombe une deuxième boîte pleine d'or. Il pousse la porte de la troisième salle, franchit le seuil. Un roulement de tonnerre l'assourdit. Le soldat, courbé comme sous une averse, traverse le vacarme, saisit le chien aux yeux comme des tours, le fait disparaître et prend la troisième boîte pleine d'or. Puis il cherche le briquet. Il le trouve dans un coin, sur le carrelage. Alors il remonte comme il est venu, le long des racines du chêne. La vieille l'attend, à l'ombre de l'arbre. Dès qu'il arrive elle le saisit au poignet et lui dit :

— As-tu mon briquet ?

— Oui, lui répond le soldat, mais je n'ai pas l'intention de te le donner, car je sais bien qu'il est magique.

Il tire son sabre, tranche la tête de la vieille et s'en va sur son chemin, le cœur en paix.

Il arrive ainsi dans une grande ville. Il s'installe dans la meilleure auberge et vit quelque temps largement, avec l'or qu'il a ramassé dans le palais souterrain. Un jour, il apprend que le roi du pays tient sa fille enfermée dans le donjon de son palais. Elle est très belle, le roi est jaloux, il ne veut la montrer à personne. Le soldat aussitôt se sent pris d'un violent désir de la voir. Mais comment faire ? Il réfléchit. Il se couche sur son lit, il bat son briquet pour allumer sa pipe. Alors un éclair jaillit de ce briquet, déchirant l'air, le tonnerre retentit, au milieu de la chambre apparaît le chien aux yeux grands comme des soucoupes. Sur son dos, la fille du roi est couchée, endormie. Le soldat se précipite vers elle, mais à peine a-t-il fait un pas que l'apparition s'efface. Il a eu tout juste le temps de voir celle qu'il aime, déjà, éperdument. Le lendemain soir, il bat encore son briquet pour allumer sa pipe. Cette fois c'est la foudre qui roule dans sa chambre. Le chien aux yeux comme des roues de brouette, portant la princesse endormie, s'avance et s'efface presque aussitôt à travers la fenêtre. Le troisième jour quand il bat son briquet, c'est la terre qui s'ouvre, et le chien aux yeux comme des tours apparaît. Il traverse la chambre, portant la belle endormie. Mais cette fois, les gardiens du donjon ont pu suivre le chien ravisseur jusqu'à l'auberge. Ils entrent avec fracas, enchaînent le soldat, le jettent en prison. Il sera fusillé demain.

Le jeune homme se lamente toute la nuit, la tête appuyée contre le soupirail de son cachot. Par malheur il a oublié son briquet dans sa chambre. A l'aube, il voit passer un enfant dans la rue. Il lui dit :

— Cours vite à l'auberge, prends mon briquet, rapporte-le-moi. En échange, je te donnerai tout l'or que j'ai trouvé dans le palais souterrain.

L'enfant s'en va en courant, il revient juste au moment où la porte du cachot s'ouvre : on vient chercher le soldat pour le fusiller. Il lui jette son briquet à travers les barreaux du soupirail. Dehors, sur la place, le peuple est assemblé autour du roi et de la reine. Le condamné, le dos au mur, sourit. Les gens murmurent, s'apitoient et vantent son courage.

Il tient son briquet dans ses mains liées. Il le bat. Alors le ciel se fend comme au jour de l'apocalypse. La princesse apparaît sur la place, droite, éveillée. Les trois chiens devant elle se dressent et se précipitent sur le roi, la reine, les gardes, la foule et dévorent tout le monde. La princesse tombe dans les bras du soldat. Elle y demeura pour l'éternité, tant elle y était bien.

Louis-le-boiteux

Un homme avait deux enfants, un garçon et une fille. Le garçon s'appelait Louis. Il était boiteux, tordu, bancal, mais il avait l'œil vif. La fille, Marie, était belle et bonne. Son père voulait la marier, mais elle était trop exigeante. Tous les garçons du pays avaient voulu l'aimer et la séduire. Son sourire mélancolique, un peu moqueur, les avait découragés, et surtout ces mots définitifs :

— Pardonnez-moi, je ne veux pas de vous.

Un jour, se présente un jeune étranger. Il doit venir de très loin car il porte un costume tel qu'on n'en a jamais vu dans le pays : des pieds à la tête il est vêtu de blanc. Il est grand et beau. Il ouvre la porte, le vent entre avec lui, il va droit vers Marie qui reprise des vêtements sous la lampe, et lui dit :

— Je suis venu vous demander de m'épouser. Je reviendrai dans trois jours chercher votre réponse.

Il n'ajoute rien de plus, il la regarde un court instant puis comme il est venu, il s'en va.

— Cet homme, dit Louis-le-boiteux, ne ressemble pas aux autres.

Marie, elle, reste un moment rêveuse. Trois jours plus tard, l'étranger revient. Sur le seuil, sans même entrer plus loin, il demande :

— Qu'avez-vous décidé ?

Marie s'approche de lui, prend sa main et le conduit devant son père qui fume tranquillement sa pipe au coin de la cheminée.

— Mon père, dit-elle, j'ai trouvé le mari qu'il me faut.

Une semaine plus tard, le mariage est célébré, et le nouvel époux s'installe dans la maison de sa femme.

Le lendemain de la noce, il se lève à l'aube, s'en va et ne revient qu'à la tombée de la nuit. Les jours suivants il s'absente ainsi sans rien dire à personne. Le vieux père ne s'inquiète pas, car Marie a l'air très heureuse de son sort. Louis, lui, s'étonne. Un jour, à bout de patience, il dit à sa sœur :

— Marie, je n'ai pas le droit de me mêler de tes affaires, mais dis-moi, que fait ton mari de ses journées ?

— Mon frère, répond Marie, je ne le sais pas plus que toi.

— Tu devrais le lui demander.

— J'en ai eu plusieurs fois envie, mais je n'ose pas.

— Dès demain, je le suivrai, dit Louis, et je te dirai, moi, où il va.

Le lendemain, à la première lueur de l'aube, le voilà sur pied. Dès qu'il voit s'éloigner son beau-frère, il le suit, claudicant, dans le soleil levant. « Quel est, se dit-il, ce chemin que je ne connais pas ? Et quel est ce paysage ? »

A peine a-t-il fait cette réflexion que l'homme vêtu de blanc se retourne et l'interpelle ainsi :

— Puisque tu as voulu me suivre, petit, tu dois maintenant m'accompagner jusqu'au bout, sinon tu es perdu. Si tu peux, fais ce que tu me verras faire. Mais inutile de me parler, je ne pourrai te répondre.

— Bon, dit Louis.

Il est un peu gêné d'avoir été surpris en flagrant délit d'espionnage. Ils marchent côte à côte, en silence.

Ils traversent une vaste plaine. Dans les champs à gauche de la route, pousse une herbe grasse et belle. Pourtant les vaches qui broutent cette herbe sont maigres à faire pitié. Les champs de droite, au contraire, sont rocailleux, mais ils sont peuplés de belles vaches luisantes. Plus loin les deux hommes rencontrent des chiens encombrés de chaînes qui aboient furieusement, les babines retroussées sur leurs crocs. Puis ils arrivent au bord d'un fleuve. Louis voit son beau-frère arracher un cheveu de sa tête, le poser sur l'eau. Alors ce cheveu devient un arc-en-ciel, et sur cet arc-en-ciel l'homme vêtu de blanc franchit le fleuve. Louis fait de même. Ensemble ils vont encore longtemps. Ils parviennent devant un océan de feu. Les hautes flammes ondulent au vent, le ciel est noir comme un manteau de cheminée. Le beau-frère de Louis s'engage dans ce feu. L'autre le suit boitant bas, ils le traversent ensemble sans douleur. Ils arrivent enfin devant un château magnifique. Une musique délicieuse leur parvient de l'intérieur, des oiseaux multicolores voltigent autour des tourelles.

Alors l'homme vêtu de blanc dit à Louis :
— Es-tu fatigué ?
— Non, répond Louis, le temps a passé vite.
— Pourtant, dit son beau-frère, voilà cent ans que nous sommes partis.
— Cent ans !
— Oui. Maintenant, je vais t'expliquer ce que tu as vu au cours du voyage, car nous avons traversé le pays de la vérité. Les vaches grasses dans le champ sans herbe, ce sont les pauvres qui, sur la terre, ont su vivre de peu. Les vaches maigres dans le champ herbu, ce sont les riches, les perpétuels affamés de puissance. Les chiens enchaînés, ce sont les méchants, les garde-chiourme de tout poil qui n'ont jamais fait qu'aboyer après leurs semblables. Le fleuve, c'est celui de l'enfer. Le feu, c'est celui qui sépare le temps de l'éternité. Nous sommes ici devant la maison de l'éternité. Je suis un immortel. Entre.
— Et mon père ? et ma sœur ? dit Louis.
— Ils sont là, ils t'attendent depuis presque cent ans. Entre donc.

La porte s'ouvre.

L'amour des trois oranges

Un jour, un fils de roi intelligent et vigoureux joue devant le château de son père. Une vieille femme vient à passer, une cruche d'eau sur la tête ; un malencontreux coup de balle brise cette cruche d'eau. L'enfant honteux et déconfit s'avance pour s'excuser. Mais avant qu'il ait eu le temps d'ouvrir la bouche, la vieille en colère lui dit :

— Prince, tu es un voyou. Tu ne seras heureux que lorsque tu auras trouvé l'amour des trois oranges.

Aussitôt, elle disparaît. Le prince reste seul devant la muraille du château. « Que signifient ces paroles ? » se dit-il. Il se sent soudain mélancolique. Dans son esprit brumeux, il ne distingue que ces mots : « l'amour des trois oranges ». Il ne peut vivre plus longtemps dans l'innocence. Il faut qu'il sache. Il faut qu'il trouve. Il fait son bagage, appelle son cheval et s'en va sur le chemin, comme un pèlerin, à la recherche de l'amour des trois oranges. Il suit le vent.

Il voyage des mois, des années, il traverse des pays inconnus et d'immenses déserts, il souffre de la faim, de la soif, il marche encore, il arrive enfin au bout du monde. Là, sur la falaise du bout du monde se dresse un vieux château illuminé, ruisselant de lumière surnaturelle. Il fait le tour de ce château, il ne découvre dans la muraille qu'une petite porte vermoulue qui grince comme un battant de ruine. Il entre. Le voilà dans une vaste cour pavée.

Alors trois chiens énormes bondissent à sa rencontre, menaçants, les babines retroussées. Le prince aussitôt leur jette tout le pain qu'il peut trouver dans sa sacoche. Pendant que les chiens dévorent ce pain, il se glisse par une deuxième porte qu'il a découverte au fond de la cour. Il entre dans une porcherie où grognent des porcs gros comme des bœufs. Le prince leur jette des glands qu'il a ramassés dans les forêts du monde. Au fond de la porcherie il découvre encore une porte. Il la franchit. Le voici dans un vaste préau. Au centre de ce préau il voit un puits. Devant ce puits trois femmes géantes accrochent des seaux au bout de leur longue chevelure et puisent ainsi de l'eau. Dès qu'elles voient le prince, elles se précipitent sur lui, menaçantes. Alors il leur donne la corde qui pend à sa ceinture et voilà les femmes radoucies. Elles ouvrent devant lui la troisième porte du château. Le jeune homme entre dans une grande salle vide. Au fond de cette salle un escalier grimpe le long de la muraille, mais il est si poussiéreux qu'on n'en distingue pas les marches. Alors le prince prend un balai, dans un coin, et le nettoie. Puis il monte, prudemment. Il arrive au seuil d'une chambre. Au milieu de cette chambre, une vieille femme est assise sur une chaise.

Elle somnole en gémissant. Ses cheveux blancs sont si longs qu'ils traînent sur le plancher, grouillants de vermine. Le prince prend un peigne dans sa poche, il démêle la chevelure de cette étrange et très vieille femme. Il la débarrasse de ses poux. Elle est tellement soulagée, tellement heureuse du soin que l'on prend d'elle, qu'elle s'endort. Alors, le prince aperçoit sur un bahut trois oranges magnifiques. Il les prend, et s'enfuit. Mais au bruit qu'il fait la vieille se réveille et crie au voleur :

— Escalier, dit-elle, jette cet homme par terre.

— Cet homme m'a nettoyé, il est mon ami, répond l'escalier.

— Femmes qui puisez de l'eau, jetez-le dans le puits.

— Cet homme est notre ami, disent les femmes, il nous a donné la corde qui pendait à sa ceinture.

— Porcs de ma porcherie, éventrez-le.

— Cet homme nous a donné des glands, il est notre ami, disent les porcs.

— Chiens, dévorez-le.

— Cet homme nous a donné du pain, disent les chiens, il est notre ami.

Le prince sur son cheval galopant s'éloigne du château du bout du monde.

Alors, à l'abri d'une clairière, il sort les oranges de son sac et les contemple. Elles sont très belles mais à part cela, elles n'ont rien de particulier. Il en tranche une par le milieu. Aussitôt sort de cette orange une jeune fille d'une merveilleuse beauté, et cette jeune fille dit :

— Donne-moi à boire, j'ai soif.

— Je n'ai pas d'eau, répond le prince.

— Alors je meurs, dit-elle.

Elle tombe dans l'herbe et ne respire plus. Le prince, désolé, l'embrasse très fort, l'enterre et reprend sa route. Après avoir longtemps cheminé il lui vient l'envie d'ouvrir la deuxième orange. Mais, se dit-il, comme la première m'a demandé à boire, sans doute celle-là me demandera-t-elle à manger. Il prépare donc un repas. Il tranche le fruit par le milieu. Une deuxième jeune femme plus belle que la première apparaît.

— Donne-moi à boire, dit-elle.

— Je n'ai pas d'eau, répond le prince.

— Alors je meurs.

Elle tombe, elle aussi, morte dans l'herbe. Le prince désespéré l'embrasse, l'enterre et reprend sa route. Parvenu à la frontière de son père, au bord d'une source, il ouvre la troisième orange. Alors apparaît une femme plus belle encore que ses sœurs mortes.

— Donne-moi à boire, dit-elle.

— Voici de l'eau, répond le prince.

Elle boit, elle rit. Elle dit :

— Emmène-moi.

Il la prend par la main et ils s'en vont ensemble sur le long chemin.

Jean de Calais

Le jour de ses vingt ans, Jean de Calais décida de s'en aller à la découverte du monde. Il se mit en route, son sac sur l'épaule, et dans sa poche trois écus d'or que lui avait donnés son père.

Après cinq jours de marche dans la montagne, il arriva dans un petit village qu'il ne connaissait pas. Alors, au pied d'une muraille de pierres sèches, sur un tas de fumier bourdonnant de mouches, il vit un cadavre dans un cercueil fendu. Il s'approcha d'une vieille femme qui tricotait sur le pas de sa porte et lui demanda pourquoi on laissait là ce malheureux, dans sa caisse. Elle lui répondit :

— Parce que c'est un mauvais payeur. Ici, on expose sur le fumier ceux qui sont morts sans avoir payé leurs dettes. C'est la loi. On l'enterrera quand il ne devra plus rien à personne.

Jean de Calais réfléchit un instant, puis se fit indiquer la maison du mort, et s'y rendit. Dans une cuisine obscure, enfumée, il trouva un vieil homme et une vieille femme désespérés qui d'abord s'étonnèrent de voir un étranger prendre pitié de leur malheur. Le voyageur leur demanda combien devait leur fils, qui venait de mourir.

— Trois écus, répondirent les vieux. Mais nous ne les avons pas. Nous n'avons rien.

Alors Jean de Calais sortit ses trois écus de sa poche, il les posa sur la table, et s'en alla.

Trois jours plus tard, il arriva dans une grande ville. Il se loua chez un marchand, un brave homme qui avait une fille de dix-huit ans. Un jeune bourgeois la courtisait, mais elle n'éprouvait en sa présence qu'un sentiment tiède et vague. Quand Jean de Calais parut elle le préféra, et le lui fit si bien voir que Jean se prit d'amour pour elle. Il la demanda en mariage et le jour de la noce fut fixé. Le jeune bourgeois éconduit, apparemment, ne souffrit pas de son infortune. Mais en vérité, il en fut secrètement amer et jaloux. Il se fit inviter à la noce. A la fin du repas, il prit Jean de Calais par le bras et lui proposa de faire avec lui une promenade dans la campagne.

Les voilà donc cheminant, au bord de la rivière. Tout à coup, le faux ami qui observait son compagnon du coin de l'œil, d'un coup d'épaule le pousse à l'eau. Jean de Calais est aussitôt emporté par le courant. L'autre revient vers la ville, hurlant, les bras au ciel. Il raconte à tous que Jean est tombé dans les tourbillons du fleuve et qu'il a disparu. Les invités de la noce partent à sa recherche. La mariée vêtue de blanc court devant sous le ciel gris. Jusqu'au soir on appelle Jean désespérément mais il ne répond pas, et l'on se dit qu'il s'est noyé. Le lendemain matin, l'épousée s'habille de noir.

Pourtant, Jean n'est pas mort. Le courant l'a emporté très loin sur la mer. Il s'est épuisé à nager. A l'instant où il allait sombrer, à bout de forces, il a pu s'accrocher à un récif planté au large, sur les vagues. Maintenant le voilà sur ce roc, tout seul entre le ciel et l'eau, trop loin de la terre pour qu'on puisse l'apercevoir. Il se lamente. « Personne ne me portera jamais secours, se dit-il. Je n'ai échappé à la noyade que pour mourir de faim et de soif. » Le soir tombe. Il s'accroupit au creux du rocher, il ferme les yeux, s'endort, se réveille en sursaut. Il sent une présence, près de lui. Il se frotte les yeux et voit un corbeau, posé, là, contre son corps. Ce corbeau le regarde et lui parle. Il lui dit :

— Ne pleure pas, je ne te laisserai pas mourir. Tous les jours je t'apporterai à manger. Prends patience, et ne désespère pas.

Jean de Calais se rendort. Se réveillant encore au milieu de la nuit, il croit qu'il a rêvé. Pourtant, le lendemain matin, il voit le corbeau qui tournoie, au-dessus de lui, un croûton de pain dans le bec. Tous les jours sans se lasser, l'oiseau noir revient se poser sur la pointe du rocher. Il nourrit ainsi le naufragé, six ans durant.

Jean de Calais est devenu un pauvre perdu squelettique aux habits en lambeaux, à la barbe hirsute, au corps tanné par la pluie et le vent. A la ville pourtant, sa femme ne l'a pas oublié. Elle refuse de se remarier. Obstinément elle garde l'espoir de revoir un jour celui qu'elle n'a pas eu le temps d'aimer. Mais son père et ses amis la pressent de prendre un nouveau mari. Le rival de Jean de Calais lui fait une cour inlassable. Au bout de sept ans, elle succombe. Elle accepte de l'épouser. Et voilà que vient le jour du remariage.

Ce jour-là, le corbeau arrive sur le rocher plus tôt que d'habitude. Il dit à Jean :

— Aujourd'hui, on fait la fête dans ta maison. Ta femme épouse ton assassin. Si tu veux, je peux te ramener à terre. Tu arriveras à temps pour le banquet. Mais avant toute chose, voici mes conditions : si tu couches ce soir avec ton épouse, au bout d'un an et un jour tu me donneras la moitié de l'enfant qu'elle aura mis au monde.

Jean de Calais monte sur le dos du corbeau, il s'assied à la racine des ailes, et le corbeau s'envole. Passe un instant de vertige. Le naufragé ouvre les yeux sur une muraille, dans la ville. Un corbeau à ses pieds picore la poussière.

Jean de Calais revient chez lui. On le reconnaît, on l'embrasse en pleurant de joie. Il raconte l'attentat dont il a été victime. On jette le faux ami dans un cul-de-basse-fosse, et l'on fête le retour du miraculé.

Au bout d'un an de bonheur tranquille, sa femme accouche d'un fils. Voilà le pauvre homme obligé, pour tenir parole, de couper son enfant en deux : il doit en donner la moitié au corbeau qui lui a sauvé la vie. Au jour fixé par le contrat, Jean pose son fils sur la table et en pleurant lève un couteau. Mais à l'instant où il va frapper, le corbeau apparaît sous la lame et lui dit :

— Ne fais pas l'idiot, tu vas te blesser. Ta dette, tu l'as déjà payée. Te souviens-tu du jour où passant par un village, tu as rencontré un cercueil sur un tas de fumier ? Tu as donné aux parents du mort l'argent qui leur manquait pour enterrer leur fils. Le mort, c'était moi. Adieu et merci.

Le corbeau s'envole par la fenêtre, plane un instant dans le ciel bleu, comme le font les oiseaux ordinaires, et s'éloigne vers le soleil.

Jean l'Or

Jean l'Or était un paysan misérable affamé de richesse. Il ne rêvait que de palais et de trésors mais ne trouvait jamais, au bout de son champ, que la grande fatigue dans sa maison branlante.

Un jour, il entend parler, par quelques vagabonds illuminés, d'un pays merveilleux où chaque caillou est d'or pur. Ce pays est très lointain, lui dit-on, au-delà des terres de Dieu, sur les domaines du diable. Jean l'Or écoute, craintif et passionné. Il est cupide, mais point mécréant. Il réfléchit toute une nuit, du crépuscule à l'aube, devant son feu rougeoyant. Au soleil levant il ouvre sa porte et s'en va.

Il marche des jours, des semaines, des années. Un matin, il arrive au bout du pays de Dieu, au bord du pays du diable. De l'autre côté de la frontière s'étend un désert fauve rôti par le soleil. Jean l'Or hésite un moment, regarde à droide, à gauche, prudemment. A perte de vue, il ne voit âme qui vive : ni homme, ni ange, ni démon. Il s'avance sur les terres du diable. Il ramasse un caillou, l'essuie d'un revers de manche. L'or pur brille sous la poussière. Il s'accroupit sur ce désert miraculeux. Le cœur tonnant il remplit son sac, en toute hâte, se redresse, charge son sac sur son dos voûté, se retourne pour prendre la fuite. Il cogne du front contre un long personnage maigre, vêtu de rouge, qui pose sa main sur l'épaule du fuyard. Cette main est si brûlante, si lourde que Jean l'Or hurle de douleur et d'effroi.

Les yeux gris du diable le regardent. Il se sent troué, cloué sur le soleil. Il s'évanouit.

Quand il reprend conscience, il est à genoux dans la cour d'un château aux murailles noires. Il gémit, la tête dans ses mains. Satan l'empoigne par les cheveux.

— Debout, voleur ! dit-il.

Son haleine sulfureuse empeste l'air. Il grogne et dit encore :

— Tu seras mon palefrenier. Tous les matins, tu étrilleras mes trois chevaux, tu les laveras, tu les brosseras et tu leur donneras des os brûlés en guise de fourrage. Au travail, pauvre homme !

Ainsi commence le temps des douleurs désespérantes. Jean l'Or, palefrenier du diable, travaille tristement et dort à peine. Tous les soirs, sur sa paillasse, dans un coin de l'écurie, il rumine son malheur et pleure, comme un enfant perdu. Une nuit de détresse solitaire, il sent tout à coup près de sa joue l'haleine chaude d'un cheval. Ce cheval lui parle à l'oreille. Il lui dit :

— Veux-tu fuir ?

— Par tous les saints de l'inaccessible paradis, je le veux, répond Jean l'Or.

— Écoute, murmure la bête : à minuit, quand Satan sera parti au sabbat, selle-moi solidement, monte sur mon dos, et cavalons ensemble. Nous aurons quelques chances d'échapper à l'enfer si tu n'oublies pas d'emporter avec toi la bassine dans laquelle tu vas tous les jours chercher de l'eau, la brosse, et l'étrille.

— Je n'oublierai pas, dit Jean l'Or.

A minuit, ils sortent de l'écurie. Jean ouvre le portail du château, prend la bassine, l'étrille et la brosse, enfourche son cheval. Voilà les fuyards galopant dans le grand désert du diable, à travers nuit. A l'aube, le cheval tourne à demi la tête et dit à Jean :

— Regarde derrière toi, tu ne vois rien ?

— Non, répond Jean. Je ne vois rien.

Le cheval galopant traverse la journée. Voici le soir. La grande lune rouge descend sur le désert. Le cheval se retourne encore.

— Regarde derrière toi, dit-il, ne vois-tu rien ?

Jean regarde derrière lui.

— Je vois venir le diable, il va comme un ouragan.

— Jette la bassine, dit le cheval.

A peine la bassine a-t-elle touché terre qu'un torrent jaillit, ce torrent devient fleuve, ce fleuve devient lac, ce lac immense est couleur de sang sous la lune rouge. Le diable perd du temps à contourner ses rives. Les fugitifs disparaissent à l'horizon bleu. Trois heures plus tard, le cheval dit à voix rauque :

— Jean l'Or, ne vois-tu rien ?

Jean répond :

— Le diable a contourné le lac !

— Jette la brosse, dit le cheval.

A peine la brosse a-t-elle touché terre que chacun de ses poils devient un arbre gigantesque. Le diable hurle et s'empêtre dans une inextricable forêt. Il en sort trois heures plus tard, déchiré, crachant par les naseaux une fumée puante et par les yeux, deux flammes bleues.

Il court comme une boule de vent furieux.

— Il nous rattrape ! crie Jean l'Or.

— Jette l'étrille, dit le cheval.

A peine l'étrille a-t-elle touché terre qu'une énorme montagne surgit et s'élève vers le ciel. Devant les fuyards l'horizon blanchit, l'aube vient. Au loin voici les champs du pays de Dieu, les prairies vertes, les maisons et les clochers. Jean hurle :

— Le diable descend de la montagne. Il arrive, il est sur nous !

Le cheval fait un bond prodigieux, désespéré. A l'instant où ses sabots touchent le sol de Dieu, le diable l'attrape par la queue. Le Grand Mauvais a perdu : dans son poing fermé ne roussit qu'une touffe de crins. Le cheval dans un pré dit adieu à Jean l'Or et s'envole vers le ciel, en riant follement.

Jean revient à ses labours et vit désormais comme un bon chrétien. Étriller les chevaux du diable n'était pas plus pénible que son labeur quotidien, mais quitte à trimer comme un esclave, il aime mieux le faire sur la terre bénie. Il a sans doute raison : c'est mieux considéré.

Jean-le-chanceux

Jean-le-chanceux est le fils d'un sabotier. Il habite avec ses parents une cabane lézardée, moussue, accroupie à la lisière d'une grande forêt. Il s'ennuie. Il passe ses journées à regarder l'horizon, la brume lointaine. Il ne voit jamais venir personne au bout du chemin. Il rêve de se frotter à des foules bariolées dans des villes étranges. Un matin, il dit à son père :

— Je veux tenter fortune. Je sais lire, je sais écrire, j'ai seize ans. J'ai envie d'user mes sabots sur les chemins du monde.

Il fait son bagage et s'en va.

Pendant sept heures il chemine sans rencontrer personne. Mais son esprit est tellement encombré de rêves qu'il ne souffre ni de solitude ni de fatigue. Il va, joyeux, jusqu'au crépuscule. Alors il voit venir vers lui un personnage maigre habillé de noir. Son regard est sournois mais terriblement brillant. On devine des flammes derrière ses prunelles. Jean le salue et lui demande :

— Pourriez-vous me dire si je suis encore loin de la ville ?

— Encore une nuit de marche, répond le diable (car c'est lui que Jean-le-chanceux vient de rencontrer). Mais dis-moi, que vas-tu faire en ville ?

— Je vais chercher du travail.

— Dans ce cas, dit l'autre, tu n'as pas besoin d'aller plus avant. Il me faut un domestique. Si tu veux, je t'engage. Je t'offre cent écus par an, à la condition que tu ne saches ni lire ni écrire.

« A ce prix-là, pense Jean-le-chanceux, je peux bien passer pour un illettré. »

— Je ne sais ni lire ni écrire, dit-il.

Ils s'en vont ensemble à travers les broussailles.

Au bout d'une heure de marche malaisée, ils arrivent devant un vieux château aux tours crénelées, bâti sur un massif de roc. Son ombre est immense et noire sous la lune. Le diable pousse le lourd portail de fer, ils entrent dans une salle voûtée. Des torches sont fichées dans les murailles.

— Tu t'occuperas de mon cheval et de mes livres, dit le diable. Et tu veilleras à ce que nul être humain n'entre ici pendant mes absences qui sont nombreuses. Salut.

Sa voix résonne longuement sous les voûtes, avant qu'il ne s'évapore dans un nuage de fumée sulfureuse. Jean visite le château immense et vide. Il trouve aux cuisines plus de victuailles qu'il ne pourra jamais en manger, à l'écurie, un vieux cheval et dans la bibliothèque, parmi d'innombrables grimoires poussiéreux, un grand livre, posé sur un lutrin. Il l'ouvre, et lit, sur la première page : comment ouvrir les portes les mieux fermées — comment se changer en toutes sortes d'animaux — comment voyager sans quitter sa chambre. Il se met aussitôt à l'étude de ce livre captivant. Les jours passent, les semaines. Jean-le-chanceux penché sur le grimoire oublie de soigner le cheval du diable, et le cheval du diable meurt. Or, ce soir-là, Satan revient. Il ne fait aucun reproche à son domestique. Il dit simplement :

— Cette vieille bête a fait son temps. A la prochaine foire, j'achèterai un jeune pur-sang.

Il repart comme il est venu, par enchantement. Voilà Jean-le-chanceux à nouveau seul dans le vaste château. Alors une idée lui vient. Dans le grand livre de magie, il a appris comment se changer en toutes sortes d'animaux : il se métamorphose donc en cheval. Il s'en va galopant à travers les buissons et les brumes. Il revient chez son père, le sabotier. Dès qu'il l'aperçoit devant sa porte, il lui dit :

— N'aie pas peur, je suis ton fils, je suis devenu magicien. Fais tout ce que je vais te dire et demain nous serons riches.

Le lendemain, le diable vient à la foire et aussitôt tombe en arrêt devant la bête magnifique que le vieux sabotier tient par la bride. Il ne marchande pas : Satan lui offre cent pistoles devant la foule éblouie.

L'affaire conclue, voilà Satan sur sa monture chevauchant par le village. Il s'éloigne. Alors le cheval s'emballe comme le vent d'hiver, tout blanc, tout beau. Il s'engouffre dans la forêt. Le diable comprend aussitôt, s'écorchant aux buissons, se déchirant aux branches, que ses secrets ont été surpris et que ce cheval n'est que l'apparence de Jean-le-chanceux.

— Jeune fou, dit-il, je te briserai.

Un grand combat surnaturel commence : Satan se change en loup et court sus au cheval. A l'instant où il va lui sauter à la gorge, Jean-le-cheval se change en hirondelle qui perce le feuillage et s'envole en plein ciel. Satan-le-loup aussitôt se change en épervier. Ils volent, feintent et rusent au-dessus des arbres, de la plaine, des villages. L'épervier fond sur l'hirondelle. L'hirondelle se change en diamant qui tombe droit dans le corsage d'une bergère, au milieu d'un pré. Alors le diable-épervier se métamorphose en grain de blé et suit le même chemin. La bergère étonnée secoue sa robe. Le diamant et le grain de blé roulent dans l'herbe. Aussitôt Jean se change en coq et avale le grain de blé. Le diable est vaincu.

Jean-le-chanceux reprend forme humaine. Il est riche puisqu'il a exploré tous les mystères et il épouse la bergère, car on ne tombe pas du ciel dans un corsage et du corsage dans le gazon sans garder la nostalgie du paysage traversé.

Le serpent au diamant

Un pauvre bûcheron habitait près d'un vaste étang aux eaux sombres. Au milieu de cet étang était une île, et sur cette île, un bois de chênes où ce bûcheron allait de temps en temps faire des fagots. Un jour, dans ce bois, au milieu d'une clairière, il aperçoit un énorme tas de serpents noués les uns aux autres. Ils font ensemble une boule vivante, grouillante, horrible à voir, parcourue de convulsions lentes, de sifflements aigus. Sur cet inextricable écheveau de serpents brille un point de lumière qui grossit à mesure que les sifflements se font plus intenses, plus véhéments. Cette lumière peu à peu devient pareille à un œuf merveilleux. Alors, le bûcheron, caché derrière un buisson, voit les longs reptiles se détendre, se laisser aller et l'écheveau se défaire. Bientôt ne reste plus au centre de la clairière qu'un seul serpent monstrueux et splendide, enroulé sur lui-même, la tête dressée, le front orné d'un énorme diamant. Ce serpent majestueux lentement s'éloigne à travers les broussailles, jusqu'au bord de l'étang. Là, il laisse tomber son diamant sur l'herbe, plonge sa tête dans l'eau et boit longuement. Puis il penche le front sur la pierre éblouissante qui s'accroche entre ses yeux, et va se perdre dans les profondeurs de la forêt.

Le bûcheron voit tout de ces étonnantes merveilles, se frotte les yeux, s'éloigne à pas prudents, monte dans sa barque amarrée, rejoint la rive, s'enferme dans sa cabane, allume sa pipe et réfléchit. « Si je pouvais m'emparer de ce diamant, se dit-il, je serais le plus riche des hommes. Je n'aurais plus à trimer comme un bagnard. » Une idée germe dans son crâne. Il fabrique un tonneau — ainsi, se dit-il, si le serpent, furieux d'avoir été volé, renverse ma barque je pourrai surnager, enfermé dans ce tonneau — et il revient dans l'île. Sur la rive, il se cache. Il attend de l'aube jusqu'à midi. A midi juste, sous le soleil vertical, il entend craquer des branches et remuer la forêt. Au bord de l'eau s'avance le serpent superbe, au front éblouissant. Il dépose son diamant sur l'herbe, plonge sa tête sous l'eau. Aussitôt le bûcheron s'élance, abat sa main sur la pierre précieuse, court vers sa barque, à toutes jambes, sans se retourner. Il s'éloigne de l'île à force de rames aussi vite qu'il le peut. Il entend derrière lui un sifflement épouvantable. Il regarde par-dessus son épaule. La tête du serpent monstrueux se balance au-dessus des arbres de la forêt. Sa gueule ouverte vomit des flammes. Mais ses mouvements sont incertains, désordonnés. Il ne sait où aller, il ne sait sur qui abattre sa fureur : en lui volant son talisman, le bûcheron lui a dérobé la vue, et les sens. Il arrive donc chez lui sain et sauf. Mais maintenant le voilà embarrassé. Que faire d'un aussi fabuleux diamant ? Personne dans le pays ne pourra payer son prix — sauf le roi, peut-être. Il décide donc d'aller voir le roi.

Ce roi, que l'on dit coléreux et cruel, le reçoit pourtant avec courtoisie. Il le prend affectueusement par le bras, et lui dit :

— Bûcheron, que me vaut l'honneur de ta visite ?

Le bûcheron sort le diamant de sa poche, il le lui tend. Le roi soupèse cette pierre miraculeuse, l'examine attentivement. Il dit :

— Bûcheron, connais-tu les vertus de cet objet ? Il a deux qualités remarquables : d'abord, celui qui le porte sur lui sera toujours bien accueilli, par tous les hommes de la terre, du plus humble au plus puissant. C'est pourquoi je t'ai bien reçu. Ensuite, il a le pouvoir de changer le fer en or. Entends-tu ? C'est catastrophique. Imagine que toute la ferraille de mon royaume soit changée en or : l'or ne vaudra plus rien. C'est pourquoi je t'ordonne d'aller rapporter cette pierre où tu l'as trouvée dans l'île, au bord de l'eau.

Le bûcheron obéit au roi et reprend son travail, comme à l'ordinaire. Sachez donc que quelque part, un diamant brille sur la tête d'un serpent fabuleux. Si vous voulez le conquérir, le risque est grand de périr dans l'aventure. Le risque est aussi grand de vaincre. Il n'est de paix que dans la vie simple. Mais rares sont les vivants qui désirent vraiment la paix.

Le rêve

Deux vagabonds voyagent ensemble dans la chaleur du plein été. Ils vont où vont les pèlerins perpétuels : droit devant eux. Le soleil est lourd, ils marchent sur le grand chemin. Midi vient, ils sont en route depuis l'aube, il est temps de faire halte. Ils s'arrêtent pour manger et se reposer à l'ombre d'un grand chêne, au bord d'un champ. Ils déjeunent d'un quignon de pain et d'une gourde de vin. Puis l'un des deux hommes s'allonge dans l'herbe, le chapeau sur les yeux, les doigts croisés sur le ventre, et s'endort.

Alors, de la bouche grande ouverte du dormeur, son compagnon voit sortir en bourdonnant une grosse mouche bleue. Elle tournoie un instant au-dessus d'un buisson, s'éloigne et entre dans un crâne de cheval posé à quelques pas, dans l'herbe. La mouche, dans ce crâne, mène une sarabande effrénée. Elle tourne, vire, sort par un œil, rentre par l'autre, disparaît au fond de l'orbite puis revient à la lumière entre les longues dents jaunes. Enfin elle s'en va, s'éloigne dans l'air bleu, vient tourner autour de la tête de l'endormi, pénètre à nouveau dans sa bouche. Alors l'homme se réveille. Il se frotte les yeux, s'étire, et dit à son compagnon :

— Je viens de faire un rêve agréable. Je me trouvais dans un palais blanc magnifique, éblouissant. Je visitais ses chambres, je courais le long de ses couloirs, je grimpais dans ses greniers aux plafonds voûtés comme ceux des églises, je descendais dans ses caves fraîches, profondes. Ce palais était à moi. Et je m'émerveillais car il était bâti sur un immense trésor enfoui sous ses murailles.

L'autre lui répond ceci :

— Veux-tu que je te dise où tu es allé pendant ton sommeil ? Dans ce crâne de cheval qui blanchit, là-bas, au soleil. J'ai vu ton esprit sortir de ta bouche sous la forme d'une grosse mouche bleue. Elle a visité tous les recoins de ce crâne, du fond de l'œil au bout des dents, puis elle est revenue dans ta bouche. Maintenant, si tu veux m'en croire, faisons un trou sous les murailles de ce palais, pour voir si l'œil du rêve est vraiment clairvoyant.

Ils soulèvent le crâne, creusent la terre où il était posé et découvrent le trésor promis. Un immense trésor : il y avait là TOUT, tout ce qu'un homme peut rêver.

Les deux amis

Romain et Babey sont deux compagnons inséparables. Ils ne sont pas nés de mêmes parents mais ils s'aiment comme deux frères.

Un soir, à l'auberge, ils parlent tranquillement, assis devant le feu, un verre à la main. Ils ont envie de prendre femme, l'un et l'autre. Ils se laissent aller à rêver en contemplant les flammes dans la cheminée. Puis l'heure vient où chacun doit rentrer chez lui. Devant la porte de la taverne, à l'instant de se séparer, Romain dit à Babey :

— Quoi qu'il arrive, le jour de mon mariage, tu seras mon premier invité. Mort ou vif.

— Toi aussi, dit Babey. Tu seras mon premier invité. Mort ou vif.

Ils se serrent la main longuement, en riant, et chacun dans la nuit prend son chemin.

Or, le lendemain, on découvre le cadavre de Babey recroquevillé contre un rocher humide. Sans doute a-t-il trébuché dans les ténèbres, il a roulé au fond d'un ravin, il s'est fracassé le crâne. Chacun, à son heure, rencontre sa mort. Babey est enterré au cimetière du village. Romain pleure son compagnon perdu, puis le temps apaise sa peine. Un jour il rencontre une femme à son goût et décide de se marier. Mais il n'a oublié ni son ami ni sa promesse. La veille de ses noces il va au cimetière et debout devant la tombe de Babey, il dit à haute voix ces paroles :

— Mon vieux camarade, je t'ai un jour promis de t'inviter,

mort ou vif, à mon mariage. Demain à dix heures, je t'attendrai chez moi avec ma fiancée vêtue de blanc.

Une voix d'homme invisible répond :

— Je viendrai.

Le lendemain, le marié accueille devant sa porte un homme qu'il est seul à voir, un convive silencieux et transparent, vêtu d'un long suaire. C'est Babey, venu du pays des morts. A midi, après la cérémonie, les invités prennent place autour de la longue table du banquet dressée dans un pré. Babey le mort s'assied aussi, à la gauche du marié. Apparemment, il n'y a là qu'une chaise vide devant une assiette propre mais Romain, lui, voit son ami, son frère, et sa présence le réjouit. A la tombée de la nuit, à l'heure où les convives se dispersent, Babey le mort dit à Romain le vivant :

— Si je me marie, un jour, dans l'Au-delà, moi aussi je tiendrai ma promesse. Au revoir, et sois heureux.

Il disparaît dans la brume du crépuscule.

Un an passe. Un soir, comme il revient du champ, sa pioche sur l'épaule, Romain aperçoit un homme qui semble l'attendre au coin de sa maison. Il s'approche et reconnaît Babey, pâle, transparent, souriant.

— Demain, dit-il, je me marie à la mode des morts. Je t'ai promis, autrefois, de t'inviter à mon mariage. T'en souviens-tu ? Écoute : ce soir, dès que la lune sera levée, va dans la ruelle qui longe le cimetière. Quelqu'un te conduira où tu dois aller.

— Je viendrai, répond Romain.

Le fantôme se dissout comme un nuage. Bientôt ne reste plus devant l'homme vivant qu'un regard, qu'un sourire qui se confond avec le ciel et disparaît enfin.

La nuit venue, Romain vient au rendez-vous. Le long du mur du cimetière, il aperçoit une jument blanche, sellée et bridée, qui trottine vers lui et vient se frotter contre son épaule. Il monte en selle. Aussitôt la cavale s'envole, traverse la nuit, traverse des nuages et des pays inconnus jusqu'à une terre grise où elle s'arrête, haletante, ruisselante de brume et de sueur. Romain descend. Alors au fond de la plaine sans soleil mais pourtant lumineuse, il voit venir Babey qui lui fait de grands signes. Ils se serrent la main joyeusement. Babey conduit son compagnon dans un village étrangement silencieux : aucun bruit ne parvient à ses oreilles, personne ne semble le voir, sauf son ami. Il assiste trois jours durant à la noce fantomatique mais superbe car les gens ont l'air heureux, ils mangent, dansent, rient. Enfin Romain s'éloigne dans la plaine grise où il retrouve la jument blanche qui le ramène, à travers des pays inconnus, à travers la nuit et les nuages, dans la ruelle qui longe le cimetière de son village.

Alors il se sent fatigué. Il veut revenir chez lui, mais ne retrouve pas son chemin. Son paysage familier est tout à coup différent. Des arbres vénérables se dressent où ne poussaient que des rameaux chétifs, de larges avenues, des immeubles nouveaux ont effacé les champs, les buissons, les ruelles. Il ne reconnaît personne, personne ne le reconnaît. Il retrouve pourtant sa maison, à force d'errer. L'herbe pousse sur le seuil, le toit est effondré, la porte entrouverte grince, des oiseaux s'envolent par les carreaux cassés de la fenêtre.

Trois jours sont passés dans le corps et l'esprit de Romain, mais sur terre, trois cents ans depuis qu'il s'est envolé sur la jument blanche pour aller aux noces de son ami dans l'Au-delà.

Le temps n'est qu'un lambeau de brouillard entre morts et vivants.

Le chevalier loup-garou

Un chevalier nommé Yan épouse un jour une grande dame hautaine et belle. Yan est amoureux d'elle, elle est amoureuse de lui, d'autant qu'il est le favori du roi. Ils font ensemble un couple convenable. Pourtant, à peine sont-ils mariés que Yan s'en va, sans saluer personne. Pendant trois jours, nul ne le rencontre. Il revient harassé, fourbu comme s'il avait abattu une forêt.

Sa femme l'attend dans leur château. Avec une extrême froideur elle lui demande quelques explications. Il s'assied devant le feu, prend sa tête dans ses mains, réfléchit un moment et lui dit :

— Autant t'avouer tout de suite mon secret. Tu finirais bien, un jour ou l'autre, par le surprendre. Je suis un loup-garou. Trois jours par semaine, je me métamorphose en loup. Je cache mes vêtements sous une grosse pierre, je prends l'apparence d'un loup noir, je cours les forêts, les broussailles et je dévore les moutons égarés.

Sa femme, abasourdie, demeure un instant silencieuse puis répond :

— Je ne pourrai croire cela tant que je ne l'aurai pas vu.

Yan se lève, prend son épouse dans ses bras, gravement.

— Si quelqu'un vole mes habits avant que je n'aie repris forme humaine, dit-il, je resterai loup à tout jamais. Je vais te dire où je les cache. Ainsi tu auras tout pouvoir sur ma vie. C'est ce que je veux, car je suis un amant véritable.

Sous un buisson près d'une croix de pierre, devant une chapelle abandonnée, là est la cachette de Yan. Il parle avec simplicité. Sa femme l'écoute, le visage impassible, droite et froide. Cet homme qui la regarde tendrement lui fait horreur maintenant. Elle a épousé un loup-garou et ce loup-garou trop confiant vient de se mettre à sa merci. Elle serre les dents, son regard est glacial. Quand vient le jour de la nouvelle métamorphose, à peine Yan s'est-il dévêtu, près de la croix de pierre, à peine s'est-il enfui vers la forêt, loup noir flairant les buissons et les herbes, que sa femme emporte ses habits sous son bras. Revenue chez elle, en courant, elle les jette dans un placard. Au bout de trois jours écoulés, Yan ne revient pas. Deux mois passent, on pleure sa perte, puis on l'oublie. Sa femme prend un amant, sept semaines plus tard elle se remarie.

Un jour, le roi chassant dans la forêt découvre les traces d'un grand loup. Il lance ses chiens à sa poursuite, il le traque et parvient à le cerner dans une clairière. Là, ce loup superbe au pelage noir se couche dans l'herbe, comme s'il désirait mourir. Intrigué, ému aussi par la détresse qu'il devine dans son regard, le roi retient ses chiens. Alors le loup s'avance lentement vers lui, se dresse sur ses pattes de derrière et lui lèche les mains, en gémissant, comme s'il voulait parler. Le roi descend de cheval, le caresse, et touché par sa douceur, décide de le ramener dans son palais. Ce loup vit ainsi quelque temps, comme un chien de compagnie. Son intelligence et sa bonté émerveillent tout le monde. On lui confie des enfants, il joue avec eux, il est patient comme un grand-père.

Or, un dimanche, le roi donne une fête dans son palais. A cette fête sont invités tous les nobles du pays. La femme de Yan vient avec son nouvel époux. Elle parade sous les lustres de cristal, elle rit, éblouissante, et chacun admire sa beauté. Le loup gronde sourdement, les babines retroussées sur ses crocs redoutables. Le roi s'étonne. Jamais ce compagnon ne s'est ainsi conduit. La femme de Yan vient s'incliner devant son souverain. Alors, tout à coup, son sourire gracieux se tord et se change en grimace de terreur. Elle pâlit. Elle vient de reconnaître ce fauve au pelage noir qui la regarde fixement. Elle murmure, les mains tremblantes devant sa bouche :

— Yan.

Yan bondit sur elle, d'un coup de dent il lui arrache le nez, elle tombe, le visage en sang, sur le carrelage. Le roi la prend dans ses bras, l'emporte dans une chambre, s'enferme avec elle. Dès qu'elle peut parler il l'interroge :

— Pourquoi, lui dit-il, avez-vous prononcé le nom de votre mari disparu ?

Elle avoue. Elle raconte l'étrange malheur de Yan et ce qu'elle a fait parce qu'elle ne voulait plus jamais le revoir.

Étrange malheur en vérité. Étrange histoire aussi. Car la femme défigurée fut exilée, les vêtements de Yan lui furent rendus, son château et ses terres. Yan put ainsi reprendre son apparence humaine, sa vie de chevalier — de chevalier loup-garou. Mais après tout, qu'importe ? Personne n'est parfait.

Les trois vagues

Billinch était marin-pêcheur sur le bateau du capitaine Thomas, un brave homme, bourru, large d'épaules et grand de cœur. Thomas avait une femme et une fille, qu'il adorait. Il était de ces hommes paisibles et silencieux pour qui le travail quotidien et le simple amour familial sont les biens les plus précieux de la terre.

Une nuit, juste avant l'aube, Billinch, qui a dormi sur le bateau, se réveille en sursaut. Il bondit sur le pont, l'air effaré, prend Thomas par le revers de sa veste et lui dit :

— Capitaine, il ne faut pas partir. Croyez-moi, je vous en prie, il ne faut pas partir.

Il pleure presque. Thomas le regarde, soulève sa casquette, se gratte le front. Le bateau, déjà, quitte le port. Le ciel pâlit à l'horizon. Billinch regarde autour de lui et prend sa tête à deux mains. Thomas déjà s'affaire :

— Nous n'avons pas les moyens de prendre du congé, petit, dit-il.

— J'ai fait un cauchemar, murmure Billinch.

Il semble se reprendre un peu. Il aide à la manœuvre. Les voici au large, sur les vagues tranquilles, dans le soleil du matin.

Alors le capitaine Thomas prend son matelot par l'épaule et lui dit :

— Allons, raconte-moi.

Il allume sa pipe, et Billinch raconte.

— Hier soir, dit-il, je ne sais pourquoi, je n'ai pas pu

m'endormir. J'avais un peu de fièvre peut-être. Je suis monté sur le pont et je me suis assis à la belle étoile. Alors j'ai vu deux sorcières, capitaine. Je les ai vues s'envoler sur le quai, comme deux grands oiseaux pâles, et se poser sur notre bateau. La première était assez vieille et la seconde plutôt jeune. Leur visage était couleur de lune. Elles se sont approchées de moi. J'ai fait semblant de dormir. Je les ai entendues parler. La vieille a dit : « Demain je ferai se dresser trois vagues immenses devant ce navire. La première de lait, la deuxième de larmes et la troisième de sang. Ils pourront peut-être échapper à la première, à la deuxième, mais la troisième déferlera sur leur tête. » La jeune fille qui l'accompagnait a répondu : « Il faudrait pour survivre qu'ils lancent un harpon dans la vague de sang, car nous y serons cachées, invisibles à leurs yeux, et le coup qui la frapperait percerait notre corps. » « Oui, a ricané la vieille, mais cela, il ne faut pas le dire. »

Ainsi parle Billinch, puis il se tait. Sa bouche tremble.

— Et alors ? dit Thomas penché sur lui.

— J'ai ouvert les yeux, répond Billinch et j'ai vu s'éloigner une lueur brumeuse dans le ciel.

Le bateau fend les vagues ensoleillées. Billinch s'appuie au bastingage, le regard perdu. Soudain, le doigt tendu vers l'horizon, il hurle. Une muraille blanche surgit de l'eau bleue, une énorme lame éblouissante comme une montagne neigeuse. Elle déferle, elle soulève la barque qui grince, gémit, craque. Elle roule, dans un fracas de fin du monde. Thomas, Billinch et les matelots, cul par-dessus tête, voient la vague de lait, derrière eux, s'éloigner vers le rivage. Ils se relèvent juste à temps pour voir se dresser droit devant la vague de larmes, semblable à un bataillon de nuages noirs au ras de l'eau. Cette vague de larmes les traverse comme un brouillard irrespirable. Ils toussent, s'étouffent, s'écorchent la gorge, suffoquent, les yeux brûlants. Un homme affolé veut se jeter à la mer. Thomas le saisit par le col et le renverse sur un tas de cordages. Ils reviennent enfin dans l'air bleu, sous le soleil. Ils respirent à longues goulées, les poings crispés sur leur poitrine.

Alors, vient la vague de sang. C'est la plus haute de toutes, elle éclabousse le soleil. Elle s'avance comme une armée de dragons aux ailes déployées dans une brume éclatante et rouge. Sur le pont du bateau, les matelots tombent à genoux. Thomas empoigne son harpon. Il se dresse à la proue, minuscule et fier devant la vague monstrueuse qui efface maintenant le ciel. De toutes ses forces, il lance son arme. Alors un double hurlement déchire l'air. La vague de sang se fend, le bateau traverse la brèche entre deux falaises écarlates.

Ils ont vaincu la malédiction des sorcières. Thomas et ses hommes font, ce jour-là, une pêche miraculeuse. Quand au soir tombé le petit bateau peint en vert revient au port, quelques femmes silencieuses, vêtues de noir, attendent les matelots sur le quai. Billinch sait déjà la nouvelle. Les deux sorcières qu'il a entendues bavarder la nuit dernière, il les a reconnues mais n'a pas voulu dire qui elles étaient : la femme et la fille du capitaine Thomas. Elles sont mortes toutes les deux, le cœur percé par on ne sait quoi. On les a retrouvées ainsi sur le carreau de leur cuisine. Thomas ne sait rien encore. Il descend lentement sur le quai.

Ainsi soit-il

Un jour arrive en Arles un vieux saint aveugle aux pieds nus. Il se met à prêcher l'Evangile sur la place, parmi les platanes. Les Arlésiens s'assemblent autour de lui, font silence, boivent ses paroles plus délicieuses que le miel. Ce saint homme parle si bien des mystères que c'est un grand bonheur de l'entendre. Il passe ainsi quelques jours à raconter la grande histoire de la Création. Il soulage quelques douleurs profondes, avec une grande sagesse. Puis il reprend son bâton et s'en va. Les Arlésiens l'accompagnent jusqu'au bord du grand désert gris et blanc de la Crau, puis ils confient, à un jeune garçon, le soin de le conduire jusqu'à la ville prochaine. Le vieil apôtre aveugle et l'enfant s'éloignent donc de bon matin, sur le chemin caillouteux, abandonnant derrière eux les tours d'Arles et les bouquets de peupliers au bord du Rhône. Ils vont sous le soleil éblouissant. Le chemin est malaisé, la chaleur écrasante. Vers midi, le garçon courbe l'échine et s'éponge la nuque. Il est fatigué, il s'ennuie. Alors il lui vient une idée malicieuse.

— Saint homme, dit-il, n'aimeriez-vous pas prêcher un peu ?

— Bien sûr, mon enfant, répond le vieil aveugle, mais devant qui ?

— Je vois devant nous, dit le garçon, une foule d'hommes et de femmes. Ce sont sans doute ceux de la Crau qui voulaient venir en Arles pour entendre votre parole d'or. Ils sont assis, là, en silence, sur le gazon du fossé. Ils retiennent leur souffle pour mieux vous écouter.

— Dans ce cas, dit le saint homme, je suis prêt à dire la

beauté des mystères et la bonté de Dieu. Arrête-moi quand nous serons arrivés devant ces pèlerins.

— Nous y sommes, brave homme, dit l'enfant.

Or, ils étaient seuls, tous les deux, dans la plaine silencieuse. Il n'y avait alentour que quelques herbes sèches parmi les cailloux gris et roux, et le bruit de vent. Dans le désert le bienheureux parla merveilleusement, d'une voix claire. Jamais il n'avait dit d'aussi belles choses, jamais sa parole n'était allée aussi profond dans la beauté du monde. Il n'y avait pour l'entendre que l'enfant et les insectes du désert. Pourtant, quand il eut fini, tous les cailloux de la Crau dirent ensemble :

— Ainsi soit-il.

Et le saint homme reprenant sa route, le visage illuminé, dit à l'enfant :

— En vérité, nous venons de rencontrer de bien braves gens.

XVII. IRLANDE

L'enfance de Cuchulaïnn

En ce temps-là, le roi Conohor régnait en Ulster. La vie, alors, était étrange et fabuleuse. Les hommes et les dieux étaient plus barbares et plus rêveurs qu'aujourd'hui, plus beaux et plus fous. Le roi Conohor avait une sœur nommée Dechtiré, une noble et superbe fille, une sorcière blonde au regard vif et si tendre qu'il faisait pleurer d'amour les cailloux de son chemin.

Voici le matin gris où commence la plus fabuleuse épopée d'Irlande. Ce jour-là, dans le palais de Conohor, les cris des servantes et les courses effrénées des gardes dans les couloirs réveillent le roi dans son lit de fourrure : Dechtiré et ses cinquante demoiselles de compagnie ont disparu. Conohor aussitôt rameute ses guerriers, hurlant si fort que les remparts tremblent. Les voici ferraillants, chevauchant dans le vent des collines, à la recherche des filles envolées. Alors, au fond du ciel apparaissent cinquante oiseaux rouges aux vastes ailes. Leur bec étincelant fend l'air en sifflant. Ils tournoient au-dessus des têtes levées et des épées brandies, puis viennent tanguer devant le roi, à hauteur d'homme. Le roi et ses guerriers galopent à leur poursuite à travers champs et rivières jusqu'à la fin du jour. Alors les oiseaux rouges disparaissent derrière les murailles d'un vieux château dressé sur une falaise blanche.

Dans ce château, Conohor et ses hommes pénètrent avec fracas, renversant le portail de chêne et d'acier. Du fond de la cour, Dechtiré et ses cinquante demoiselles de compagnie viennent à leur rencontre. Ils s'embrassent joyeusement. Ils allument un grand feu dans la plus haute salle du donjon et préparent un festin. Au milieu de la nuit, Dechtiré s'endort dans une chambre voisine. Alors, elle reçoit, dans son sommeil, la visite d'un dieu effrayant et superbe : sa chevelure est une nuée d'oiseaux rouges. Ce dieu lui dit :

— C'est moi qui t'ai enlevée et enfermée dans ce château car ici tu dois concevoir un fils. C'est moi qui ai attiré ici Conohor ton frère et les guerriers de l'Ulster afin qu'ils te reconduisent chez toi. Maintenant je vais entrer dans ton corps et je renaîtrai de ton ventre dans trois ans, sous le nom de Setanta.

Ainsi commence la vie de Setanta, que l'on appellera plus tard Cuchulaïnn. Trois ans après ce rêve, comme il fut dit, il vient au monde. C'est un enfant d'une puissance et d'une beauté merveilleuses : dans ses yeux brillent sept pupilles de sept couleurs : quatre à l'œil gauche, trois à l'œil droit. Son visage et son corps rougeoient comme la braise et brûlent les mains des servantes qui le baignent. Au lendemain de sa naissance, armé d'un bouclier de bois, il descend dans la cour du palais où cent cinquante adolescents s'exercent au tir du javelot. Il les défie et se dresse devant eux, armé de joyeuse fureur. Cent cinquante lances se fichent ensemble dans son bouclier. Alors la chevelure de Setanta se dresse sur sa tête et le voilà tout à coup environné d'une brume lumineuse. Il resplendit comme un immortel. Il s'avance vers la troupe des enfants frappés de stupeur. Le feu qui l'environne les fait reculer jusqu'à la muraille. Ils demandent grâce, les bras devant leurs yeux. Setanta éclate d'un rire énorme. En ces quelques instants, l'enfant né de la veille a grandi démesurément. Sa taille, déjà, est celle d'un homme.

Un jour, le roi Conohor l'appelle au château de Coulann. La route est longue. Setanta part de grand matin. Au crépuscule, il arrive devant les hautes murailles. Il frappe au portail. Son poing est si rude qu'il le fend. Conohor et Coulann s'épouvantent, entendant ce vacarme. Ils croient qu'une bande de pillards les assaille. Alors Coulann lâche son chien : une énorme et terrible bête. Il faut, pour le retenir, trois chaînes attachées à son collier d'acier et trois hommes au bout de chaque chaîne. Il bondit du haut du rempart sur Setanta, comme une foudre ténébreuse. Setanta l'étreint dans ses bras formidables et lui brise l'échine. Puis il le saisit par les pattes de derrière, le fait tournoyer dans l'air noir, fracasse sa tête et ses membres contre un menhir. Il jette dans l'herbe la dépouille sanglante, pousse le portail qui s'abat devant lui. A la fenêtre du donjon apparaissent les visages effarés de Coulann et Conohor. Ils reconnaissent Setanta, descendent à sa rencontre. Coulann sort dans le pré et se lamente sur son chien déchiré. Sa douleur est si grande qu'elle émeut l'enfant héros. Il dit, ses yeux aux sept pupilles mouillés de larmes :

— Coulann, je prendrai la place de ton chien dans ton chenil. Je protégerai tes biens jusqu'à ce que j'aie élevé un chiot né de mon sang que je te donnerai quand sa puissance sera convenable. En attendant, je me baptise Cuchulaïnn — chien de Coulann.

Tel est le nom que le héros portera désormais, jusqu'à sa mort.

Cuchulaïnn et les trois fils de Necht-le-féroce

Le jour où Cuchulaïnn est sacré chevalier dans le palais de Conohor, le druide Cathbad annonce à l'assemblée :

— Cet adolescent qui va recevoir les armes sera le plus fameux des fils d'Irlande. Le récit de ses exploits traversera les temps mais sa vie sera brève. Hélas, elle sera bientôt évanouie.

Cuchulaïnn accueille ces paroles en riant aux éclats :

— Peu m'importe, dit-il, que ma vie soit éphémère, pourvu qu'elle soit forte, belle et glorieuse.

A peine armé chevalier, il traverse la foule d'un pas clair, et bondit sur son char. Il va livrer bataille aux plus terribles parmi les ennemis du roi Conohor.

Ces ennemis sont trois : les trois fils de Necht-le-féroce. A la fin d'un énorme festin, ces sombres colosses, après avoir vidé leur coupe de vin fumant, ont fait serment d'abattre autant de guerriers de Conohor qu'il y a de chênes dans les forêts d'Irlande. Voici Cuchulaïnn devant leur manoir. L'aîné des fils de Necht-le-féroce se dresse droit sur le rempart, les poings sur les hanches. Sa barbe noire luit au grand soleil. Il accable le héros d'insultes sauvages. Il ne craint personne, ni homme ni dieu : il est invulnérable à la pointe des armes. Cuchulaïnn prend dans son poing sa balle de fer trempé et de toutes ses forces la jette sur lui. Cette balle traverse si proprement le front et la tête du colosse, que l'on voit un instant briller le ciel, par le trou rond qu'elle découpe dans le crâne, avant que l'homme ne s'abatte comme un oiseau mort aux pieds du héros.

Alors, le deuxième fils de Necht-le-féroce apparaît entre les créneaux de la muraille. Celui-là est invulnérable à moins d'être tué du premier coup de lance. Du haut du rempart, il bondit dans le champ devant Cuchulaïnn. Dans son poing droit brille son épée, dans son poing gauche, il serre son bouclier contre son corps. Son dos est courbé, il est pareil à un fauve prêt à bondir. Cuchulaïnn lance son javelot. La pointe traverse le bouclier, traverse la poitrine et cloue le corps soudain ensanglanté contre un chêne millénaire. Aussitôt le troisième fils de Necht ouvre ses bras à la cime de la muraille et s'envole sur la plaine. On l'appelle l'Hirondelle car il a ce pouvoir de voler comme les oiseaux. Cuchulaïnn le poursuit, bondissant à travers champs. Le troisième fils de Necht brandit sa lance d'acier bleu au-dessus de sa tête. Ils parviennent au bord d'une rivière. Alors le héros furieux, d'un bond prodigieux, saute sur le dos de l'homme-hirondelle. Au-dessus de l'eau, il tranche son cou. Sa tête tombe dans la rivière, son sang jaillit comme d'une fontaine.

Cuchulaïnn vainqueur pille, brûle et rase le manoir des trois fils de Necht-le-féroce. Il n'en laisse pierre sur pierre. Puis, debout sur son char, au galop de son cheval noir, il revient vers le palais du roi Conohor, emportant les trois têtes ensanglantées de ses ennemis vaincus. Mais il n'est pas apaisé. Son corps est encore tout incendié de fureur guerrière. Courant la plaine, il rencontre un troupeau de daims. « Quel serait le plus bel exploit ? se dit-il, massacrer ces bêtes, ou les prendre vivantes ? » « Les prendre vivantes, répond une voix, derrière son front. Mais c'est impossible. » Aussitôt Cuchulaïnn saute sur l'herbe et poursuit les daims. Il les traque par les collines et les marécages. A la lisière d'une forêt, il en attrape deux par les pattes, les charge sur son dos et revient vers son cheval attelé qui l'attend en broutant l'herbe d'un pré. Il attache les daims à l'arrière de son char et va, fouettant la croupe noire. Alors il rencontre une nuée de cygnes sauvages. « Quel serait le plus bel exploit ? se dit-il, massacrer ces oiseaux ou les prendre vivants ? » « Les prendre vivants, répond, dans sa tête, la même voix. Mais c'est impossible. » Les cygnes sauvages survolent son char. Il bondit dans les airs, les mains tendues, il en attrape deux par le bout des ailes et les attache aux oreilles de son cheval noir.

C'est ainsi qu'il arrive devant le manoir de Conohor, les trois têtes rouges de ses ennemis pendues à l'avant de son char, les daims galopant à l'arrière et les cygnes blancs aux ailes battantes sur la tête de son cheval. Cuchulaïnn est encore brûlant du feu de ses batailles : son corps est auréolé de flammes bleues, sa fureur guerrière fait étinceler ses yeux aux sept pupilles. Au palais de Conohor le peuple s'affole car les pavés de la cour brûlent sous ses pas. Alors on emplit trois cuves d'eau froide pour éteindre l'incendie de ce corps formidable. Dans la première, il plonge, l'eau se met à bouillir et s'évapore aussitôt. Dans la deuxième, il se baigne, l'eau bout encore. De la tête de Cuchulaïnn monte une épaisse fumée noire. Dans la troisième enfin il s'éteint et s'apaise.

Alors vient vers lui Emer, la plus belle des femmes d'Irlande. Elle le prend par la main et le conduit dans sa chambre, car il est temps que l'amour civilise ce héros sauvage. Ainsi finit la guerre de Cuchulaïnn contre les trois fils de Necht-le-féroce.

Cuchulaïnn rencontre Mor Rigou, déesse des carnages

Les cinq royaumes d'Irlande vécurent longtemps en bons voisins, dans l'abondance et la paix. Un jour, quatre s'unirent contre le cinquième, car en ce cinquième royaume, l'Ulster, vivait un taureau magnifique et bienfaisant que convoitaient les autres rois. Ils partirent donc en guerre contre l'Ulster. Or, ce pays était celui de Cuchulaïnn, le héros. Les ennemis de l'Ulster choisirent, pour attaquer, l'instant le plus favorable : neuf jours par an, en plein hiver, une étrange et terrible fièvre terrassait les hommes de Cuchulaïnn. Neuf jours par an, par une impitoyable malédiction, ces formidables guerriers tombaient sur leur lit, aussi faibles et vulnérables que des enfants. Cuchulaïnn, lui, ne subissait pas le sort commun, car il était le fils d'un dieu. Ainsi, il s'avança seul au-devant des dix-sept armées ennemies, dix-sept armées de trente mille hommes.

Il apparaît sur la plaine dans un tourbillon de neige. Il tient dans son poing droit une épée longue comme un javelot, dans son poing gauche, une lance aussi haute qu'un arbre centenaire. Ses yeux aux sept pupilles sont étincelants, sa chevelure est environnée de flammes. Pour contenir le feu de sa fureur guerrière, il s'est vêtu de vingt-sept tuniques enduites de cire. Les cent premiers soldats qui l'aperçoivent ainsi dressé devant eux tombent morts de terreur. Les autres, bravement, montent à l'assaut de l'immense guerrier. Cuchulaïnn tranche, perce, déchire sans relâche, les deux pieds enracinés dans sa terre d'Irlande. Jusqu'au soir, le sang jaillit des poitrines fendues, des crânes fracassés. Il fait un épouvantable carnage.

Le feu de sa colère monte dans le ciel gris au-dessus de sa tête. Personne ne peut l'abattre.

Au crépuscule, les armées se retirent. Cuchulaïnn resté seul sur la plaine rejette ses vingt-sept tuniques. A trente pas autour de son corps la neige fond, tant il est brûlant. Alors dans la nuit tombée, sous la lune pâle, une étrange apparition le visite : un cheval noir vient vers lui. Ce cheval n'a qu'une patte au milieu du ventre. Il tire un char mais il n'est pas attelé : le brancard traverse son corps de part en part. Dans ce char, une femme se tient debout. Elle est vêtue d'un manteau rouge et rouges sont aussi ses cheveux et ses sourcils. Elle dit au héros :

— Je suis la fille de Bouan l'immortel. Je viens à toi pour réjouir ton corps, car aujourd'hui, tu as mérité mon amour.

Cuchulaïnn détourne la tête et répond simplement :

— Va, je suis trop fatigué.

Aussitôt la femme et le cheval disparaissent dans l'air de la nuit, où apparaît une corneille au bec sanglant, tournoyant sous la lune. Alors le héros comprend : la femme aux cheveux rouges et l'oiseau noir qui croasse maintenant autour de sa tête ne sont qu'une même créature : Mor Rigou, la déesse des carnages. Il la chasse d'un revers de main, elle revient. A nouveau elle se dresse devant lui sous la forme d'une vache aux cornes rouges, conduite par un géant. D'un coup de sa fronde infaillible, Cuchulaïnn lui brise une côte. Le géant au même instant lance sa pique, qui déchire le flanc du héros. Cuchulaïnn hurle et bondit en avant. Il ne saisit que l'air obscur. La vache aux cornes rouges est maintenant un serpent, qui s'enroule autour de ses jambes et le fait tomber à la renverse. Le géant lève sa lance et perce sa poitrine. Cuchulaïnn saigne du feu. Mais il se dresse encore et d'un coup d'épée furieux tranche la tête du colosse. Le serpent s'éloigne, se métamorphose en loup noir, et Mor Rigou le loup noir disparaît dans les ténèbres neigeuses.

Cuchulaïnn reste couché sur la plaine, la poitrine percée. Alors son père, le dieu Longuemain, descend de son étoile. Il saisit son fils par sa chevelure et l'emporte au pays des fées.

Cuchulaïnn dort et se repose trois jours en ce pays. Quand il s'éveille, il est guéri. Aussitôt il revient sur le champ de bataille où les armées des quatre royaumes font maintenant un grand massacre des guerriers de l'Ulster. Voyant ses hommes taillés en pièces, Cuchulaïnn hurle et son hurlement fait trembler les nuages, et sa fureur guerrière se ranime. Il fait atteler son char hérissé de lances tranchantes. Il s'habille de sept peaux de taureaux. Par-dessus ces peaux il s'enveloppe dans le manteau des dieux, qui rend invisible. Une flamme droite comme un trait rouge jaillit de son front et s'élève dans le ciel. Il fonce droit sur l'ennemi.

Ce jour-là, on ne peut compter les morts. Certains disent que son père, le dieu Longuemain, a combattu aux côtés de Cuchulaïnn. Vainqueur des hommes et des démons, il revient au château de Conohor, roi de l'Ulster. Hélas, sa mort est proche.

La mort de Cuchulaïnn

Cuchulaïnn, en combat loyal au cours de la guerre des cinq royaumes, a tué Calatin, le redoutable magicien et ses vingt-sept fils. Mais la femme de Calatin, quand meurt son époux, est enceinte. Au jour juste elle met au monde trois garçons et trois filles. Leur éducation est confiée à la puissante reine du royaume de la nuit, Mebd la magicienne. Mebd fait de ces six enfants de terrifiants sorciers et sorcières, muets et borgnes. Les plus grands devins de Babylone les instruisent et Bhalcan, le forgeron des enfers, forge leurs armes.

Cuchulaïnn, pendant que se prépare contre lui l'assaut des magiciens noirs, se repose auprès de sa femme Emer, dans le château du roi Conohor. La reine Mebd envoie les trois filles de Calatin sous ses murailles. Là, ces sorcières métamorphosent en guerriers les arbres de la forêt. Aussitôt cette forêt guerrière entrechoque des armes de fer et pousse des hurlements furieux. Cuchulaïnn, dans sa chambre, entend ces bruits de bataille. Il se dresse, et veut courir au combat. Le fils du druide Cathbad, Genann, son conseiller le retient par les cheveux et lui dit :

— Tu n'entends au loin qu'une armée fantôme. Les filles de Calatin l'ont créée par magie. Elles veulent t'attirer dans un piège.

Cuchulaïnn renâcle mais n'obéit pas à l'appel des armes, car il sait que Genann est clairvoyant. Le fracas guerrier redouble. Trois jours et trois nuits les arbres soldats livrent de gigantesques batailles sous les murailles du château de

Conohor et Cuchulaïnn de plus en plus brûlant de fureur ne peut plus résister à l'envie de guerroyer.

Alors sa femme Emer et Genann son ami le conduisent en toute hâte à la Vallée des sourds. Entre deux montagnes vertes le voilà couché dans l'herbe. Là, aucun bruit ne peut l'atteindre. La belle Emer l'apaise doucement. Elle lui dit :

— Fais le serment de ne plus jamais aller au combat à moins que je ne t'en donne l'ordre.

Cuchulaïnn promet. Sa femme sourit. Ensemble ils s'endorment, au crépuscule. Alors la fille aînée de Calatin se métamorphose en corneille, s'envole par-delà la montagne et vient se poser près du héros endormi. Là, elle prend la forme et le visage de la belle Emer, elle ouvre de ses mains les yeux de Cuchulaïnn et lui dit, ses lèvres contre sa bouche :

— Il est l'heure, homme terrible, il est l'heure d'aller à la bataille.

Cuchulaïnn se dresse, prend ses armes, et s'éloigne sans se retourner. Une corneille vole dans le ciel au-dessus de lui mais il ne la voit pas. Il court au château de Conohor. La plaine brûle, du pied des murailles jusqu'à l'horizon lointain. Genann le fidèle le rejoint. Il lui dit :

— Ce n'est là qu'un mirage inventé par les filles de Calatin. Cet incendie gigantesque n'est en vérité qu'un feu de feuilles sèches.

Cuchulaïnn ne l'écoute pas. Il attelle son cheval gris et son cheval noir à son char. Il s'en va. Alors dans un champ d'herbe pâle, il rencontre les trois sorcières échevelées par le grand vent. Elles sont horribles à voir. Chacune tient dans son poing un javelot forgé par Bhalcan, le forgeron des enfers. Derrière elles marche l'innombrable armée des quatre royaumes ennemis de l'Ulster. Cuchulaïnn descend de son char et s'avance, creusant un sillon de sang dans cette armée. Un javelot siffle à ses oreilles et s'enfonce dans les naseaux de son cheval gris. Un autre traverse les flancs de son cheval noir. Alors Cuchulaïnn se retourne contre les trois sorcières hurlantes et d'un seul revers d'épée, il les décapite. Mais au même instant, le troisième javelot s'enfonce dans ses entrailles. Il tombe sur l'herbe et les armées reculent.

Dans le ventre ouvert du héros se posent des corbeaux. Il éclate de rire pour la dernière fois. Les ombres de la mort l'entourent. Il se traîne jusqu'à la rivière et se baigne, puis contre un pilier de pierre il s'attache pour mourir debout. Personne n'ose l'approcher, les guerriers tournent autour de lui comme des chiens craintifs. La flamme de la vie sur le front de Cuchulaïnn lentement s'amenuise. Des oiseaux se perchent sur ses épaules. Alors Lugaïd, le roi des armées ennemies, son épée au poing s'avance à pas de loup et par-derrière, il lui tranche la tête.

Ainsi meurt Cuchulaïnn et son âme rejoint celle de son père, le dieu Longuemain, au-delà des nuages. Ainsi s'accomplit la prophétie du druide Cathbad qui avait dit au héros : « Tu seras le plus fameux des fils d'Irlande. Le récit de tes exploits traversera le temps mais ta vie sera brève. » Tout est dit maintenant.

Le voyage de Bran à l'île des Bienheureux

Bran, fils de Fébal, roi d'Irlande, se promène un jour devant sa forteresse. Il est seul, il rêve dans le grand vent, les vagues de l'océan se fracassent à ses pieds, il contemple l'horizon où la mer et le ciel se fondent dans la brume. Alors de la brume lointaine une musique naît. Elle vient lentement vers lui, vaste et superbe. Elle l'envahit. Il n'entend plus le bruit du vent ni le fracas des vagues. Quelque chose l'éblouit qu'il ne distingue pas. La musique s'éloigne. Une jeune femme est là, devant lui, sur le rocher. Elle tient dans la main une branche de pommier. Elle dit :

— Regarde, voici ce que j'ai cueilli pour toi sur l'île des Bienheureux.

La branche de pommier est ornée de fleurs de cristal, et dans ces fleurs de cristal Bran voit les sources, les arbres, les soleils et les jardins du paradis. Il tend la main, tout s'efface. Mais il sait qu'il ne vivra plus désormais que pour atteindre l'île des Bienheureux.

A l'aube, Bran s'embarque avec vingt-sept hommes sur la mer grise et verte. Il navigue deux jours et deux nuits. Au matin du troisième jour, il rencontre, sur le vaste océan, un homme seul dans une barque noire. Cet homme lui dit :

— Je suis Mannanan, fils de Lir. Je suis venu te saluer au nom des vivants de la terre merveilleuse.

Bran lui fait un grand signe de la main. Mais la barque et l'homme s'évaporent dans l'air. Devant lui le soleil à nouveau joue sur les vagues. Alors une île apparaît à l'horizon. Toutes voiles déployées, le navire de Bran vient vers elle. Elle est grise et déchirée. Des gens sur le rivage appellent les marins, ils gesticulent en riant, en grimaçant. Ils n'ont pas la beauté des Bienheureux. Bran envoie vers ce peuple un matelot dans une chaloupe. A peine a-t-il touché terre que la foule le cerne, le saisit, le déchire et le dévore. Bran et ses compagnons horrifiés voient cela, ils voient rire les monstres, la gueule ouverte au grand soleil, barbouillés de chair et de sang.

Le navire s'éloigne de l'île maudite et reprend sa course sur l'océan. Après longtemps de navigation il parvient devant deux montagnes de verre étincelant. Elles se balancent sur la mer et de temps en temps s'entrechoquent. Quand elles s'écartent, entre elles s'ouvre un chemin d'eau. Par ce chemin le navire doit passer. Mais les deux falaises de verre risquent de le broyer. Bran le téméraire engage pourtant son bateau entre les murailles gigantesques qui craquent, remuent, grincent. Les montagnes se ferment derrière lui dans un effroyable fracas. Bran a forcé la porte. Voici son bateau à nouveau en haute mer. A l'horizon, droit sous le soleil retrouvé, se dresse enfin l'île des Bienheureux.

Une femme l'attend sur la plage parmi les arbres, les buissons de fleurs. Des gens autour d'elle parlent tranquillement, désignent l'horizon et font de grands signes d'amitié au navire. Cette femme est d'une beauté souveraine. Elle lance à Bran une pelote de fil qui s'attache à sa main. Ainsi elle peut tirer le bateau vers le rivage. Les hommes, les femmes qui accueillent les navigateurs sont beaux et paisibles. Ils les invitent à partager leur vie. L'île est un paradis d'herbe verte, de sources, de jardins superbes, de palais blancs, de maisons heureuses. Bran et ses compagnons vivent là, de longs jours, dans une félicité sans nuages. Un soir, au crépuscule, leur vient la nostalgie de l'Irlande. La reine de l'île essaie de les retenir, elle pleure sur l'épaule de Bran. Le mal du pays est plus fort que toutes les joies du jardin d'Éden. Bran et ses compagnons repartent sur la mer.

Après quelques semaines de navigation tranquille et joyeuse, les voici près du rivage familier. Sur le quai les attend une foule exubérante, émerveillée par ce bateau légendaire qui entre dans le port, lentement, comme un vieux roi des mers revenant d'une guerre lointaine. Dans la ville, les cloches des églises sonnent à toute volée. Un matelot impatient plonge dans les vagues et nage vers la terre, sa bonne terre d'Irlande. A peine l'a-t-il touchée qu'il tombe en cendres. Son corps est aussitôt dispersé par le vent, devant les gens terrifiés. Alors, Bran comprend. Il dit à ses compagnons :

— Frères, nous ne reverrons jamais nos parents, ni nos amis, ni la porte de nos maisons. Nous avons vécu des centaines d'années sur l'île des Bienheureux, où le temps n'existe pas. Nous ne sommes plus de ce monde.

Debout à la proue de son bateau, il raconte en vieux langage irlandais ses aventures aux gens du rivage, puis il leur dit adieu. Son bateau s'en va vers le large, toutes voiles déployées. Nul ne l'a jamais revu.

Conn Eda

Sur la terre d'Irlande vécut autrefois un fils de roi nommé Conn Eda. Jusqu'à l'âge de quatorze ans, il fut un enfant heureux et parfait. Par malheur sa mère mourut. Le roi épousa en secondes noces une femme d'une beauté nocturne et froide qui désira la mort du premier fils de son époux, afin qu'un enfant né de sa chair règne un jour sans partage. Une nuit elle se rendit chez une sorcière et lui demanda de jeter un sort mortel sur Conn Eda. La sorcière, dans sa cabane, agitant ses mains noueuses au-dessus de ses chaudrons fumants lui dit :

— Je n'ai pas le pouvoir de tuer un fils de roi. Mais je peux l'éloigner de la terre d'Irlande, et lui faire courir d'innombrables dangers. Prends cet échiquier que tu vois posé sur ce tabouret, propose au prince Conn Eda de jouer avec toi une partie d'échecs. Tu la gagneras infailliblement, car l'échiquier que je te donne est magique. Alors tu auras le droit d'imposer à ton partenaire un gage. Tu lui demanderas d'aller chercher pour toi les trois pommes d'or, le cheval noir et le chien immortel du roi des elfes.

Ainsi fait la reine froide. Elle lance un défi au prince Conn Eda. Le prince perd la partie d'échecs et sur l'heure il s'en va, l'esprit désemparé : il ne sait comment accomplir sa mission. Il va demander conseil au druide le plus vieux de son pays. Il lui dit :

— Je veux aller au royaume des elfes, mais je ne sais quel chemin prendre.

Le druide lui répond :

— Au fond d'un désert lointain vit un oiseau à tête humaine. Lui seul pourra t'aider. Dans mon écurie est un petit cheval à longs poils, je te le donne. Il te conduira jusqu'à son repaire. Prends aussi cette pierre précieuse. Tu l'offriras à l'oiseau fantastique. Alors il te dira par quel chemin atteindre le royaume des elfes.

Conn Eda remercie le vieux druide et s'en va sur son cheval à longs poils. A travers plaines et montagnes, il parvient au désert où vit l'oiseau à tête humaine. Au pied d'un roc il s'arrête. L'oiseau fabuleux apparaît dans le ciel bleu, les ailes déployées, et se pose à la cime du rocher. Conn Eda lui lance la pierre précieuse que sa bouche ouverte attrape au vol. Il claque des mâchoires, il l'avale. Alors l'oiseau à tête humaine du haut de son perchoir dit ces mots, à voix forte et croassante :

— Fils du roi d'Irlande, déplace le caillou qui est sous ton pied droit, prends la boule de fer que tu découvriras. Lance cette boule devant toi. Quand tu auras fait cela, ton cheval te dira ce que tu dois savoir, car il a le don de la parole.

Conn Eda fait ce que l'oiseau lui demande. La boule se met à rouler parmi les rocs. Le cheval la suit longtemps, jusqu'au rivage d'un lac immense et scintillant. La boule ne s'arrête pas : elle plonge dans l'eau, et disparaît. Alors, le cheval dit à son cavalier :

— Enfonce la main dans mon oreille droite, tu trouveras une fiole d'élixir. Enduis ton corps de cet élixir, et accroche-toi fort à ma crinière car maintenant tu vas courir de grands dangers.

Conn Eda obéit, son cheval entre dans l'eau, s'enfonce. Et voici que la surface du lac au-dessus de leurs têtes est semblable à une voûte céleste. Ils retrouvent la boule qui poursuit paisiblement sa course. Galopant derrière elle ils parviennent au bord d'une rivière traversée par un pont de pierre bossu. A l'entrée de ce pont se dressent trois terribles serpents aux gueules béantes.

— Enfonce ta main dans mon oreille gauche, dit le cheval. Tu y trouveras un panier. Il y a dans ce panier trois quartiers de viande. Jette-les droit dans la gueule de chaque serpent. Assure-toi sur ta selle.

Conn Eda lance les morceaux de viande dans la gueule de chaque serpent. Alors le cheval bondit dans un tourbillon de sifflements épouvantables, et traverse le pont. Longtemps encore Conn Eda chemine suivant toujours la boule qui roule devant. Il parvient au pied d'une montagne embrasée, flamboyante. Le cheval piaffe devant l'incendie gigantesque et crie dans le rugissement des flammes :

— Cramponne-toi, fils de roi !

Il s'envole par-dessus la montagne en feu, dans le ciel rouge.

— Es-tu encore vivant, Conn Eda ?

— Je le suis, répond le prince, mais mon corps est en feu.

— Courage, tu parviens au bout de tes peines.

Au-delà de la montagne, se dresse une forteresse de pierre noire et luisante sous le soleil. Le cheval s'arrête devant la haute muraille.

— Voici, dit-il, la cité du roi des elfes. Maintenant, Conn Eda, tu dois prendre ton couteau et me tuer, et m'écorcher. Puis tu t'envelopperas de ma peau. Alors tu pourras franchir sans danger la porte de cette cité.

Conn Eda écoute ces paroles qui l'effraient et le scandalisent. Il proteste :

— Tu es mon ami, je ne peux pas te tuer.

— Il le faut, répond le cheval. Allons, lève ton couteau et frappe, frappe en plein poitrail.

Le prince Conn Eda, la main tremblante, obéit. Il tue son compagnon, l'écorche, s'enveloppe de sa peau. Enfin il s'agenouille devant le cadavre dépouillé et pleure sur lui, abondamment.

Alors dans le brouillard de ses larmes, il voit la carcasse bouger, changer de forme et de couleur. Il frotte violemment ses yeux. Devant lui, maintenant, se dresse un homme au regard de nuit paisible et cet homme lui dit :

— Tu m'as délivré, Conn Eda. Je suis le fils du roi des elfes. Ton ami, le vieux druide, un jour de grand orgueil, m'a métamorphosé en cheval pour prouver sa puissance devant une assemblée de magiciens. Il m'a dit ce jour-là : « Tu seras mon prisonnier jusqu'à ce qu'un homme me demande le chemin de ton pays. » Cet homme, ce fut toi. Maintenant nous allons entrer ensemble dans la cité des elfes et le roi mon père te donnera de bon cœur tout ce que tu es venu chercher.

Conn Eda revint en Irlande avec les trois pommes d'or, le cheval noir, le chien immortel du roi des elfes et surtout l'illumination définitive de ceux qui ont atteint le tréfonds des rêves et des mystères.

La légende d'Etaine

Mider est un guerrier au sang vif, à la crinière flamboyante, au regard couleur d'océan, vert et gris. Oengus est son fils adoptif. L'amitié qui unit ces deux hommes est aussi puissante qu'un roc de granit : jamais aucune tempête ne pourra la déraciner. Un jour, à Brug, le domaine d'Oengus, au cours d'une fête violente, Mider est blessé durement. Un dieu-médecin le guérit mais la coutume celtique veut que le maître de Brug répare l'affront subi par Mider son invité.

— Que veux-tu de moi ? demande Oengus.

— Je veux, répond Mider, un char, un beau manteau et la plus belle fille d'Irlande.

Le char et le manteau lui sont aussitôt donnés. La plus belle fille d'Irlande, c'est Etaine, fille d'Aïllil, le roi. Oengus s'en va donc sur son cheval de guerre demander au roi Aïllil sa fille pour Mider. Aïllil exige qu'elle lui soit payée.

— Je veux, dit-il, en échange d'Etaine, son poids en pièces d'or.

Oengus paie. Il emporte sur son cheval Etaine la merveilleuse.

La voici maintenant devant Mider, tandis que Oengus s'éloigne dans le vent mouillé, sur le long chemin. Mider la regarde, elle regarde Mider, ils sont face à face, ils n'osent dire un mot ni faire un geste. Entre cette fille vendue et ce guerrier insouciant, naît en cet instant un amour éblouissant, si pur et si profond — ils le savent en cet instant miraculeux — que le temps ni la mort n'auront sur lui jamais de prise. Or Mider est marié à une femme qui n'a jamais voulu s'habiller que de noir. Blonde et noire, telle est Fuamnach, l'épouse. Elle est aussi la plus redoutable sorcière d'Irlande. Dans le jardin de son château, Mider s'avance avec Etaine. Fuamnach à sa fenêtre voit aussitôt l'amour qui les unit. Elle ne dit rien, mais elle serre si fort les poings que ses ongles font saigner le creux de ses mains.

Le jour passe et la nuit. A l'aube, Etaine sort dans le jardin, respire le parfum de l'herbe mouillée. Alors Fuamnach la magicienne tout à coup apparaît devant elle, le regard étincelant, et lève sa longue main pâle. Etaine tombe, foudroyée. Quand Mider vient la rejoindre, il ne la voit pas, il ne la trouve nulle part, le jardin est désert jusqu'à l'horizon. Mais un insecte rouge, d'une beauté fascinante, vient se poser sur sa main. Le bruissement de ses ailes est plus doux que les plus merveilleuses musiques, ses yeux brillent comme des pierres précieuses. Le cœur de Mider cogne dur dans sa poitrine. Cet insecte, c'est Etaine, métamorphosée par Fuamnach l'impitoyable qui a aussitôt disparu : son forfait accompli, elle est partie se réfugier chez son père, pour échapper à la vengeance de Mider.

Mider emporte avec lui Etaine l'insecte précieux : aussi longtemps qu'elle reste avec lui, sa seule présence le nourrit, et ses ailes répandent une rosée qui guérit de toute maladie. Mider, mélancolique mais paisible, ne peut vivre qu'en sa présence. Cette paix pourtant ne dure pas. Derrière les murailles du château de son père, Fuamnach la magicienne enrage de voir Mider illuminé par l'amour fou qu'il porte maintenant à sa femme-insecte. Alors elle fait lever une bourrasque furieuse qui emporte au loin Etaine dans ses tourbillons. Pendant sept ans souffle le vent. Pendant sept ans Etaine ne trouve en Irlande ni branche ni buisson ni colline où se poser. Elle erre dans les airs jusqu'à ce que sept ans soient écoulés. Alors elle tombe dans un pli du manteau de Oengus, le fils adoptif de Mider. Oengus, émerveillé, la pose sur sa poitrine et l'emporte dans la plus belle chambre de son château : la chambre-de-soleil dont les murs et le plafond sont de cristal pur. Oengus la dépose sur un coussin pourpre. Il emplit sa chambre-de-soleil de fleurs et d'herbes précieuses. Ainsi Etaine-l'insecte reprend vie et prospère.

Mais Fuamnach la sorcière n'a pas désarmé. Elle voit resplendir à nouveau sa rivale, elle enrage et tend ses longues mains vers le ciel, sur la plus haute tour de son château. Elle appelle une nouvelle tempête, un ouragan terrifiant qui fracasse la chambre-de-soleil et emporte à nouveau Etaine dans les nuages d'Irlande. Fuamnach vient d'accomplir là son dernier forfait. Oengus, pris de fureur, part à sa poursuite. Il chevauche dans la bourrasque, sous le ciel bas. Il abat les portes du château de Fuamnach. Fuamnach s'enfuit, elle court, sa chevelure blonde déployée et les pans de sa longue robe noire claquant derrière elle. Elle court jusqu'aux derniers rochers d'Irlande, au bord de l'océan. Jusqu'aux derniers rochers d'Irlande, Oengus la poursuit. Là, elle tombe à genoux face au grand large. Le guerrier la saisit par les cheveux, tranche sa tête, ses quatre membres et disperse son corps dans les vagues.

Alors la tempête s'apaise et loin, très loin de là, l'insecte merveilleux tombe, à bout de forces, par la fenêtre ouverte d'une vaste maison, dans une coupe d'eau qu'une femme porte à ses lèvres. Cette femme, c'est l'épouse d'Etar, homme sage aux paroles rares. Elle avale l'insecte. Aussitôt elle sent dans son ventre bouger une nouvelle vie. Au jour juste elle met au monde une fille : c'est Etaine, enfin ressuscitée, Etaine désormais fille d'Etar mais toujours aussi belle, toujours aussi amoureuse, au-delà du temps et des métamorphoses, de l'homme qu'il lui faut désormais retrouver : Mider, le guerrier.

Elle a maintenant, dans sa nouvelle vie, dix-sept ans. Elle ne distingue plus, dans sa mémoire, les images et les visages de sa vie passée. Le roi d'Irlande, Eochaïd, la rencontre, un jour, au bord d'une fontaine. Il est aussitôt émerveillé par sa beauté. Elle est vêtue d'un manteau brodé de pourpre. Ses cheveux sont coiffés en deux tresses couleur d'or. Elle les dénoue pour les laver dans l'eau claire, elle les prend à deux mains. Elles sont plus blanches, ses mains, que la neige à peine tombée. Ses lèvres sont rouges et fines, ses yeux verts et gris, elle sourit, et le roi Eochaïd est aussitôt amoureux d'elle. Il la veut pour femme. Elle ne peut repousser le roi, elle n'en a pas le droit. Elle ne peut refuser d'être sacrée reine. Elle suit donc Eochaïd dans sa forteresse de Tara. A Tara, longtemps elle vit mélancolique dans les jardins royaux, sous les grands arbres, parmi des gens paisibles qui chantent, à toute occasion, sa beauté. Un jour, elle rencontre Anglonnach, le frère du roi Eochaïd. A peine cet homme noble l'a-t-il vue qu'il l'aime lui aussi, à perdre corps et âme. Mais il se tait. Il ne veut, il ne peut déshonorer la reine. Il dissimule sa passion jusqu'au jour où Eochaïd, qui part en guerre, lui confie Etaine. Alors Anglonnach ne peut plus supporter, ne peut plus porter seul sa souffrance. Il l'avoue. Il dit à la reine Etaine :

— Je suis fatigué de me battre contre moi-même. Mon amour pour toi est sans fin, comme le ciel.

Etaine le regarde avec affection. Sans doute a-t-elle pitié de lui, elle voit dans les yeux d'Anglonnach une lueur qui la bouleverse. Elle lui répond :

— Viens ce soir hors de la citadelle, dans ma maison au bord de la rivière.

La nuit tombe. La lune et son troupeau d'étoiles brillent dans le ciel. Etaine attend dans sa maison. La porte grince, s'ouvre. Ce n'est pas Anglonnach qui apparaît devant elle. C'est Mider, qui l'aime d'amour absolu depuis plusieurs vies, Mider qu'elle a si longtemps perdu et qui lui dit, là, debout, après un long silence ébloui :

— Souviens-toi, tu étais mon épouse autrefois, la magie de Fuamnach nous a séparés, tu as ressuscité dans le corps de la femme d'Etar, souviens-toi.

Alors la mémoire revient dans l'esprit d'Etaine, et avec la mémoire, l'amour fou. Mider dit encore :

— Anglonnach dort à cette heure dans sa chambre, libéré de toute passion. Dans son esprit où j'étais entré par sorcellerie, c'est moi qui t'aimais, c'est moi qui souffrais de te voir femme de roi. Maintenant, je suis venu te chercher. Veux-tu venir avec moi ?

Etaine répond :

— Je suis la reine de ce pays. Mais je viendrai avec toi si Eochaïd y consent.

Le jour où le roi Eochaïd revient de guerre, dans sa forteresse de Tara, Mider l'attend. Ensemble ils fraternisent, ils sont tous les deux des héros. Ils festoient, ils mangent et boivent, Eochaïd raconte ses victoires. Au milieu de la nuit, enfin, Mider propose au roi une partie d'échecs.

— L'enjeu, dit-il, sera ce que le gagnant décidera.

Le roi Eochaïd accepte, et la partie s'engage. A l'aube, Mider a gagné. Le roi Eochaïd se lève et d'un revers de main renverse les pièces du jeu qui roulent sur les dalles. Il est furieux, mais loyal.

— Que veux-tu, dit-il, pour prix de ta victoire ?

Mider répond :

— Ta femme. Etaine.

Eochaïd les yeux étincelants pose le poing sur son épée. Un moment il hésite. Il dit enfin :

— Demain, à midi, je te la donnerai. Maintenant va-t'en.

Mider quitte la forteresse. Eochaïd prend à deux mains sa tête. Il ne veut pas tenir parole. Il cherche comment tromper son vainqueur, il réfléchit, longuement. Le lendemain quand Mider se présente devant les murailles de Tara, cinq cents soldats lui interdisent l'entrée. Eochaïd sur le rempart éclate d'un rire formidable. En bas, sur le chemin, Mider lève la tête. Le roi lui crie :

— Si à midi sonnant tu n'es pas devant moi, dans la plus haute chambre de mon château, je serai délié de ma promesse.

A midi sonnant, la porte de la plus haute chambre du château s'ouvre. Mider entre. Il est aussi puissant, aussi vif, aussi beau qu'au temps de sa jeunesse mais sa longue vie l'a doué de pouvoirs magiques : il s'est rendu invisible et s'est faufilé parmi les soldats assemblés. Etaine est là, avec le roi. Elle vient vers celui qu'elle aime depuis plusieurs vies. Eochaïd pousse un rugissement de fauve. Il tire son épée. Alors Mider, de son bras droit, enlace la taille d'Etaine. Ensemble ils s'élèvent dans l'air, disparaissent, s'évaporent. Les guerriers accourus voient le roi penché à la fenêtre, qui regarde en gémissant deux oiseaux blancs dans le ciel. Deux oiseaux blancs qui s'éloignent de Tara, sur la plaine. Etaine et Mider à jamais réunis.

XVIII. ÉCOSSE

John-l'archer

En ce temps-là, dans le château de Fort Augustus, perché sur la montagne au-dessus des cascades, une compagnie d'archers rescapée de vingt ans de guerre tenait garnison. Parmi ses frères d'armes, vivait un guerrier balafré nommé John. Il avait mené joyeuse vie tant qu'il avait pu courir l'aventure, de taverne en champ de bataille, mais à Fort Augustus, où il ne se passait jamais rien, il s'ennuyait. Il s'ennuya si fort qu'un jour, il accrocha son arc au clou, dans la salle des gardes, se déguisa en paysan, et déserta sans vergogne.

Ce jour-là, il s'en va donc, droit devant lui. Parvenu à bonne distance il se retourne vers les remparts déjà lointains de Fort Augustus et tend le poing en marmonnant dans sa barbe rude :

— Que le malheur m'emporte si je revois jamais ce maudit château.

Il s'enfonce dans la forêt. Le soir venu, il rencontre sur son chemin une vaste et noble demeure aux fenêtres illuminées. Il frappe à la porte, il demande l'hospitalité pour la nuit. Le maître de l'endroit, un seigneur à l'air honnête et bon vivant, l'accueille sur le seuil. Il examine John des pieds à la tête, avec attention, puis il lui dit :

— Tu me parais être un homme brave et résolu.

— Je n'ai peur de rien, répond John.

— Tu me conviens donc, dit le seigneur. Je t'offre pour la nuit un de mes châteaux. Il est là, derrière ce petit bois de chênes. Mais je te préviens, il est hanté.

John éclate d'un rire sonore.

— Le fantôme qui me tirera par les pieds n'est pas encore né, dit-il. J'accepte votre invitation avec reconnaissance.

— A ton aise, répond l'autre.

Il lui donne pour son dîner une fiole de whisky, quelques concombres et le conduit au château.

John s'installe pour la nuit. Il allume un grand feu dans la cheminée, se verse un bon verre de whisky, s'affale dans un fauteuil. Il attend. Au premier coup de minuit, deux femmes, au fond de la salle, apparaissent à travers une porte fermée. Elles sont livides, leurs cheveux pendent lamentablement autour de leur visage. Elles portent, sur leurs épaules voûtées, un cercueil qu'elles déposent sur les dalles, au milieu de la pièce. Puis elles disparaissent, comme elles sont venues. John regarde cet étrange spectacle, l'œil allumé par le whisky.

— Voilà qui est intéressant, dit-il.

Il jette une brassée de bois dans la cheminée, s'approche du cercueil et fait sauter le couvercle. Un vieil homme est couché là, dans la caisse. Il est enveloppé, sauf le visage et les mains, dans une peau de cerf.

— Hé, grand-père, lui dit John, tu dois avoir froid dans ta boîte. Viens te chauffer près du feu. Vois comme il brûle joliment. Veux-tu boire un verre en ma compagnie ?

Tout en parlant ainsi, il soulève le bonhomme et l'assoit sans façon dans un fauteuil devant la cheminée. Mais le corps sans vie, à peine assis, s'effondre sur le sol, comme un pantin. John le rassoit. Cette fois, pour qu'il tienne en place, il l'attache au dossier du fauteuil avec la courroie de son sac. Après quoi, il vide le fond de sa fiole de whisky, fait claquer sa langue et s'endort, tranquillement, devant le feu rougeoyant.

Au premier chant du coq, le cadavre s'agite et gémit. John se réveille, se frotte les yeux et grogne :

Vieil homme, je veux que tu me dises pourquoi tu hantes ce château. Je te promets de faire célébrer pour le repos de ton âme autant de messes que tu voudras. Ainsi tu auras la paix et nous aussi.

Alors le vieillard ouvre la bouche et répond, d'une voix caverneuse, la barbe tremblante :

— Écoute, et rapporte ces paroles à mon fils qui t'a accueilli hier soir : au-dessous de cette chambre, se trouve une cave. Dans cette cave est enfoui un chaudron plein d'or, que mon fils devra partager avec toi. Les femmes qui ont porté ici mon cercueil sont des paysannes que j'ai persécutées de mon vivant. J'ai enlevé leurs troupeaux, je les ai réduites à la misère noire. Tu diras à mon fils, le baron de Craig, de payer leurs enfants avec sa part de trésor. A cette condition, elles me laisseront dormir en paix.

— Grand-père, répond John, je dirai tout cela à ton fils, le baron de Craig.

Il détache le vieillard qui aussitôt rejoint son cercueil, à petits pas, et s'évanouit comme une ombre.

C'est ainsi que John, le vieux guerrier, hérita d'une fortune confortable qu'il s'en alla joyeusement dépenser dans sa ville natale. Il y mena une vie opulente et folle jusqu'au jour où il s'ennuya de ses compagnons d'armes. Alors il résolut d'aller leur rendre visite, à Fort Augustus qu'il avait autrefois déserté.

Le voilà donc sur le chemin du retour. Il arrive en vue du château fièrement dressé sur la montagne. Le vieux guerrier déserteur s'assied un instant sur une grosse pierre. Alors il aperçoit un homme qui vient à lui en trottinant parmi les cailloux, une sorte de mendiant à la gueule tordue, maigre, bossu, répugnant. Il s'approche de John, tend un doigt crochu vers les remparts de Fort Augustus, et dit :

— Vois-tu ce château ?

— Je le vois, répond John. Mais qui es-tu, toi, et que me veux-tu ?

— Tu devrais le deviner, dit l'autre. Homme sans mémoire ! Le jour où tu as quitté Fort Augustus, tu as dit : « Que le malheur m'emporte si je revois jamais ce maudit château. » Te souviens-tu ? Eh bien le château est en vue, je suis le Malheur, et je viens te chercher.

— Le Malheur ? dit John. Qu'est-ce qui me prouve que tu l'es ?

— Demande-moi une preuve, répond l'autre un peu vexé, je te la donnerai.

— Si tu veux que je te croie, dit John, change-toi d'abord en une petite souris grise.

Le bonhomme Malheur fait la grimace, se mouche dans ses doigts, et se métamorphose en souris. Aussitôt John empoigne la bestiole, la fourre dans son sac et lui dit :

— Il faut absolument que j'aille à Fort Augustus. Tu sortiras de là quand j'aurai réglé mes affaires.

Il s'en va, son sac sur l'épaule.

A Fort Augustus, ses vieux camarades l'accueillent à bras ouverts. Mais à peine a-t-il traversé la cour sous les vivats que son capitaine apparaît devant lui.

— Déserteur, lui dit-il, sois maudit. Je t'arrête.

Il lui met la main au collet et le fait aussitôt comparaître devant le conseil de guerre. John est condamné à mort avant même qu'il ait eu le temps de compter les galons d'or sur la poitrine de ses juges. Il sera percé de flèches par ses anciens compagnons d'armes, demain à l'aube. Un silence consterné accueille cette sentence. Alors le Malheur se met à s'agiter follement dans le sac de John, posé à ses pieds. Une petite voix fluette s'élève.

— Laisse-moi sortir, fils, je ne serai pas long à les exterminer tous.

Les juges froncent les sourcils. Le capitaine, l'œil rond, la moustache frémissante, rugit :

— Qui a parlé ?

— C'est ma souris blanche, dit John. Cette brave bête répand la peste partout où elle passe. J'ai réussi à l'apprivoiser et à l'enfermer dans mon sac. Mais dès que je serai mort, elle s'échappera. Moi seul peux la tenir captive.

Une rumeur d'effroi traverse la salle du tribunal. Les juges pâlissent. Ils tiennent conseil à voix basse. Enfin, le capitaine annonce, piteux comme un chien mouillé, la voix rauque :

— Rectification : John tu n'es plus condamné à mort. Tu es

gracié. A condition que tu files, que tu disparaisses avec ta maudite bête. Et qu'on ne te revoie plus à Fort Augustus !

John salue et s'en va au pas de course, sans plus de formalités. Il court comme s'il avait le diable à ses trousses, jusqu'à ce que les remparts de Fort Augustus aient disparu dans la brume lointaine. Au soir, il arrive dans un village aux maisons de granit. Alors le Malheur se met à cogner contre son sac.

— Hé, laisse-moi sortir, dit-il, tu l'as promis, laisse-moi sortir.

John fait la sourde oreille. Il entre chez le forgeron, un nommé Glen Morrisson, dont l'atelier est grand ouvert sur la place du village. Il lui dit :

— Une pièce d'or pour toi si tu veux bien battre mon sac avec ton marteau. Le cuir a besoin d'être assoupli. Il est si dur qu'il m'écorche le dos.

— Ce sera bientôt fait, répond Glen Morrisson.

Il pose le sac sur l'enclume et cogne. Alors le Malheur prisonnier se met à pousser des cris épouvantables. Le forgeron en reste pantois, son marteau en l'air.

— Ce sac est ensorcelé, dit-il.

— Oui, répond John, je crois que je vais devoir le brûler.

— Homme, laisse-moi sortir, crie le Malheur, je te jure que je ne te tourmenterai plus, ni dans ce monde, ni dans l'autre.

— Parole de démon ! dit John.

Il prend son sac et le jette dans la fournaise de la forge. Alors jaillissent d'immenses flammes vertes au milieu d'une épaisse fumée. Le Malheur disparaît, vaincu.

John reprit le chemin de Fort Augustus puisque rien de fâcheux ne pouvait désormais lui arriver, son Malheur étant mort. Il vécut tranquillement parmi ses camarades, et mourut le jour de ses cent ans, dans son sommeil, au milieu d'un rêve.

Titania

Thomas-le-rimeur était un homme un peu secret et volontiers mélancolique. Il préférait, à la compagnie de ses semblables, la solitude des longs chemins. Il s'en allait souvent courir les collines, les poings aux poches, et revenait au soir, le regard brillant, la tête pleine d'images inventées.

Un jour, Thomas se reposant au bord du chemin, à l'ombre d'un vieux chêne, voit venir vers lui une femme superbement vêtue, montée sur un cheval gris. Or, il n'entend pas le bruit du galop de ce cheval sur les cailloux. On dirait que l'apparition naît de la lumière et de l'air bleu, là-bas. Elle ne semble pas vraiment s'approcher mais prendre forme, lentement. Cela le bouleverse si fort qu'il ferme un instant les yeux, la main sur son front. Quand il ose à nouveau regarder, la cavalière est là, devant lui. Elle met pied à terre, attache la bride de son cheval à une branche basse. Elle est belle et majestueuse. Thomas s'approche d'elle. Elle rit, voyant sa figure éberluée. Elle dit :

— Je m'appelle Titania.

— Mon nom est Thomas, répond le jeune homme. Thomas-le-rimeur.

Un long moment ils restent face à face à l'ombre du chêne, puis ils parlent enfin. Ils disent de ces mots ordinaires qui dissimulent parfois les émotions éblouissantes, car ils sont déjà amoureux. Jusqu'au crépuscule le temps passe dans la lumière des miracles. Alors Titania dit :

— Je dois maintenant te quitter, car je ne suis ni de ce pays ni de ce monde.

Thomas caresse sa chevelure. Il lui demande :

— Qui es-tu donc ?

— Une fée, répond Titania.

Thomas n'est pas surpris : il est de ces hommes que les grands mystères fascinent, mais n'étonnent pas. Il dit :

— Je ne veux pas te perdre. Emmène-moi avec toi.

Titania-la-fée hoche la tête, le regard mélancolique :

— Tu traverseras d'étranges épreuves. Mais si ton cœur est assez fort, si tu survis à l'épouvante, alors nous parviendrons ensemble au pays de l'amour perpétuel.

Thomas sourit, fièrement. Il se dresse, détache le cheval gris, bondit en selle. Titania monte derrière lui, autour de sa taille elle noue ses mains.

Ils chevauchent si follement que Thomas ne voit plus ni lande ni chemin. Il va, dans une bourrasque de brume, échevelé, heureux, exalté comme un enfant fou. Il se retourne vers celle dont les bras l'étreignent, criant un mot d'amour. Mais c'est un cri d'horreur qui déchire sa gorge. La chevelure de Titania est maintenant hirsute et grise, ses yeux hallucinés, son front crevassé de rides, ses joues creuses, ses dents noires, son visage est celui d'une terrifiante sorcière. Un aiguillon de glace perce le cœur de Thomas. Il veut sauter à terre, pris de panique. Il serre les dents, pourtant, et les paroles de la fée lui reviennent à la mémoire : « Tu traverseras d'étranges épreuves. » Le souvenir de son vrai visage, de sa douceur envahit son esprit. Il se penche sur l'encolure de son cheval. Il hurle :

— Va, va.

Maintenant le cheval galope, plus effréné que tous les vents du diable, dans une lumière grise, au-delà du jour et de la nuit. Alors dans le ciel se lève un soleil inconnu, aussi rouge que le sang. Rouges sont les vallées et les collines alentour, et rouge la rivière qui tout à coup apparaît, droit devant, étincelante. Le cheval bondit dans le courant, traverse les eaux, grimpe sur la berge opposée et s'arrête là en hennissant, la tête levée vers le ciel. Thomas regarde ses jambes, son corps, ses mains. Il est couleur de sang, lui aussi. Il met pied à terre, il se retourne vers Titania. Alors il la revoit belle comme au premier instant de leur rencontre. Elle dit :

— Les sortilèges ne t'ont pas vaincu. Sois béni. Ce sentier là-bas conduit à mon royaume. Nous serons bientôt arrivés.

Ils vont, le ciel peu à peu s'éclaire, le pays peu à peu s'embellit, comme un printemps sortant de la nuit.

Thomas vécut sept ans d'amour parfait, avec Titania, dans un jardin enclos de remparts circulaires, au cœur du royaume des fées. Un soir, il s'endormit, pensant avec mélancolie à son pays, à sa vieille maison. Au matin, il s'éveilla devant sa porte. Il retrouva ses amis, sa famille. On l'avait cru mort. Dans son regard brillait une inquiétante lumière. On lui fit fête, il raconta ses aventures. Puis il voulut rejoindre Titania, qu'il aimait toujours d'amour émerveillé. Alors il s'en alla dans les collines. On l'a vu courir derrière une biche bondissante qui plongea dans un torrent. Il plongea derrière elle, et personne ne l'a jamais revu.

XIX. SCANDINAVIE

Création et apocalypse

Un jour, au temps où les hommes, sur les pâturages de la terre, n'avaient pas encore dressé leurs campements, dans la plus haute chambre du palais d'Asgard, la cité des dieux, une femme apparaît devant Odin, le maître des héros : elle est hallucinée, échevelée, terriblement superbe. Elle est venue révéler en secret, pour Odin seul, dans le langage des rêves, le destin du monde. Elle dit ceci :

— Écoute, voici ce que je vois : d'abord, avant la naissance des hommes, les dieux s'assemblent sur la terre pour donner leur nom à la nuit, au matin, au midi, au crépuscule, aux jours de la semaine et aux mois de l'année. Puis sur les vastes prairies ils élèvent des maisons, des ateliers, des forges où ils façonnent des outils d'or, des charrues. Ainsi commence le temps. Le cœur du monde se met à battre. Alors apparaissent trois filles géantes. Elles viennent de la lointaine contrée où l'océan atteint les bords de la terre. Ces trois géantes, on les appelle les Nornes. La première sait tout du passé, la deuxième sait tout du présent, la troisième sait tout de l'avenir. Le temps des hommes est désormais venu.

Les dieux font naître le premier couple humain d'un arbre gigantesque : son feuillage couvre l'univers. Dans son tronc est une grande salle voûtée : c'est la demeure des trois géantes, les Nornes. Sous la première racine de cet arbre se trouve le monde des morts. Sous la deuxième racine, le monde des géants. Sous la troisième racine dort un serpent. A la cime de cet arbre vit un aigle prodigieux. Entre ses yeux, un faucon veille jour et nuit.

Les hommes, les peuples, les empires habitent dans cet arbre, mais ils l'ignorent. Les hommes imaginent un univers à leur dimension minuscule. Ils se trompent. Ils ne savent pas que leur planète n'est qu'un fruit de l'arbre de la Création. Ils ne savent pas que les autres planètes et les étoiles qu'ils voient dans le ciel ne sont que d'autres fruits de l'arbre de la Création. Ils ne savent pas imaginer la taille de cet arbre, pas plus qu'une fourmi ne peut savoir les dimensions du soleil. Mais ils vivent, les hommes. Ils travaillent, rêvent, voyagent, se battent. Ils écrivent des livres et construisent des mondes. Ils défient les dieux parfois, ils leur déclarent des guerres insensées. Ils les perdent : les dieux règnent sur toutes les planètes où vivent leurs créatures. Mais ils ont perdu leur bonheur premier, la paix des premiers temps, car on ne règne jamais sans douleur, sans fatigue, sans hargne. Non, les dieux ne vivent pas en paradis, les dieux souffrent, eux aussi.

Le temps passe avec ses longs cortèges de vivants : passe le temps des haches, d'abord. Puis le temps des épées, puis la saison des tempêtes, puis la saison des loups. Alors vient le crépuscule des mondes. Un coq à crête d'or réveille les héros. Un autre coq, couleur de rouille, réveille les morts. Un autre encore réveille les géants enfouis sous la deuxième racine de l'arbre. Ce jour-là, Fenrir, la bête de l'apocalypse, le loup fabuleux que les dieux ont enchaîné aux premiers temps du monde, sur une île lointaine, et qui ronge depuis ce temps la corde magique qui le tient prisonnier, Fenrir se libère enfin, brise son entrave, bondit dans le ciel, ravage Asgard, la cité des dieux, et fait un carnage de ses habitants. Les dents rouges, les babines sanglantes, il se couche enfin sur une montagne de ruines et de morts.

Alors le navire des enfers lève l'ancre. Nagfar tel est le nom de ce navire. Il est immense et brumeux. Savez-vous de quelle matière il est fait ? Il n'est pas de bois ni de fer : il fut bâti avec les ongles des morts. Avec tous les ongles de tous les morts de l'univers on a fait ce bateau, sa coque, ses mâts, ses voiles grinçantes. Ce bateau emporte les vivants.

Alors les géants, surgis du fond de l'univers, escaladent l'arc-en-ciel et déclarent la guerre aux dieux. Mais l'arc-en-ciel se brise sous leur poids. Ils tombent en désordre. Le fracas de leur chute fait trembler la terre et réveille les volcans, et réveille le serpent endormi sous la troisième racine de l'arbre. Il se dresse, il livre bataille à Thor, le dieu suprême. D'épouvantables tempêtes de sang, pendant neuf jours et neuf nuits, s'abattent sur l'univers tant ce combat est féroce. Les planètes tourbillonnent, ciel et terre, soleil, lune, étoiles, lumière et ténèbres sont confondus. Celui qui pourrait voir ne verrait, partout, que couleur de sang. Au bout de neuf jours et neuf nuits de combat, Thor enfin parvient à écraser sous son poing la tête du serpent.

Alors l'univers s'apaise. Dans la vaste prairie du monde les dieux paisibles reviennent comme ils étaient venus aux premiers temps. Ils semblent se réveiller d'un long cauchemar. Mais dans l'herbe verte du pâturage, cette fois, ils découvrent les pièces d'un jeu d'échecs dispersées. Qui a joué, et contre qui ? Les dieux eux-mêmes ne le savent pas. Ils construisent à nouveau des maisons, des ateliers, des forges. Ils fabriquent des outils d'or, des charrues. Le soir devant le feu ils parlent des batailles passées.

Et ils disent que, bientôt peut-être, des hommes nouveaux reviendront au monde. Et tout recommencera.

Fenrir

Un jour, un louveteau à la fourrure grise franchit la grande porte de la ville d'Asgard, la cité céleste des dieux nordiques. Nul ne sait d'où il vient, de quelle obscure forêt. Il trotte dans les rues d'Asgard, la queue en spirale sur son dos. Il flaire l'air, la tête haute. Les guerriers du ciel s'écartent sur son passage. Ce louveteau a un air d'arrogance qui fait frémir les plus braves. Seul, le dieu Tyr ose tendre sa main vers lui pour caresser son museau. Le louveteau lèche cette main tendue. Le dieu sourit et l'adopte. Il le baptise Fenrir et le nourrit. Tous les matins, au soleil levant, il lui tend des quartiers de bœuf au bout de son sabre, et Fenrir grandit. Il grandit vite. Il atteint bientôt la taille des dieux. Le voici maintenant majestueux, gigantesque. Alors, les gens d'Asgard s'inquiètent. Fenrir est paisible mais ils n'aiment pas sa tranquillité puissante. Ce loup pourrait, s'il le voulait, ravager la cité céleste. « Mieux vaut l'enchaîner, par prudence », se disent-ils. Ils fabriquent donc une lourde chaîne aux maillons épais comme un bras d'homme. Ils attachent Fenrir qui se laisse faire, sans même grincer des crocs. Mais il continue à grandir et bientôt, secouant son encolure, il fait éclater son collier de fer.

Alors les dieux forgent une seconde chaîne deux fois plus lourde que la première. Ils attachent à nouveau Fenrir. Maintenant deux flammes rouges brûlent dans ses yeux. La nuit, parfois, la gueule dressée vers la lune, il gronde sourdement. Il grandit encore. Il brise à nouveau sa chaîne et son collier. Cette fois, les dieux tremblent. Ils se sentent impuissants à contenir ce formidable déploiement de vie dans le corps de la Bête. Ils appellent au secours les vivants du centre de la terre. Ces vivants, pour sauver la cité céleste, fabriquent une corde incassable même par le dieu des loups.

Mais Fenrir, maintenant, ne veut plus se laisser docilement entraver. Il aime folâtrer comme un chien. Il aime bondir, la gueule grande ouverte, parmi les guerriers, et rouler avec eux dans l'herbe. Il semble s'étonner que les dieux refusent de jouer avec lui. Un jour, il va se plaindre à Tyr, le patriarche d'Asgard. Tyr, alors, invente une ruse pour piéger Fenrir, sans éveiller sa fureur. Il lui explique que la cité céleste est trop étroite pour lui.

— Nous allons te conduire, lui dit-il, dans une île lointaine où tu seras libre de courir et de bondir autant que tu voudras avec nous, tes amis.

Fenrir, joyeusement, accepte de partir. Il est le premier à sauter dans le bateau et du bateau sur le rivage de l'île lointaine. Il demande aussitôt à quel jeu ils vont jouer ensemble. Les dieux lui montrent la corde tressée par les vivants du centre de la terre. Ils en attachent un bout aux rochers de l'île. L'autre bout ils le présentent à Fenrir. Ils lui disent :

— Nous sommes capables nous, dieux, de casser cette corde. Nous allons l'attacher à ton cou, et si tu parviens à la briser tu seras notre maître.

Fenrir, méfiant, flaire la corde. Les poils de son échine se hérissent. Il regarde les visages impassibles autour de lui. Il grogne, il appelle Tyr, le seul dieu qui l'a nourri aux premiers jours de sa vie. Tyr s'avance vers lui. Alors Fenrir saisit son poignet entre ses énormes mâchoires, doucement, sans entamer la peau. Puis il dit :

— Maintenant, attachez-moi.

Les mains tremblantes, les dieux attachent la corde au cou de Fenrir. Puis ils reculent tous, sauf Tyr, pris en otage. Le grand loup se dresse sur son arrière-train et s'élance. La corde résiste et le ramène brutalement en arrière. Trois fois il bondit, trois fois il s'effondre, à bout de corde, incapable de la briser. Alors les yeux étincelants il regarde Tyr, dont il tient toujours le poignet entre ses crocs, et le dieu, tristement, regarde le loup. Ni l'un ni l'autre ne disent mot. Ils sont tous les deux pris au piège. Tyr ferme les yeux. Les mâchoires de Fenrir claquent, arrachant la main du dieu qui tombe sanglant dans l'herbe. Ses compagnons l'emportent. Ils le ramènent, sur la mer grise, vers Asgard où il règne encore aujourd'hui, immortel et manchot.

Fenrir, demeuré seul sur l'île, attend depuis ce jour, ruminant sa fureur. Le grand loup est patient. Il sait que le temps, qui vient à bout de tout, finira par effilocher la corde. Elle cédera, une nuit de tempête, et Fenrir déchaîné bondira dans le ciel à la poursuite des étoiles, il déchirera leur ventre d'argent. Alors une pluie de sang tombera des cieux. Avec elle viendra le crépuscule des dieux, et des hommes. Et la terre s'éteindra parmi les mondes infinis.

La mort de Balder

Dans la cité d'Asgard, la violente et superbe cité des dieux scandinaves, vécut autrefois un héros nommé Balder, qui ne ressemblait guère à ses frères divins. Il n'était ni féroce ni ravageur, il ignorait l'orgueil, il n'effrayait personne. Il avait la beauté de l'innocence et savait partout consoler les souffrants, quels qu'ils soient. Les dieux l'aimaient, les hommes, les animaux, les plantes, les cailloux, aussi.

Pour que soient à jamais honorées ses vertus, les vivants d'Asgard demandèrent un jour à Frigg, le dieu suprême, une grâce : que Balder vive éternellement, qu'il soit à jamais épargné par les créatures de l'univers. Que ni le feu, ni la pierre, ni le bois, ni le fer, les maladies, les poisons, les serpents ne puissent jamais blesser ni tuer l'être le plus parfait de la cité d'Asgard. Cette grâce fut accordée. Le dieu suprême fit prêter serment a toutes les créatures de l'univers, qui promirent de ne jamais faire souffrir Balder. Pour célébrer cette alliance, les gens d'Asgard décidèrent de faire une grande fête.

A l'heure dite, ils festoient sur la vaste place de la cité. Au milieu de cette place, à la fin du festin, ses compagnons demandent à Balder de se mettre debout. Ils font cercle autour de lui, et par jeu, puisque plus rien au monde ne peut le blesser, ils lancent sur lui des cailloux et des javelots. Balder rit sous l'avalanche qui l'effleure sans jamais l'atteindre, et le peuple d'Asgard se réjouit aussi.

Dans la foule une femme nommée Loki reste seule, renfrognée, taciturne. Elle trouve ce jeu agaçant et grotesque. Elle s'éloigne et va visiter Frigg, le dieu suprême. Elle lui dit :

— Tout ce qui vit dans ton univers a donc vraiment juré d'épargner Balder ?

— Tout, répond Frigg, sauf un petit rameau de gui, qui pousse à l'ouest d'Asgard. Celui-là m'a semblé trop jeune pour que j'exige de lui un serment.

Loki s'en va à l'ouest d'Asgard, cueille ce rameau de gui et revient sur la place où festoie le peuple. Un aveugle est là que les gens bousculent et qui ne sait que faire de ses mains. Loki lui dit :

— Pourquoi ne tires-tu pas, toi aussi, sur Balder ?

L'aveugle répond :

— Je ne sais pas où il se tient, et je n'ai pas d'arme.

Alors Loki le prend par les épaules.

— Te voilà en face de lui, dit-elle. Tiens, lance cette baguette sur Balder. Honore-le comme tout le monde.

L'aveugle lance le rameau de gui. Le rameau de gui perce le cœur de Balder. Il tombe mort, le dieu parfait.

Le ciel aussitôt s'obscurcit. Les dieux, tant leur douleur est grande, n'ont même pas la force de relever le héros innocent, tombé sanglant dans la poussière. Seul Odin, le plus puissant, le plus vénérable, a le courage de le prendre dans ses bras. Il va lentement par les rues d'Asgard. Des larmes ruissellent dans sa barbe et sa bouche tremble. Il ordonne que soit amené sur le rivage le bateau funèbre qui conduira Balder au royaume des morts. Il dépose le corps du héros sur ce bateau dont le bois grince, gémit, souffre, car tout l'univers vivant éprouve la douleur d'avoir perdu Balder. Cette douleur est si grande que le navire refuse de quitter le rivage. Il faut pour le pousser vers le large que vienne du monde inférieur une géante échevelée chevauchant un loup aux yeux rouges. Elle hurle et tient dans son poing, en guise de fouet, une vipère qu'elle fait tournoyer au-dessus de sa tête au bord de l'océan. Elle déchaîne une terrifiante tempête qui emporte le bateau funèbre et le corps de Balder.

Passent neuf nuits. Odin, que la douleur ravage, envoie Hermod, le frère de Balder, demander au dieu des morts la grâce du héros innocent. Hermod, dans le ténébreux palais du maître des enfers, tombe à genoux. Il supplie avec éloquence. Le maître des enfers l'écoute et dit :

— Si toutes les créatures de l'univers pleurent la mort de Balder, il reviendra parmi les vivants. Si quelqu'un refuse de pleurer, ne serait-ce qu'un petit caillou sur un sentier montagnard, Balder restera dans mon royaume.

Hermod revient à la cité d'Asgard. Il rend compte de sa mission. Aussitôt Odin envoie partout dans l'univers des messagers. Ces gens demandent à toutes les créatures du dieu suprême de pleurer Balder, afin qu'il ressuscite. Toutes les créatures pleurent et espèrent la renaissance du héros innocent. Les messagers d'Odin chevauchent sur le chemin du retour. Alors, devant une caverne, ils voient une femme assise. Son visage est sec. C'est Loki : elle cueillit le rameau de gui qui perça le cœur de Balder. Assise devant son feu, elle dit à ceux qui lui demandent de pleurer :

— Je ne veux rien que la simple justice en ce monde. Rien que cela : que chacun subisse le sort de tous. Balder ne m'a jamais fait de mal. Il ne m'a jamais fait de bien. Je n'ai aucune raison de me lamenter.

Loki, impitoyable et juste, n'a pas voulu que Balder revienne parmi les vivants. Il brillera jusqu'à la fin des temps comme un point de lumière dans la nuit des morts.

La mort du dieu Odin

En ce temps-là, une religion nouvelle envahit la vieille Scandinavie : la foi chrétienne, venue de Palestine. Les hommes, parfois, rencontraient encore les anciens dieux, le long des routes caillouteuses, sur les vastes landes désertes, mais ils n'étaient plus que des vagabonds à bout de forces. La religion nouvelle leur avait pris leur unique nourriture : la parole. Privés de parole, les anciens dieux mouraient de faim. Voici comment le plus grand des pères légendaires de l'antiquité scandinave quitta ce monde :

Un soir de neige et de grand vent, devant la forteresse d'Olaf Triggvason, arrive un vieillard enveloppé dans une cape sombre, le bord de son chapeau rabattu sur ses yeux. Olaf Triggvason est un des premiers rois chrétiens de l'Islande. C'est un guerrier rugueux, rustique. Sa forteresse est une énorme bâtisse de pierre brute. Un grand feu crépite au milieu de la vaste salle voûtée où il festoie, ce soir-là, avec quelques compagnons vêtus de cuir, aussi massifs, aussi farouches que lui. Dans cette salle, le vieillard entre lentement. Son bâton de vagabond sonne sur les dalles. Nul ne peut distinguer les traits de son visage. Il s'arrête devant le feu. Le roi accoudé sur sa table de pierre, de l'autre côté des flammes, l'examine longuement. Il tient dans son poing une lourde coupe de vin. Il dit :

— Vieillard, que sais-tu faire et que veux-tu de moi ?

L'étranger répond :

— Je sais jouer de la harpe, je sais raconter des légendes Je veux que tu m'écoutes.

Le roi fait un signe. Le vieillard s'assied sur un tabouret. Sur sa harpe il joue des airs anciens dans la lumière du grand feu. Puis il dit :

— Maintenant, je vais vous raconter la naissance du dieu Odin, que vos pères et vos ancêtres honoraient autrefois.

Il parle à voix grave et mélancolique :

— Quand le dieu Odin naquit, les trois vieilles du destin se penchèrent sur son berceau d'or et de bois. De ces trois vieilles, la première, aux cheveux blancs, aux yeux couleur d'océan, la première lui donna la puissance et la sagesse. De ces trois vieilles, la deuxième, aux joues ridées, aux lèvres minces, aux yeux semblables à deux étoiles dans la nuit, la deuxième lui donna la royauté des dieux. De ces trois vieilles, la troisième, aux yeux de cendre, aux longs doigts de bois mort, la troisième alluma devant le berceau une bougie de cire et dit : « Cet enfant mourra quand cette bougie sera consumée. » Aussitôt, la mère du dieu Odin éteignit la flamme, afin que la bougie ne se consume pas. Elle la conserva précieusement dans son armoire et quand Odin fut en âge de régner elle la lui confia en lui disant : « Voilà ta vie, veille sur elle. »

Ainsi parle le vieillard, assis devant le feu, le visage caché dans l'ombre de son chapeau. Sur ses épaules voûtées, la neige du grand chemin n'a pas fondu. Elle brille à la lumière douce. Le roi Olaf Triggvason vide sa coupe de vin, essuie sa barbe d'un revers de main et dit :

— Je ne crois pas à ton histoire. Je suis chrétien. Les dieux de l'ancienne Scandinavie étaient de faux dieux, indignes de notre affection.

Le vieillard répond tristement :

— J'ai dit pourtant la vérité. Il est très tard, seigneur, je dois partir.

Il sort de sa poche une bougie de cire. Il l'approche des braises qui rougeoient devant lui, l'allume et la pose sur une dalle, près de lui.

— Quand elle sera consumée, dit-il, je reprendrai ma route.

Il s'appuie sur son bâton et baisse la tête. Le roi Olaf

Triggvason et ses compagnons demeurent silencieux. Ils osent à peine bouger, à peine respirer devant ce vieillard accablé, devant cet étrange conteur de légendes, immobile devant eux. Ils éprouvent soudain pour lui un immense respect. Au milieu de la grande salle, entre la table de pierre et le vieil homme, le feu est presque éteint maintenant. La flamme de la bougie brûle droite, puis soudain vacille. Elle n'est plus qu'un point bleuté, le dernier bout de mèche fume. Le vieillard, sur son tabouret, ne bouge pas. Le roi se lève, s'approche de lui, pose sa main sur son épaule. Alors, à peine ses doigts l'ont-ils effleuré que le corps du vieil homme se désagrège, tombe en poussière impalpable. Cette poussière s'élève et disparaît, comme une vapeur.

C'est ainsi que le dieu Odin est mort, car c'était lui le conteur de légendes. Le dieu Odin est mort dans la forteresse du roi d'Islande parce que ce roi ne croyait plus en lui, parce que sa parole ne voulait plus le nourrir. En vérité, les dieux tout-puissants sont aussi les plus fragiles des êtres. Quand on ne les aime plus, ils meurent.

XX. EUROPE CENTRALE

La fille du pays des songes froids

Sur une lande lointaine, au bord d'un chemin, il est une croix de pierre qui marque une frontière. Au-delà de cette croix, on s'égare dans un brouillard perpétuel. On dit que des troupeaux entiers et leurs bergers s'y sont perdus sans retour. Nul ne les a jamais revus en ce monde.

Un jour pourtant, un homme s'en va chasser dans ce pays des songes froids, oubliant ses compagnons au pied de la croix de pierre. C'est un grand gaillard de cavalier, un rude, un bon vivant à la barbe épaisse. Il chevauche sur la lande brumeuse et déserte. Au loin, soudain, il aperçoit une fille qui court sur la plaine à travers les buissons et les cailloux. Elle court si légèrement que ses pieds semblent à peine effleurer le sol. L'homme la poursuit à cheval. Il arrive à sa hauteur. Il regarde son visage. Il l'interpelle.

— Qui êtes-vous ? dit-il. Où allez-vous ainsi ?

Elle ne semble pas l'entendre. Elle court comme si elle était seule sur la plaine, poursuivant le vent. Alors le chasseur chevauche un moment près d'elle, puis riant, il se penche et cueille au vol le bonnet de la fille qui s'éloigne, aussi indifférente que si l'homme était inexistant, invisible.

Au soir, le chasseur revient chez lui bredouille. Il n'a rencontré aucun gibier sur la lande, aucun oiseau dans la brume. Il ne rapporte au fond de son sac rien d'autre que ce bonnet de laine blanche. Il ne sait qu'en faire. Il le jette dans un coffre, il rabat, sur lui, le couvercle, puis il allume un bon feu dans la cheminée. Il a invité quelques amis à dîner. La soirée passe en conversations bruyantes, le vin allume les regards. Le chasseur raconte son étrange aventure. Ses amis se moquent aimablement de lui, ils lui disent :

— Allons, tu as rêvé.

— Pas du tout, répond l'homme. La preuve, regardez.

Il ouvre le coffre. Alors, devant ce qu'il voit, la bouche ouverte, le regard affolé, il pousse un cri d'épouvante. Il est bien là, le bonnet. Mais sous ce bonnet, une tête aux joues rosées, posée sur la planche, bouge : la tête de la jeune fille, bien vivante, le regarde, d'un air de moquerie et de menace. Le couvercle du coffre retombe avec fracas.

Les amis du chasseur saluent à voix tremblante leur hôte et s'en vont tête basse. Ils ne veulent pas rester un instant de plus dans une maison aussi étrangement hantée. L'homme, devant son feu éteint, veille toute la nuit, il entend remuer des cauchemars dans le coffre. Le lendemain matin, dès l'aube, il part pour la forêt. Il va demander conseil à un ermite magicien qui vit, avec quelques animaux sauvages, dans une hutte de branches plantée au milieu d'une clairière. L'ermite l'écoute et lui dit :

— Si tu veux te débarrasser de ce démon du pays des songes froids, si tu veux pouvoir ouvrir ton coffre sans être dévoré, trois moines doivent venir l'exorciser ensemble. Pendant la cérémonie d'exorcisme, tu devras avoir un petit enfant serré sur ton cœur. Va, et bonne chance.

Le chasseur revient chez lui désemparé. Il est seul au monde, il n'a ni femme ni enfant. Le voyant ainsi perdu, sa servante lui dit :

— Je te confie mon fils, à une condition. S'il te sauve, je veux qu'il soit ton héritier.

L'homme prend dans ses larges mains l'enfant fragile et chaud. Les moines en procession entrent dans la salle. Ils récitent leurs oraisons. Le chasseur serre l'enfant contre son cœur. Alors le couvercle du coffre en grinçant se soulève. La tête sans corps apparaît, monte dans l'air jusqu'à hauteur du visage de l'homme.

Elle dit :

— Chance pour toi que ce petit te protège.

Elle se défait, comme un mirage. Les moines chantent, les mains jointes. L'enfant tend les bras vers sa mère. Le chasseur imprudent, les yeux clos, sanglote sans larmes.

Vichar, l'Esprit-du-vent

Ce jour-là, Kito Pank, le fermier, rassemble en gerbes dans son champ le blé moissonné. Il travaille dur, à la rage du soleil, seul jusqu'aux quatre horizons. De temps en temps, dans la paille dorée, il s'appuie sur le manche de son râteau, le dos voûté, pour essuyer la sueur qui ruisselle sur son front. Il regarde le ciel bleu en clignant des yeux. Alors, il aperçoit une boule de nuée grise qui descend sur lui. Dans cette nuée, il devine un homme échevelé qui fait tournoyer au-dessus de sa tête un fouet à vingt lanières.

— Vichar, murmure Kito Pank, tout à coup tremblant. Vichar, l'Esprit-du-vent.

Vichar, déjà, tourbillonne en sifflant dans le champ et disperse les gerbes rassemblées. Kito Pank, les bras au ciel, le poursuit en hurlant. Voir ainsi détruire le travail de sa matinée l'enrage tant qu'il oublie d'avoir peur. Il prend à sa ceinture son couteau et le lance droit sur l'Esprit-du-vent dans sa boule de nuage. Alors, l'Esprit-du-vent s'éloigne dans le ciel, en tanguant comme un oiseau blessé. Kito Pank le regarde fuir, le poing tendu, puis contemple les dégâts, autour de lui. Tout est à recommencer. Il cherche son couteau, en grognant, là où il l'a lancé, mais il ne le retrouve pas.

Trois semaines plus tard, Kito Pank charge quelques sacs de toile rebondis sur sa charrette et s'en va, à la foire de la ville voisine, vendre son blé. A peine a-t-il attaché le licou de son cheval sur la place du marché, à l'ombre d'un chêne, que vient vers lui un homme de belle taille au visage carré, à la longue chevelure noire. Sans même prendre le temps de saluer Kito Pank, il lui dit, faisant un geste nonchalant de la main :

— J'achète tout. Ton prix sera le mien. Peux-tu transporter ce blé chez moi tout de suite ?

Kito Pank, heureux de ne pas avoir à marchander, accepte en riant, invite l'étranger à grimper à côté de lui sur la charrette et fait claquer son fouet.

Ils vont d'abord sur la grand-route, puis s'engagent dans un chemin de terre. Ils pénètrent dans une forêt. Le cheval galope allégrement. Kito Pank s'inquiète un peu car il ne connaît pas ce sous-bois obscur pourtant traversé par un large chemin charretier. Au sortir de la forêt, ils entrent dans une vallée caillouteuse. Au loin, le chemin entre dans un lac scintillant, immobile. Devant ce lac, Kito Pank arrête son attelage.

— Nous ne pouvons pas aller plus loin, dit-il.

L'étranger sourit, descend de la charrette, effleure l'eau du bout de son bâton. Alors, le lac se fend, il s'ouvre dans un silence bouleversant. Une route sèche et droite apparaît entre deux murailles d'eau. L'homme reprend sa place à côté de Kito Pank, qui ne bouge pas : fasciné, il regarde ce chemin miraculeux qui descend vers le fond du lac. L'homme lui arrache son fouet et le fait claquer sur la croupe du cheval. Kito Pank, les mains sur la tête, les yeux fermés, se laisse conduire, en cahotant. Quand l'attelage s'arrête enfin, il regarde autour de lui. Il est dans la cour d'une ferme blanche, de belle apparence. L'homme le secoue.

— Décharge tes sacs de blé, lui dit-il. Entasse-les contre le mur.

Kito Pank obéit en tremblant. L'autre le regarde faire, les bras croisés sur la poitrine, puis il lui dit :

— Maintenant, entre dans la salle à manger. L'argent que je te dois est sur la table. Prends-le et va-t'en.

Kito Pank pousse la porte. L'étranger reste dehors, appuyé contre la muraille. Nonchalamment, au grand soleil, il allume sa longue pipe de terre. Kito Pank, méfiant, s'avance sur le carrelage verni de la salle à manger. Au milieu de la table est posée une grande coupe pleine de pièces d'or. Il y a là de quoi payer plus de cent charretées de blé. Kito Pank ose à peine tendre la main vers ce trésor. Il prend les quelques pièces qui lui reviennent. Il sort, comme un voleur. Alors l'étranger qui l'attend sur le seuil lui dit :

— C'est bon, j'ai perdu. Si tu m'avais volé, j'aurais eu le droit d'enfoncer dans ton corps cette lame qui m'a blessé.

Il lui tend un couteau que le fermier reconnaît : c'est le sien, celui qu'il a perdu, dans son champ, celui qu'il a lancé sur Vichar, l'Esprit-du-vent. L'homme porte au front une cicatrice qui traverse ses rides.

Le ciel se couvre. Kito Pank prend son couteau et le regarde dans sa main tremblante. Quand il relève la tête, l'étranger a disparu, la ferme blanche aussi. Il ne voit plus devant lui qu'une vallée rocailleuse que traverse le vent rugissant. Kito Pank monte sur sa charrette vide et fouette son cheval. Trois jours et trois nuits, il s'égare dans la tempête. Quand il retrouve enfin le chemin de sa maison, il n'est plus le même homme. Il a vaincu Vichar, l'Esprit-du-vent. Il est son égal. Il est maintenant doué du pouvoir de faire à sa guise, sur sa tête, la pluie et le beau temps.

XXI. CAUCASE

Uryzmaeg et le géant borgne

Au village des Nartes, sur la grand-place, Uryzmaeg le fier pillard bat le rappel des hommes. Il les appelle tous par leur nom, les mains en porte-voix autour de la bouche. Il dit :

— J'ai dépisté un troupeau sur la montagne noire. Partons sur l'heure à sa poursuite !

Aussitôt accourent les guerriers. Ils se bousculent autour d'Uryzmaeg. Les chevaux piaffent. Les Nartes s'en vont vers la montagne noire. Ils chevauchent par les sentiers rocailleux jusqu'à la tombée de la nuit. Alors se lève une terrible tourmente de neige. Les Nartes aveuglés ne peuvent plus avancer. Ils courbent l'échine, poudrés de blanc sur leurs chevaux. La tête dans les épaules, luttant contre les tourbillons, Uryzmaeg va devant, tenant la bride entre ses dents et, des deux mains, battant les flancs de son cheval. Ses compagnons ne peuvent le suivre. Quand la tempête s'apaise enfin, quand le soleil se lève, le héros se retrouve seul au milieu d'un vaste pâturage. Un troupeau magnifique broute l'herbe épaisse : les brebis sont grosses comme des vaches et le bélier comme un chameau.

Uryzmaeg les contemple, émerveillé. « J'ai faim, se dit-il, je vais déjeuner d'un mouton. » Il descend de cheval, saisit par une patte le premier qui passe à sa portée. Mais la bête se débat, elle le traîne à droite à gauche, Uryzmaeg, cognant du front contre un rocher, est obligé de lâcher prise.

— Ah ça, dit-il, assis dans l'herbe, éberlué, je n'ai jamais vu un mouton pareillement enragé.

Il attend le soir, croquant quelques galettes, réfléchissant à la manière de ramener au village ce fabuleux troupeau. Au crépuscule, les bêtes se rassemblent et s'éloignent, conduites par le bélier. Uryzmaeg les suit. Elles entrent dans une haute caverne et là se couchent.

Alors, par la prairie, le soleil couchant dans le dos, vient un géant borgne, un arbre entier sur l'épaule. Devant la caverne il aperçoit Uryzmaeg. Le colosse s'agenouille devant lui, pose un doigt sur sa tête et lui dit :

— Salut à toi. Quel bon vent t'a conduit jusqu'ici ?

Uryzmaeg répond, un peu tremblant :

— Hé, je suis un voyageur, je vais au hasard des chemins.

— Entre donc, dit l'autre, nous dînerons ensemble.

Ils franchissent le seuil. Le géant pousse un énorme rocher contre la porte, puis il allume du feu, saisit une broche, empoigne Uryzmaeg en ricanant :

— Je t'ai dit que nous dînerions ensemble, et j'ai l'intention de tenir parole : je serai le dîneur, tu seras le dîner.

La pointe de la broche traverse les deux genoux d'Uryzmaeg, qui hurle. Le géant suspend l'embroché au-dessus du feu, comme un gibier ordinaire, puis se couche dans un coin, sur la paille en grognant, ferme son œil unique et ronfle, les mains croisées sur sa bedaine. Uryzmaeg aussitôt se contorsionne, agrippe la chaîne du chaudron, parvient à s'arracher à la broche. Il est roussi, fumant, furibond. Cette broche, il la prend à deux poings et la fait rougir au feu. Puis il s'approche du géant et d'un coup sec, la plonge dans son œil. L'autre pousse un hurlement épouvantable, se dresse, gesticule, les mains tendues en avant, cherchant partout Uryzmaeg qui s'est caché parmi les brebis, il trébuche, se cogne aux murailles, le sang ruisselle de son œil crevé. Il s'effondre enfin. Il gémit :

— Je suis perdu. J'abandonne.

Il arrache un anneau d'or de son oreille. Il dit encore :

— Ma chance et ma force sont dans cet anneau. Tiens, petit homme, je te le donne. Ma chance et ma force seront à toi.

Il le jette par terre. Uryzmaeg se précipite, le ramasse et le passe à son doigt. Or, cet anneau est enchanté : une voix pointue sort de son doigt bagué. Cette voix crie :

— Il est ici ! Il est ici !

Le géant rugissant bondit, poursuivant le guerrier dans les recoins de la caverne. L'anneau, qu'il ne peut plus arracher de son doigt, crie encore :

— Il est ici ! Il est ici !

Alors Uryzmaeg aperçoit une hache appuyée contre un billot de bois. Il la saisit et d'un coup sec tranche son doigt au ras de l'anneau qui crie toujours, comme un perroquet fou :

— Il est ici !

Le géant furieux s'élance, broie dans son poing le billot, la hache, le doigt, l'anneau, enfourne le tout dans sa bouche et l'avale. Uryzmaeg éclate de rire. Alors le monstre aveugle tombe à genoux, s'apaise et dit :

— C'est bon. Je suis vaincu. Mais tu ne sortiras pas d'ici vivant. Pour te sauver, demain matin, quand le troupeau sortira, il faudrait que tu passes entre mes jambes et cela tu ne pourras le faire. Je suis aveugle mais mes doigts savent encore distinguer l'échine d'un mouton de celle d'un homme.

Il se couche sur la paille. Alors, dans le silence de la nuit, Uryzmaeg égorge le bélier et l'écorche. Au petit matin, il s'enveloppe dans sa peau.

A l'heure où le troupeau s'en va au pâturage, le géant ouvre la caverne et se dresse sur le seuil, les jambes écartées. Dans la peau du bélier, Uryzmaeg passe entre les jambes de l'aveugle, descend vers son village, et le troupeau le suit. Caracolant par la prairie, le héros hurle :

— Bien le bonjour, âne aveugle !

Le géant s'élance à sa poursuite. Mais il est si furieux qu'il oublie les précipices. Il tombe dans un ravin profond. Sur la montagne, seuls saluent sa mort les moutons bêlants et Uryzmaeg, riant aux éclats.

Satana renvoyée chez ses parents

Un jour, Uryzmaeg dit à son épouse Satana :

— Je ne peux plus supporter ta présence. Tu es, parmi les Nartes, la plus belle des femmes mais aussi la plus redoutable des sorcières. Tu connais mes pensées avant même qu'elles ne germent dans mon esprit. Cela m'est intolérable. Retourne donc chez tes parents. Emporte ce que tu voudras : tout ce qui te tient à cœur dans cette maison est à toi, je te le donne. Je ne désire que la paix et la solitude. Va-t-en.

Les grands gestes fracassants d'Uryzmaeg n'émeuvent pas Satana. Elle sourit, fière, droite, superbe dans sa longue robe noire.

— Comment pourrais-je te désobéir, mon cher mari ? dit-elle. Mais avant de partir, je veux te demander une dernière faveur : j'ai longtemps partagé le sel et le pain des Nartes, tes compagnons. Permets-moi de leur offrir un festin d'adieu.

Uryzmaeg grogne comme un fauve, mais accepte. Puis il sort en claquant la porte si fort qu'elle s'effondre dans l'herbe. Alors Satana se met à l'ouvrage. Trois jours durant elle cuisine des viandes, des coqs, des faisans, des galettes parfumées, des boissons aux herbes rares, des alcools de toutes sortes. Puis elle dresse une table magnifique. Quand tout est prêt pour le festin, les compagnons d'Uryzmaeg entrent. Leurs talons ferrés sonnent sur les dalles de la grande salle. Ils rient bruyamment devant les chevreuils dorés et les volailles, devant les cruches de cuivre rebondies qui luisent à la lueur du feu crépitant dans la cheminée. Les serviteurs remplissent les gobelets. Chacun prend place autour de la table.

Le festin dure sept jours entiers. Pendant sept jours, les compagnons d'Uryzmaeg bâfrent, boivent, chantent, dansent. A la fin, la belle Satana aux yeux de braise noire leur dit :

— Hommes, il est temps maintenant de rendre hommage à mon époux. Que chacun de vous lui présente une coupe d'alcool, comme le veut la coutume des Nartes.

Uryzmaeg se dresse en riant et son rire énorme fait trembler les murailles. Les gobelets remplis à ras bord devant lui s'entrechoquent. Il les vide tous ; l'un après l'autre. La barbe fumante d'alcool, il boit sans reprendre haleine. A la dernière goutte il s'effondre ivre mort dans un fracas de tabourets brisés. Alors ses compagnons prennent congé, félicitant leur hôtesse pour ce banquet glorieux.

Voici l'aube du huitième jour. Satana restée seule sort dans le petit matin, court à l'écurie, attelle une paire de bœufs à son chariot. Au fond de ce chariot, elle prépare une litière d'herbe sèche. Sur cette litière, elle étend un matelas de duvet et sur le matelas, un tapis précieux. Puis elle va chercher Uryzmaeg endormi, le traîne par le col de sa chemise jusqu'au seuil de l'écurie, le couche, dans le chariot, sur le lit moelleux qu'elle vient de faire et grimpe à côté de lui. L'attelage s'éloigne en grinçant vers la plaine. Satana, fraîche et paisible avec Uryzmaeg ronflant comme une forge, voyage ainsi jusqu'à midi. Alors Uryzmaeg s'éveille, dégrisé. Il se dresse sur le coude, regarde autour de lui. Devant, jusqu'à l'horizon, il ne voit que le long chemin. A droite, à gauche, la campagne. Satana, assise à son côté, fouette de temps en temps l'échine des bœufs avec une branche de bouleau. Il saisit son poignet. Il lui dit :

— Qu'est-ce que je fais ici ? Où allons-nous ?

Satana souriante lui répond sans le regarder :

— Aurais-tu donc oublié que tu m'as chassée de ta maison ? Je m'en vais. Voilà tout. Je reviens chez mes parents.

— J'en suis content, dit Uryzmaeg, mais explique-moi où tu m'amènes.

— Le jour où tu m'as renvoyée, répond Satana, tu m'as dit : « Emporte avec toi ce qui te tient le plus au cœur. » Or je n'ai pas dans ma vie de trésor plus précieux ni plus cher que toi. C'est donc toi que j'ai pris. J'ai laissé tout le reste.

Uryzmaeg s'assied, gratte en grognant son crâne ébouriffé, puis secoue la tête en souriant.

— Ah ça, dit-il, j'ai épousé le diable en personne.

Il embrasse Satana et saisit la branche de bouleau qui sert à conduire les bœufs. L'attelage fait demi-tour dans l'herbe haute. Le soleil dans le dos, ils rentrent à la maison.

La danse des Nartes

Un soir, Uryzmaeg revient de la chasse. Chevauchant sur le sentier rocailleux, au pas de son cheval, il aperçoit au loin, un nuage de poussière qui tourbillonne au-dessus du village. Il entend de la musique, des martèlements sourds de talons sur le sol. Uryzmaeg s'étonne. En quel honneur les Nartes, ces fous, mènent-ils pareille sarabande ? Il éperonne son cheval qui part au galop à travers champs.

Il parvient sur la place du village. Ils sont tous là, les hommes, à danser follement, à frapper du pied, à battre des mains, à tournoyer, les bras ouverts. Même les enfants, même les vieillards, et pas seulement sur la place : sur les terrasses des maisons aussi, et dans la prairie, au-dessus du village. Uryzmaeg attrape par les cheveux un garçon bondissant. Il lui demande rudement la raison de ce remue-ménage. Le garçon, le regard extasié, lui répond ceci :

— Nous dansons pour que vienne la belle Ahula qui vit enfermée dans sa tour de fer, là-bas, à la croisée des sept chemins. Nous savons tous qu'elle est belle comme la lumière du ciel, fraîche et parfumée comme les fruits de la terre. Mais elle ne sort que la nuit sur les ailes de son aigle géant. Nous danserons, voilà, jusqu'à ce qu'elle se soit montrée.

Uryzmaeg éclate de rire.

— Votre folie est magnifique, dit-il. Que me donnerez-vous si j'amène ici même la belle Ahula à visage découvert ?

Les hommes, les bras au ciel, hurlent de joie. Ils promettent ce qu'ils ont de plus précieux. Badratz, le héros au front d'acier, va jusqu'à offrir son arc magique dont les flèches touchent toujours la cible au centre.

Uryzmaeg s'en va vers la croisée des sept chemins. En vérité, il ne sait comment convaincre la belle Ahula de quitter sa demeure et de l'accompagner au village des Nartes. Chevauchant, il invente une ruse. La tour de fer se dresse parmi les arbres, si haute que sa cime plonge dans les nuages. Uryzmaeg s'avance vers elle, courbé sur son cheval comme un homme épuisé. Il gémit à fendre les pierres. Ahula le voyant venir ainsi le croit à demi mort. Elle ouvre devant lui ses portes, lui offre l'hospitalité.

— Non, dit Uryzmaeg, d'une voix lamentable, je ne peux m'attarder. Une bande de géants pillards vient d'envahir notre pays. Ils arrivent, ravageant, massacrant tout ce qui vit sur leur passage. On m'attend au village des Nartes, où ma famille est en danger.

Ahula, entendant ces mots terribles, pâlit. Elle dit :

— Je suis seule ici avec mon aigle. Comment pourrai-je me défendre ? Emmenez-moi avec vous, s'il vous plaît. Et s'il faut mourir, je mourrai parmi vos femmes et vos enfants.

Uryzmaeg le rusé revient au village avec la belle Ahula, dans une voiture fermée. Au loin sur la place les Nartes dansent toujours. Ahula, apercevant au-dessus des toits le nuage de poussière que soulèvent leurs pas, prend la main d'Uryzmaeg et tremble.

— N'ayez pas peur, dit le vieux héros, ce sont les jeunes Nartes qui se préparent au combat.

— Dieu veuille qu'ils acceptent de me protéger, soupire la jeune fille.

— Ils veilleront sur vous comme des lions sur leurs lionceaux, répond l'autre, les yeux rieurs.

Les voici sur la place du village. Uryzmaeg rit franchement, maintenant, aidant Ahula à descendre de sa voiture. Elle découvre en même temps qu'elle a été trompée et qu'elle ne court aucun danger. Parmi les Nartes rugissants qui se bousculent pour mieux la voir, elle est splendide. Elle hésite encore entre le rire et la colère. Chacun l'invite à danser, même le vieil Uryzmaeg. Fièrement elle refuse, mais une lueur amusée brille dans son regard noir. Enfin, Badratz, le héros au front d'acier, s'avance vers elle et lui dit, les bras tendus :

— Jeune fille, danse avec moi.

Alors Ahula répond ceci :

— Avec toi, oui, je voudrais bien danser, Badratz, car tu es le plus beau des Nartes, et le plus pur. Mais tu n'es pas irréprochable. Un géant ailé à sept têtes nommé Quendza garde prisonnier Uon, ton ancêtre. Sais-tu cela ? Il a fait de lui son berger. Uon, ton ancêtre, sans autre vêtement qu'un manteau grouillant de vermine, conduit tous les jours les bêtes de Quendza au pâturage et couche avec elles dans la bergerie. Délivre-le, venge-le, tue le géant Quendza. Quand tu auras fait cela, alors sûrement, il me plaira de danser avec toi.

Badratz écoute gravement ces paroles, puis il fait face aux Nartes et leur dit :

— Je m'en vais. Continuez de danser jusqu'à mon retour. Et sachez que si l'un de vous offense la belle Ahula pendant mon absence, d'un revers de main je lui trancherai la tête.

Il s'éloigne à grands pas. Il court chez la vieille Satana, sa mère adoptive. Elle ouvre devant lui le coffre où sont rangées les armes de ses ancêtres. Il prend la selle et les étriers d'Uon, son armure et son épée. Le cheval blanc du vieillard prisonnier vit dans la forêt parmi les bêtes sauvages. Il n'a jamais voulu revenir au village sans son maître. Badratz, sa selle et ses armes sur l'épaule, va le chercher. La main tendue devant ses naseaux fumants, il se fait reconnaître. Le voici maintenant galopant parmi les rocs et l'herbe rare, vers le repaire du géant ailé à sept têtes, Quendza.

Alors son cheval lui parle. Il vit depuis mille ans, il est savant comme un immortel. Il dit à Badratz :

— Ton entreprise est insensée. Ton père Haemitz a essayé avant toi de délivrer Uon. Il n'y est pas parvenu. Deux montagnes gardent la caverne de Quendza le géant. Elles sont ennemies et perpétuellement s'entrechoquent. Nous devons passer entre elles.

— Comment faire sans être écrasés ? demande Badratz.

— Je vais te le dire, répond le cheval galopant. Quand nous serons à l'entrée du défilé qui les sépare, tu devras me donner trois coups de fouet assez puissants pour que l'on puisse tailler une paire de souliers dans la peau que tu arracheras de mon flanc, et leurs semelles dans la peau de tes mains écorchées. Si tu ne frappes pas assez fort, nous périrons tous les deux.

Ils parviennent devant ces deux montagnes pareilles à des têtes de béliers aux cornes enroulées sur les tempes. Elles sont plantées sur un sinistre désert de cailloux noirs. Elles grincent, remuent, se cognent comme des fronts d'ivrognes. A l'instant où elle s'écartent, Badratz frappe sa monture si puissamment que les montagnes monstrueuses restent un instant immobiles, stupéfaites. Alors le cheval blanc d'un bond prodigieux franchit le défilé qui les sépare. De l'autre côté, ses sabots s'enfoncent dans l'herbe grasse d'une vaste prairie. Le pays maintenant est partout verdoyant. Sur des collines aux courbes douces vont des troupeaux paisibles. Parmi eux se tient un homme à la barbe hirsute, vêtu d'un long manteau misérable. C'est Uon, l'ancêtre prisonnier. Badratz vient vers lui. Uon reconnaît son cheval, il l'embrasse en pleurant, puis serre les mains de Badratz et lui dit :

— Pourquoi es-tu venu, malheureux ? Le géant Quendza te tuera !

— Vieillard, répond Badratz, dis-moi où il demeure.

Uon, les larmes aux yeux, tend un doigt tremblant vers le couchant. Badratz éperonne son cheval. Il disparaît au loin.

Il parvient devant la caverne de Quendza, le géant ailé aux sept têtes. D'un coup d'épaule, il fracasse le rocher qui ferme l'entrée. Au fond d'une grande salle aux murs noirs, le monstre est couché devant un grand feu. Il dort et ses sept gueules ronflent. Devant ses sept chevelures une jeune fille est assise, les genoux enfermés dans ses bras. Son visage est couleur de cuivre éblouissant, ses épaules sont lumineuses comme l'or en plein midi. C'est Cheskae, la fille du soleil. Elle pleure, ses larmes coulent le long de ses joues et tombent sur le sol comme des étincelles. Aux pieds du géant, Badratz voit Syrana, la fille de la lune, aux cheveux noirs, au front pâle. Elle pleure elle aussi, et ses larmes font deux ruisseaux, l'un de diamants, l'autre d'émeraudes. Elles saluent Badratz, Badratz les salue. Elles lui disent :

— Tu viens ici chercher ta mort. Nous sommes captives de ce monstre. Veux-tu savoir comment il nous traite ? Pendant cinq mois de l'année il nous nourrit de bonne viande. Au cinquième mois il enfonce une aiguille dans notre talon et boit notre sang.

Badratz, son front d'acier barré de rides, tire son épée. Mais les jeunes filles l'arrêtent.

— Ton arme ne blessera même pas Quendza, disent-elles. Quendza ne peut mourir que par sa propre épée. Elle est enfermée dans un coffre au fond le plus obscur de la caverne. Elle est si lourde que cent paires de bœufs ne pourraient la traîner.

Badratz ouvre le coffre. A deux poings, il saisit l'arme noire et la soulève, lentement. Le voici devant le géant endormi, puissamment droit sur ses jambes écartées. Il abat l'épée fantastique. Six têtes roulent dans la poussière. La septième s'éveille et dit d'une voix pareille à un fracas d'avalanche :

— Badratz, fils de Haemitz, il n'est pas digne de toi de frapper un homme endormi.

Badratz lui répond :

— Je le sais. Mais tu as trop durement persécuté la fille du soleil, la fille de la lune et mon ancêtre Uon. La colère a échauffé ma cervelle, je n'ai pas pu me retenir.

Le géant Quendza s'écroule. Sa dernière tête pâlit. Il pousse un souffle rauque et meurt.

Cheskae, fille du soleil et Syrana, fille de la lune, embrassent le héros au front d'acier. Elles l'entraînent vers les recoins de la caverne où sont entassés de fabuleux trésors : il y a là des ailes à ressort — avec elles on peut voyager par-dessus les montagnes et les forêts ; une corde qui rend tout ce qu'elle enserre plus léger qu'un papillon ; un baril de lait miraculeux : un seul gobelet suffit à rajeunir un vieillard ; un sac, enfin, qui peut contenir tous les biens de la terre. Badratz fourre dans ce sac les deux jeunes filles, son ancêtre Uon, son cheval et les trésors de Quendza. Puis il le ferme avec la corde magique qu'il passe autour de son cou, il fixe à ses épaules les ailes à ressort et revient ainsi, à travers ciel, parmi les oiseaux étonnés au village des Nartes où les hommes dansent toujours. Alors Badratz fait boire le lait de jeunesse à son ancêtre Uon et à son père Haemitz. A l'un il donne en mariage la fille du soleil, à l'autre la fille de la lune. Il rejoint enfin la belle Ahula, dans sa voiture fermée. Ils s'en vont ensemble vers leurs noces, tandis que le chant des Nartes qui dansent encore, en leur honneur, fait trembler le ciel.

La rançon d'Uryzmaeg

Maintenant, Uryzmaeg est un vieux héros fatigué. Sa tête et sa barbe ont blanchi. Il n'est plus qu'un vieux roi mélancolique, parmi les siens. Il a vaincu des géants et des monstres, il a voyagé au pays des esprits, il a joué avec des dieux violents dans la neige des montagnes, il a conquis des cités imprenables. Désormais, il n'a plus envie que de somnoler devant sa porte, au soleil silencieux, et cela le désespère. « Pourquoi la mort ne vient-elle pas me chercher, se dit-il, je la suivrais sans rechigner. » Mais la mort semble l'avoir oublié là, dans son village. Alors sur la grand-place, un soir il assemble les jeunes guerriers, les fils de ses vieux compagnons et il leur dit :

— Mes enfants, je ne vous sers plus à rien, et ma vieille tête ne peut plus que vous ennuyer. Demain matin, fabriquez un coffre solide, enfermez-moi dedans et jetez-le à la mer. C'est ainsi que je veux quitter cette vie qui me pèse.

Les hommes l'écoutent en silence, les paroles d'Uryzmaeg les bouleversent mais ils obéissent, malgré leur tristesse, car la volonté d'un vieux père est sacrée. Ils fabriquent donc un grand coffre de bois, et le portent au bord de la mer. Uryzmaeg se couche entre les quatre planches. On lui donne des vivres pour une semaine. Puis on cloue sur lui le couvercle et l'on jette sur les vagues le grand cercueil du héros.

La mer l'emporte au loin. Combien de jours, combien de nuits navigue-t-il ? Nul ne sait. Un matin, le flot le pousse dans l'embouchure d'une rivière. Contre le rivage, les branches basses d'un grand arbre l'arrêtent et l'emprisonnent. Or, des hommes, en cet endroit, viennent faire boire leurs chevaux. Ils aperçoivent le coffre, le tirent sur la rive, l'ouvrent. Ils découvrent un vieillard endormi, enveloppé dans son manteau. Ils le réveillent.

— Qui es-tu ? disent-ils. Quel dieu t'a conduit jusqu'ici ?

Le vieillard s'assied dans son cercueil et répond :

— Je suis le Narte Uryzmaeg. J'étais fatigué de la vie, j'ai voulu que l'on me jette à la mer.

Aussitôt les hommes s'exclament, s'émerveillent. Uryzmaeg, le héros narte est connu de tous, et redouté. Ils le conduisent au château de Sadendjyz le seigneur du pays. Un messager court devant pour lui annoncer la nouvelle.

— Seigneur Sadendjyz, dit-il, celui que depuis ta jeunesse tu souhaites capturer vient de tomber entre nos mains : Uryzmaeg, le héros narte.

— Qu'on me l'amène, crie Sadendjyz, les yeux soudain étincelants. Je veux le voir devant moi enchaîné.

Uryzmaeg entre, poussé par quatre guerriers arrogants. Sadendjyz l'empoigne par les cheveux et le regarde longuement, sans un mot, avec une haine joyeuse. Puis il dit :

— Ainsi tu es en mon pouvoir. Tu ne reverras plus la lumière du soleil, Uryzmaeg. Qu'on attache à ses poignets, à ses chevilles quatre boulets de fer, et qu'on le jette en prison.

On enferme le vieil Uryzmaeg dans une tour obscure. Au fond de cette nuit grise il médite longtemps. Il attend la mort, qui ne veut pas venir. Alors un matin, il s'étire et bâille comme un fauve qui s'éveille et dit au serviteur qui vient lui porter sa pitance quotidienne :

— Faut-il que Sadendjyz soit stupide pour me laisser ainsi croupir en prison. Il pourrait demander au peuple de mon village une énorme rançon contre ma liberté.

Le serviteur écoute, hoche la tête et court porter ces paroles à son maître. Le seigneur réfléchit un instant, grogne, le front plissé, puis répond :

— Amenez-moi cet homme rare.

On conduit devant lui Uryzmaeg enchaîné.

— Quelle rançon, dit Sadendjyz, ceux de ton village sont-ils prêts à payer contre ta liberté ?

— Ils sacrifieront leurs biens les plus précieux, répond Uryzmaeg, car je suis chez les Nartes honoré par tous comme un père. Ils te donneront cent fois cent bœufs à une corne, cent fois cent bœufs à deux cornes, cent fois cent à trois cornes, cent fois cent à quatre cornes et cent fois cent à cinq cornes.

Sadendjyz se frotte les mains, l'œil allumé.

— Envoie donc dans mon village, dit encore Uryzmaeg, un homme aux cheveux noirs et un homme aux cheveux blonds pour porter mes paroles aux Nartes et guider ensuite le troupeau de bœufs jusqu'ici. Que ces deux hommes disent ceci à mes compagnons : « Uryzmaeg est prisonnier du seigneur Sadendjyz. Envoyez-lui une rançon de cent fois cent bœufs à une corne, à deux cornes, à trois cornes, à quatre et à cinq cornes. Mettez en avant, comme guide, un bœuf noir et un bœuf jaune. S'ils ne suivent pas le chemin droit, coupez la tête du bœuf noir et suspendez-la au cou du bœuf jaune. Alors celui-là vous conduira tout droit. »

Ainsi parle le vieil Uryzmaeg, et Sadendjyz hoche la tête avec satisfaction.

Les deux messagers, l'un aux cheveux noirs, l'autre aux cheveux blonds, voyagent sept jours par les plaines et les montagnes. Au huitième matin ils arrivent au village des Nartes. Aussitôt les hommes s'assemblent sur la grand-place, pour les accueillir et les entendre. Les messagers parlent donc devant l'assemblée silencieuse :

— Uryzmaeg est vivant, disent-ils. Il est prisonnier au château de notre seigneur Sadendjyz. Voici le message qu'il nous a chargés de vous transmettre : « Envoyez à Sadendjyz, pour prix de ma libération, cent fois cent bœufs à une corne, cent fois cent à deux cornes, cent fois cent à trois cornes, cent fois cent à quatre et cent fois cent à cinq cornes. » Il a dit aussi : « Mettez en avant, comme guides, un bœuf noir et un bœuf jaune. S'ils ne suivent pas le chemin droit, coupez la tête du bœuf noir et suspendez-la au cou du bœuf jaune. Alors celui-là vous conduira tout droit. »

Les Nartes se réjouissent de savoir Uryzmaeg vivant, puis s'interrogent, perplexes : « Comment réunir une pareille foule de bœufs aussi étrangement cornus ? disent-ils. En coupant une corne à des bœufs ordinaires, nous trouverons bien le nombre nécessaire de bœufs à une corne. Les bœufs à deux cornes nous sont familiers. Mais ceux à trois, à quatre, à cinq cornes ? Nous n'avons jamais entendu parler d'animaux de cette sorte. » Ils discutent, délibèrent, réfléchissent jusqu'à la nuit tombée. Ils ne parviennent pas à comprendre ce que veut le vieil Uryzmaeg. Alors ils décident d'aller consulter Satana, son épouse.

Elle les écoute, assise sur son tabouret, devant le feu, puis elle éclate de rire.

— Si vous n'aviez pas ce vieil homme pour guider vos pas, dit-elle, vous seriez vite perdus. Il veut simplement dire qu'il a trouvé quelque part un pays que vous n'avez pas encore pillé, et il vous invite à goûter de ces terres nouvelles. Les bœufs à une corne, ce sont les guerriers à pied. Les bœufs à deux cornes, les guerriers à cheval. Les bœufs à trois cornes, les guerriers armés d'une lance. Les bœufs à quatre cornes, les guerriers vêtus d'une cuirasse et ceux à cinq cornes, les guerriers armés jusqu'aux dents. Comprenez-vous maintenant ?

— Fort bien, disent les hommes. Mais que signifient ces mots : coupez la tête du bœuf noir et suspendez-la au cou du bœuf jaune ?

Satana répond :

— Uryzmaeg veut vous dire de placer en avant, quand votre armée se mettra en marche, les deux messagers, le blond et le brun, pour qu'ils vous montrent le chemin. Mais ils refuseront de conduire un pareil troupeau dans leur pays. Ils tenteront de vous égarer. Alors vous couperez la tête de l'homme aux cheveux noirs, vous la suspendrez au cou du blond, et celui-là vous conduira sans faute.

Les Nartes écoutent ces paroles lumineuses et se réjouissent. Ils rassemblent leurs troupes et se mettent en route pour le pays de Sadendjyz. Les deux messagers essaient de les perdre dans la vaste montagne. Ils coupent la tête du brun, ils la suspendent au cou du blond, et le blond, épouvanté, se soumet et va tout droit.

Un matin, Sadendjyz, sur le rempart de son château, voit s'élever à l'horizon un énorme nuage de poussière. Il appelle Uryzmaeg. Le vieux Narte lui dit :

— Ma rançon arrive. Vois mon troupeau de bœufs qui galope sur la plaine. Envoie tes hommes à sa rencontre pour qu'ils le guident jusqu'ici.

Sadendjyz, trépignant de joie, bat le rappel de ses guerriers et les envoie, armés de simples bâtons de bergers, à la rencontre de ce formidable nuage de poussière qui se répand dans l'air bleu. Sadendjyz et Uryzmaeg les regardent s'éloigner du haut du rempart. Alors, au loin, éclate un fracas de bataille. Sadendjyz fronce les sourcils. Il ne distingue rien, tant la poussière est épaisse.

— Ne t'inquiète pas, lui dit Uryzmaeg. Les bœufs s'avancent. Ce que tu entends, c'est le bruit de leurs sabots.

En vérité, sur la plaine, les Nartes massacrent les guerriers de Sadendjyz et déferlent vers le château grand ouvert. A l'instant où le seigneur stupide comprend qu'il a été trompé, Uryzmaeg le saisit par la nuque et lui dit :

— Salue pour moi tes ancêtres !

Il le précipite, d'un coup sec, du haut du rempart.

Voici l'instant des retrouvailles. Les guerriers nartes acclament Uryzmaeg et l'embrassent comme un père après longtemps d'absence. Le vieux héros leur dit :

— Que feriez-vous mes fils, sans ma tête blanche ? Allons, ce pays regorge de bétail et de chevaux. Prenez-les, ils sont à vous. Et reconduisez-moi dans notre village. J'ai hâte de revoir ma femme Satana.

Uryzmaeg rit, la bouche grande ouverte, les yeux pétillants de lumière.

Soslan à la conquête de la belle Beduha

Dans la grande salle de granit aux fenêtres de fer du château de Tchelae, Soslan enrage, car Tchelae, père de la belle Beduha, refuse de lui donner sa fille en mariage.

— Tu es trop fou, lui dit-il. Béduha est si svelte et si fragile que ton bras autour de sa taille la briserait comme un roseau.

Soslan, la tête dans les épaules, sort de la salle et traverse la cour à grandes enjambées. Il est si furieux qu'à chaque pas son talon casse un pavé en deux. Devant la porte de bronze du château il bondit sur son cheval et revient au village des Nartes.

Il s'enferme dans sa maison, s'assied sur un tabouret, prend sa tête à deux mains et réfléchit. Il reste ainsi trois jours et trois nuits. Enfin, il sort sur le pas de sa porte, de bon matin, et à grands gestes, à pleine voix, il appelle les hommes du village, ses compagnons. Ils viennent et se bousculent devant lui.

— Je veux vous offrir, leur dit-il, un grand festin. Je veux vous voir, ce soir, tous assemblés autour de ma table. Allez dire à Tchelae qu'il est aussi mon invité.

Le soleil se couche derrière la montagne. Dans la maison de Soslan les gibiers fument sur la longue table et les serviteurs remplissent les gobelets. La fête commence. Tous les guerriers du village des Nartes sont là. Tchelae aussi, assis à la place d'honneur, en face de Soslan. Ils boivent, chantent, dansent jusqu'au fond de la nuit. Alors Soslan monte sur la table et dit :

— Tchelae ! Je danse mieux que toi. Regarde !

Il se met à tournoyer sur la table, parmi les carcasses de chevreuils, la vaisselle d'argent, sans que bouge un gobelet, sans que craque un croûton de pain. Puis il bondit jusqu'au plafond. Ses compagnons rugissant joyeusement tendent ensemble leurs épées, la pointe vers le haut, et Soslan sur la pointe des épées danse encore et tourne, les bras ouverts, comme une toupie. Enfin il saute sur le sol, à peine essoufflé.

— Fais-en autant, Tchelae, dit-il. Si tu danses mieux que moi, je te donnerai ma cuirasse, mon casque, mon arc et mes flèches d'or. Nos compagnons jugeront qui de nous deux est le meilleur. Toi, si tu perds, que me donneras-tu ?

— Je te donnerai ma fille Beduha, répond Tchelae en bondissant sur la table, comme un fauve.

Il se met à danser lui aussi, superbement, parmi les reliefs du festin. Mais son talon effleure une cruche de cuivre. Sur la pointe des épées tendues il tournoie, mais il déchire un fil de la broderie de ses souliers. Quand il retombe à terre, le front ruisselant de sueur, il gronde :

— Compagnons, malheur à vous si vous ne dites pas la vérité. Qui de nous deux a le mieux dansé ?

— Tu as bien dansé, Tchelae, répondent les autres. Mais Soslan a dansé mieux que toi.

Alors Tchelae cogne du poing sur la table et la fend en deux. Il jette son manteau sur son épaule et s'en va dans la nuit.

Le lendemain matin, Soslan et ses amis viennent frapper à la porte de bronze de son château. Ils appellent Tchelae, mais Tchelae ne répond pas. Soslan se retourne vers ceux qui l'ont accompagné et leur dit :

— Puisque ce vieux fou ne veut pas tenir parole, nous assiégerons sa forteresse. Je prendrai par force la belle Beduha. Dans une semaine, lundi prochain, que chaque famille envoie un homme à mon armée. J'attendrai ici, dans cette prairie, devant ces murailles.

Les guerriers l'approuvent bruyamment. Ils reviennent au village se préparer pour la bataille.

Une semaine passe. Alors, devant la forteresse de Tchelae, parmi les gens de l'armée de Soslan, arrive un enfant que personne ne connaît. Il n'est pas plus haut que le genou des hommes, il est pourtant fier comme un lion. Soslan pose sa main sur sa tête et lui dit :

— Nous n'avons que faire ici de nourrissons. Rentre chez toi.

L'enfant, les poings aux hanches, lui répond :

— Je peux t'aider. Je tiendrai la bride de ton cheval quand tu mettras pied à terre.

— Mon cheval est ombrageux, dit Soslan, grattant sa barbe, l'œil amusé. S'il casse sa bride, par où le tiendras-tu ?

— Je le tiendrai par la crinière, répond l'enfant.

— Et s'il arrache sa crinière ?

— Je le tiendrai par les deux oreilles.

— Et s'il s'arrache les deux oreilles ?

— Je le tiendrai par la queue.

— Et s'il s'arrache la queue ?

— Je le tiendrai par une jambe.

— Et s'il s'arrache la jambe, que feras-tu ?

— Moi ? répond l'enfant, rien. Mais toi tu chevaucheras parmi les héros sur un cheval à trois pattes, sans crinière, sans queue et sans oreilles.

Soslan rit bruyamment. Il dit au guerrier minuscule :

— Tu n'es pas un vivant ordinaire.

— Je suis le fils du forgeron céleste, répond le garçon. Ta mère Satana, la noble sorcière, m'a demandé de venir à ton secours. Mon père Kurdalegon a pris le parti de ton ennemi Tchelae. Si je ne t'aide pas, tu mourras. Si je t'aide, la bataille sera terriblement dure et indécise. Tu n'as que peu de chances d'être victorieux.

L'enfant, devant la forteresse, grimpe sur une haute pierre et dit encore :

— Tes guerriers sont superbes mais ils sont ici inutiles. Seuls les pouvoirs des fils de la Force céleste peuvent te conduire à la victoire. Voici : je vais grimper là-haut, sur cette montagne rocheuse qui domine la forteresse. D'un coup de talon, je ferai s'ébouler une avalanche de rocs sur les murailles. Tchelae tirera sur moi la flèche d'or qu'a forgée pour lui mon père Kurdalegon. Cette flèche me percera le cœur et je tomberai du haut du pic vertigineux. Alors, écoute bien : tu devras recevoir mon corps dans tes bras. Tu m'emporteras, tu partiras en courant, de toutes tes forces, et tu ne devras pas me poser à terre, quoi qu'il arrive, avant d'avoir traversé sept ruisseaux. Quand sept ruisseaux seront franchis, je ressusciterai. Aussitôt la citadelle de Tchelae s'effondrera comme un château de sable, et parmi les ruines la belle Beduha viendra vers toi.

Ainsi parle l'enfant. Puis il gravit la montagne et d'un coup de talon arrache d'énormes rochers. Dans un fracas terrifiant, ils dévalent et s'écrasent contre le premier rempart de la forteresse. Alors de la plus haute tour, jaillit un trait d'or dans le ciel. L'enfant percé au cœur, à la cime du mont, semble un instant s'envoler, puis il tombe comme un oiseau mort. Soslan tend ses bras et dans ses bras le reçoit avant qu'il n'ait touché terre. Il s'en va en courant par la vaste prairie, courbé face au vent comme sous une averse, le corps du petit dieu serré contre sa poitrine. Il franchit un ruisseau, puis deux, puis trois. Alors il rencontre un vieil homme qui trottine vers la forteresse de Tchelae, un sac de cuir sur l'épaule. Devant Soslan, il lève sa canne. Il lui dit :

— Hé, la citadelle est tombée, je me hâte d'y aller, peut-être aurai-je une part du butin. Où cours-tu donc avec ce cadavre, Soslan ? Tes guerriers sont en train d'enlever la belle Beduha.

Soslan entend à peine ces paroles, il fronce les sourcils mais poursuit sa course. Il franchit le quatrième ruisseau. Le corps de l'enfant se réchauffe contre sa poitrine. Au cinquième ruisseau, son cœur se remet à battre. Soslan franchit le sixième ruisseau. Alors apparaît sur la prairie une vieille femme. Elle dit :

— Hé, Soslan, tes guerriers ont violé la belle Beduha et

pillé le château de Tchelae. Ils font une grande fête. J'y vais, m'accompagneras-tu ?

Cette fois Soslan trébuche et s'arrête. « Puisque cette femme dit la même chose que le vieillard, pense-t-il, ce doit être vrai. » Il dépose l'enfant dans l'herbe. Alors la vieille éclate d'un rire fracassant. Elle ricane, et sa voix maintenant est celle d'un géant. Tandis qu'elle disparaît dans l'air, elle dit :

— Tu as perdu, Soslan ! Je suis Kurdalegon, le forgeron céleste !

L'enfant, dans l'herbe, se défait déjà comme un nuage. Soslan, désespéré, revient devant la citadelle où ses guerriers l'attendent, assis dans la prairie. Il les renvoie, tous. Il reste seul et se couche au bord d'une source.

Alors les portes du château s'ouvrent lentement. Tchelae sort, son épée à la main. Il vient prudemment vers cet homme couché qui semble mort. Il se penche sur lui et le renifle. Soslan se dresse. Tchelae bondit trop tard en arrière. D'un revers de sabre, Soslan lui tranche la moitié du crâne et la moitié du crâne tranchée s'envole dans le ciel. Tchelae tombe les bras ouverts. Soslan court vers le château, traverse la cour comme une boule de foudre. Le voici devant Beduha.

— J'ai tué ton père, lui dit-il. Tu es à moi.

La belle Beduha baisse la tête. Elle répond :

— Conduis-moi devant son cadavre.

Devant le corps de Tchelae, Beduha s'agenouille et pleure. Puis elle sort un long poignard de sa manche et avant que Soslan, debout derrière elle, ait eu le temps de faire un geste, elle se tranche la gorge. Soslan pousse un rugissement épouvantable. Trois jours et trois nuits il reste là, gémissant, tenant dans ses bras le corps glacé de la belle Beduha. La troisième nuit un curieux petit serpent aux yeux d'enfant se glisse parmi les herbes. Il tient une perle entre ses dents. Il la dépose sur la blessure de Beduha. Aussitôt Beduha ouvre les yeux. Elle dit, en s'étirant :

— Je crois que j'ai longtemps dormi.
— Oui, très longtemps, répond Soslan.

Le jour se lève. Il la serre dans ses bras, la prend par la main et la conduit chez lui. Ainsi commence leur vie commune.

Le manteau de Soslan

Soslan le héros à la barbe frisée, aux yeux noirs, est orgueilleux comme un aigle. Il n'est pas un homme ordinaire, et il veut que nul ne l'ignore. Il décide, pour se distinguer, de se faire tailler un manteau neuf dans la peau de ses ennemis les plus rudes. Il livre donc quelques fameux combats, puis s'en va porter les peaux tannées de ses victimes aux trois couturières du village des Nartes.

— Faites-moi avec cela, leur dit-il, un manteau à ma taille.

Devant ces étranges dépouilles, les jeunes filles tremblent d'horreur, mais ne peuvent refuser d'obéir à ce terrible guerrier.

— Demain, disent-elles, le travail sera fait.

Soslan les salue et s'en va, satisfait.

Alors, un homme au dos voûté, au visage maigre, caché derrière un arbre le regarde s'éloigner puis, l'œil méfiant, pousse la porte de la maison des couturières. Il s'assoit, l'air accablé, sur un banc devant les jeunes filles et leur dit :

— Enfants, parmi les peaux que vous devez coudre ensemble, il y a celle de mon fils, que je désire venger. Or, je ne suis pas de taille à défier l'épouvantable Soslan en combat singulier. Alors, enfants, si vous voulez bien aider le vieil homme que je suis, voici ce que vous devez faire : demain quand il viendra chercher son manteau, dites à Soslan que vous n'avez pu le finir, car une peau vous manque pour tailler le col et les revers : celle du crâne d'or d'Eltagan le géant.

Il dit cela et s'en va comme il est venu, en trottinant, l'échine courbe.

Le lendemain, les couturières timides répètent devant Soslan les paroles du père. Le héros frappe du poing sur la table.

— La peau du crâne d'or d'Eltagan vous sera portée au crépuscule, dit-il.

Il s'en va à grands pas sur le sentier de la montagne. Devant la caverne du géant, les mains en porte-voix, il l'appelle :

— Eltagan, fils de Kutsyk, es-tu là ?

Eltagan, lentement, sort de l'ombre au soleil. Son crâne est étincelant. Il dit :

— Que me veux-tu, fils d'Uryzmaeg ?

Soslan répond :

— Montons sur la colline de Saquola et jouons aux dés créateurs. Si tu gagnes, tu prendras ma vie. Si je gagne, je te couperai la tête.

Eltagan au crâne d'or suit Soslan sur la colline. Là-haut, en plein vent, ils s'assoient devant une pierre plate.

— Je jette les dés, dit Soslan.

— Tu as voulu m'imposer ce jeu, répond l'autre, c'est donc à toi de commencer.

Soslan jette les dés sur la dalle. Alors de ces dés créateurs jaillit un flot de grains de blé qui roulent et se répandent sur la colline, comme l'eau jaillie d'une source vigoureuse.

— A toi de jouer, dit Soslan.

Eltagan jette les dés : une foule de poules blanches dans une nuée de duvet picore partout le blé, jusqu'au dernier grain dans l'herbe.

— A toi, dit Eltagan.

Soslan ramasse les dés et les lance. Sur la pierre plate un énorme sanglier rugit et s'enfuit par les buissons. Les joueurs éclatent de rire tous les deux. Soslan dit :

— Rattrape-le donc.

Eltagan jette les dés : trois lévriers bondissent les babines retroussées, poursuivent le sanglier et le ramènent sanglant, déchiré, devant leur maître.

— A toi de jouer, dit le colosse au crâne d'or.

Soslan jette les dés. Des flammes jaillissent de la forêt, au pied de la colline, et la caverne d'Eltagan s'embrase. Le géant se dresse en plein vent, lève les bras au ciel, épouvanté devant l'incendie formidable qui ravage sa maison. Il gémit :

— Tu as gagné, Soslan. Prends ma tête.

Soslan rit et danse sur la pierre plate. Il dit :

— Regarde.

Il prend ses dés, les jette au ciel. Un gros nuage noir apparaît au-dessus de la forêt, la pluie déferle sur l'incendie, et le déluge éteint les flammes. Eltagan tombe à genoux. Soslan pose la main sur son crâne d'or, il lui dit, avec une terrifiante affection :

— Tu es brave Eltagan, fils de Kutsyk. Je ne veux pas te couper la tête. La peau de ton crâne d'or me suffit.

Il tire son poignard de sa ceinture et le scalpe.

Il redescend au village des Nartes. Sur la table des couturières, il jette la peau d'or du crâne d'Eltagan.

— Voilà pour le col de mon manteau, dit-il.

Il embrasse les filles en riant comme un enfant.

Soslan à la recherche d'un plus fort que lui

Soslan est le plus fort des Nartes, le plus hardi, le plus vigoureux. Quand les jeunes guerriers, sur la place du village, s'exercent au tir à l'arc, toutes les flèches de Soslan vont droit au but : ses compagnons sont adroits, Soslan est infaillible. S'ils vont au bord de la rivière lancer sur l'autre rive des rocs de plus en plus lourds, c'est encore Soslan qui fait siffler dans l'air des quartiers de roches que tous les autres ensemble ne peuvent soulever. Il n'a pas de rival au village des Nartes, et cela l'agace. Il est ainsi, ce fou superbe : toujours insatisfait. C'est pourquoi il s'en va, un matin, courir le monde à la recherche d'un plus fort que lui.

Il traverse la vaste plaine, il marche longtemps. Un jour enfin, il arrive au bord d'une haute falaise. En bas, il découvre le fleuve aux eaux vertes. Sur la rive, un pêcheur est assis : il est gigantesque. Sa canne à pêche est faite de trois arbres liés bout à bout. A son hameçon pend, en guise d'appât, un bœuf entier. Soslan descend à sa rencontre, vient vers lui, le salue. Il lui dit :

— Je suis à la recherche d'un plus fort que moi. A ce que je vois, j'ai trouvé. Tu me parais invincible.

L'autre éclate d'un rire formidable qui fait trembler le ciel, puis répond :

— Moi ? Je ne suis qu'un minuscule insecte, va seulement jusqu'à cette maison, là-bas, et tu trouveras ce que tu cherches.

Soslan court vers la grande maison de bois, au bord de la rivière. Il pousse la porte. Une vieille femme est assise, le dos voûté, devant sa cheminée.

— Bonjour à toi, ma mère, dit-il.

La vieille se retourne. Elle répond d'une voix grinçante :

— Ah, si tu ne m'avais pas appelée ma mère, tu m'aurais servi à graisser mes dents rouillées. Mais maintenant je dois te traiter comme un fils. Sois le bienvenu. D'où viens-tu et que cherches-tu ?

— Je viens du pays des Nartes, dit Soslan. Je cherche plus fort que moi.

— Ne dis pas cela, guerrier. Mon garçon est à la pêche. Il rentrera ce soir au crépuscule. S'il t'attrape, il ne restera de toi pas même un squelette, car il te dévorera. Prends un peu de nourriture, repose-toi et va-t'en vite avant le coucher du soleil.

Soslan mange, boit, et s'endort. Au crépuscule la vieille le réveille et lui dit :

— Va, maintenant. Va vite. Seules tes jambes peuvent te sauver.

Soslan s'enfuit sur la plaine.

Le géant rentre chez lui et dit à sa mère :

— Je t'ai envoyé un oiseau des montagnes. L'as-tu fait rôtir pour mon dîner ?

— Il s'est enfui ! répond la vieille.

Rugissant, le fils énorme s'en va dans la nuit. La terre tremble derrière Soslan qui court de toutes ses forces jusqu'à l'aube. Alors il aperçoit, loin devant lui, quelqu'un qui va à pas tranquilles. Il se retourne. Le géant pêcheur est toujours à ses trousses. Il court plus vite encore et rejoint le voyageur : il est borgne et manchot, mais immense. Il est, lui aussi, géant, mais plus géant encore que celui qui galope derrière lui.

— Je te demande l'hospitalité, lui dit Soslan. Si l'autre me rattrape, je suis perdu.

— Celui qui demande l'hospitalité est sacré, répond le manchot-borgne. Je ferai pour toi ce que je pourrai.

Il prend Soslan, le met dans sa bouche et le cache sous sa

langue. Au même instant le géant pêcheur arrive, hurlant.

— Tu as volé mon gibier !

— Hé, passe ton chemin, dit paisiblement le colossal infirme.

L'autre se jette sur lui. Le manchot, de son poing unique, l'assomme, ligote ses poignets avec un poil de sa cuisse et le laisse là, dans l'herbe. Puis il retira Soslan de sa bouche et poursuit avec lui son chemin. Cheminant, ils parlent ensemble.

— Qui es-tu ? dit le géant et que cherches-tu ?

— J'ai quitté mon village à la recherche d'un plus fort que moi. Tu sais où cela m'a conduit. Je te remercie car tu m'as sauvé. Sans toi, je n'aurais jamais revu la terre des Nartes.

— Ah, Soslan, répond le géant paisible, laisse-moi te raconter mon aventure, elle t'instruira utilement : nous étions sept frères. Un jour, avec mon père, nous sommes partis en expédition. Nous avons erré longtemps sans rencontrer le moindre gibier. Une nuit d'orage, nous nous sommes réfugiés dans une caverne pour dormir au sec. Quand nous nous sommes éveillés, au petit jour, nous avons aperçu dans la prairie, un berger et son troupeau. Ce berger est venu vers nous. Il était gigantesque. Il a enfoncé son bâton dans un trou de la caverne et la caverne s'est envolée dans les airs : nous avions trouvé refuge, en vérité, dans un crâne de cheval. Par malheur, le berger nous a vus. Il a tué mon père et mes six frères. A moi, il ne m'a arraché qu'un bras et un œil. Depuis, je vagabonde et ne défie personne, ni fort ni faible. A tous ceux que j'aime et qui m'aiment, j'ai donné, je donne encore le même conseil. « Allez en paix avec vous-mêmes, avec le ciel aussi, les étoiles et la terre. » Va mon fils, va mon soleil, retourne chez toi où tes amis t'attendent.

Ainsi parle le géant. Soslan le salue et s'en va, sur le long chemin.

Soslan et la fille du soleil

Soslan, fils d'Uryzmaeg et de Satana, chevauche dans la montagne, son carquois plein de flèches de cuivre et de fer sur l'épaule, son arc au poing. Il traverse une obscure forêt de sapins par des sentiers à peine tracés. Il parvient, à l'heure de midi, à la lisière d'une prairie qui descend, devant lui, en pente douce. Au bout de cette prairie, un ruisseau scintille parmi les rochers et les buissons. Au bord de ce ruisseau, un cerf soudain sort d'une touffe de roseaux. Il est magnifique et miraculeux comme un dieu descendu du ciel : son pelage est d'or pur. Soslan prend une flèche et lentement tend son arc. Alors son arc, sa flèche lui échappent et s'élèvent dans l'air, comme tirés par un fil invisible. Stupéfait, les mains nues, il regarde s'élever ses armes. Le cerf broute l'herbe, en bas, au bord de l'eau. Soslan pousse un juron, tire son épée, éperonne son cheval et fonce droit sur lui.

Alors l'animal fabuleux franchit d'un bond le ruisseau et s'enfuit vers la montagne. Soslan le poursuit. Il chevauche le long des précipices, les sabots de son cheval font jaillir, du rocher, des étincelles. Le cerf devant lui bondit, si léger qu'il semble ne jamais effleurer la terre, et s'engouffre, à bout de course, dans une grotte gigantesque. A l'intérieur de cette grotte un château de sept étages est taillé dans le roc. Soslan devant la porte attache son cheval. Il entre dans une salle d'un blanc éblouissant. La table, le banc, les buffets sont blancs, et pourtant toutes les couleurs du monde sont dans cette blancheur lumineuse. Devant un tabouret, une harpe rouge est posée. Soslan s'assied et pince les cordes. Une merveilleuse musique aussitôt l'environne. Il joue si délicatement, le héros à la barbe frisée, le chasseur aux yeux noirs, que les animaux sauvages de la montagne s'assemblent devant la grotte pour l'écouter, et les murs du château lentement se mettent à danser, et les arbres, au loin, frémissent.

Alors, au bout de la salle, par une porte plus blanche encore que la muraille, une fille apparaît. Elle est suivie de sept géants vêtus de cuir. La harpe aussitôt se tait. Soslan, le geste suspendu, regarde cette apparition superbe. Celle qui s'avance lentement vers lui est belle à faire chanter les cailloux. Elle fait un geste. Les géants empoignent le chasseur fasciné. Elle dit :

— Enlevez-lui son vêtement. Si vous voyez une tache noire entre ses épaules, il est l'homme que je dois épouser.

Deux géants tiennent les bras de Soslan, deux autres ses jambes, un autre sa tête. Deux encore arrachent sa veste et sa chemise. Une tache noire est au milieu de son dos. Sur cette tache la jeune fille pose sa main.

— Tu es donc Soslan, fils d'Uryzmaeg et de Satana, mon futur époux, dit-elle. Mon nom est Atsyrua, je suis la fille du soleil. Ce cerf d'or que tu as voulu chasser, ce matin dans la montagne, c'était moi. J'ai pris son apparence pour t'entraîner jusqu'ici. Mais si tu veux que je te suive un jour au village des Nartes, si tu me veux pour femme, tu dois d'abord offrir aux géants qui me gardent cent chèvres des montagnes, cent bêtes carnassières, cent oiseaux, un château de fer noir au bord de la mer et quatre feuilles de l'arbre aza. Tel est mon prix.

Aussitôt elle disparaît, les géants aux poings solides s'évaporent et Soslan se retrouve seul dans la salle blanche. Il s'en va, encore ébloui par la beauté d'Atsyrua. Il revient, rêveur, laissant aller son cheval à son pas, au village des Nartes. Le voici dans la maison familiale, devant la vieille Satana, sa mère. Il lui raconte son aventure. Il avoue son impuissance et son chagrin, assis près du feu, la tête basse.

— Qui pourrait payer le prix d'Atsyrua ? dit-il. Personne. Mais comment renoncer à épouser une fille aussi belle ?

Satana, caressant la tête frisée de Soslan, répond :

— Ne te lamente pas, mon fils. Écoute : le château de fer noir au bord de la mer, mon anneau magique le bâtira. Et puis je te donnerai une flûte enchantée. Sa musique merveilleuse attirera les trois centaines de bêtes sauvages. Elles te suivront chez les géants, dociles comme des agneaux. Mais les quatre feuilles de l'arbre aza, tu devras aller les chercher toi-même au pays des morts. Le maître de l'Au-delà, Barastyr, te les donnera, à condition que ta défunte femme Beduha les lui demande pour toi.

Soslan embrasse sa mère, et va. Il chevauche vers le pays des morts, poussant si rudement son cheval que ses sabots semblent galoper sur le vent. Il parvient devant deux montagnes noires, dressées face à face. Entre elles est une porte de fer : la porte du royaume des ombres. Soslan l'enfonce et la fracasse. Sur son cheval le voici dans la plaine grise de l'Au-delà. Le chemin va tout droit vers l'horizon brumeux. La terre et le ciel sont ici semblables.

Soslan croise des squelettes d'arbres noirs. Il va. Soudain, surgissent du brouillard des hommes à la figure tordue, aux vêtements en lambeaux sanglants. Ils se précipitent vers lui et s'agrippent à ses mains, à ses jambes, à la bride de son cheval. Mais à peine l'ont-ils touché qu'ils s'effilochent, grimaçants, et disparaissent. Soslan poursuit sa route, le front plissé, la tête dans les épaules. Il ne se laisse pas effrayer par ces apparitions glaciales. Maintenant, des enfants maigres, pieds nus, vêtus de haillons viennent à sa rencontre au milieu du chemin. Il s'arrête, caresse leur visage. Les petits perdus l'appellent « mon père » et le bénissent. Une chienne traverse la plaine et vient vers eux. Alors ils s'enfuient en piaillant comme des moineaux. Cette chienne est lourde et grosse, elle est prête à mettre bas. Ses chiots aboient furieusement dans son ventre. Soslan s'étonne de ce prodige mais il va sans se retourner, courbé sur sa monture. Ses poings fermés sur la bride tremblent un peu.

Au pied d'un arbre mort, il rencontre une vieille sandale et une botte de cuir verni. Elles tentent de grimper sur les branches noires. Elles grincent et cognent du talon, dégringolent et recommencent, douées de vie monstrueuse. Soslan passant devant elles éperonne son cheval. Derrière lui, il entend ricaner les chaussures vivantes. Droit devant maintenant, se dresse une montagne. De la cime de cette montagne une énorme pelote de corde dégringole comme une avalanche, et traverse en sifflant le chemin. Soslan aperçoit dans le ciel gris un bonnet d'homme et un châle de femme qui se déchirent comme deux oiseaux fantastiques. Cela l'effraie terriblement. Sur la plaine grise peuplée de prodiges indéchiffrables, couché sur l'encolure, il éperonne son cheval, qui galope aussi vite qu'il le peut. Alors il voit courir devant lui un fil multicolore. Il se penche et le saisit, mais ce fil sans fin s'enroule autour de lui et le ligote. Soslan s'en délivre à grand-peine, en hurlant comme un enfant assailli de cauchemars.

Alors apparaît, devant lui, Beduha, son épouse défunte. Elle n'est qu'un corps sans tête sur le chemin. Il met pied à terre, s'approche d'elle. Aussitôt la tête de Beduha sort de la brume et reprend sa place sur ses épaules. Il l'embrasse en pleurant, il lui raconte son aventure et lui dit :

— Toi seule, Beduha, peux demander pour moi à Barastyr, le maître des morts, les quatre feuilles de l'arbre aza que je suis venu chercher, car sans elles, je ne peux épouser la fille du soleil.

— Je ferai ce que tu me demandes, répond Beduha. Mais d'abord, donne-moi des nouvelles du pays des vivants.

— Chacun suit son destin, là-haut, dit Soslan. Mais ici j'ai rencontré des prodiges que je ne comprends pas.

Beduha sourit avec indulgence :

— Les hommes qui voulaient te frapper, dit-elle, sont ceux que tu as tués. Quand tu seras mort, ils se vengeront. Les enfants déguenillés que tu as caressés sont morts orphelins. Leur bénédiction te sera bénéfique. La chienne pleine de chiots aboyeurs signifie que le temps viendra où les plus jeunes donneront des conseils aux plus vieux. La vieille sandale et le soulier verni ont voulu te dire qu'un jour les pauvres seront plus honorés que les riches. La pelote de corde dégringolant de la montagne ? les hommes devront bientôt quitter la montagne pour aller travailler dans la plaine. Voilà ce que veut dire cette image. Le châle de la femme et le bonnet d'homme se déchirant comme des oiseaux de proie ? le temps viendra où les hommes et les femmes auront les mêmes droits. Le fil multicolore enfin, dans lequel tu t'es empêtré, est le secret du monde. Plus tu le cherches, plus tu te perds.

Ainsi parle Beduha, la défunte savante et mélancolique.

Alors Soslan, cheminant avec elle sur la plaine, lui pose encore une question :

— Pourquoi, Beduha, ta tête n'était-elle pas sur ton corps quand tu m'es apparue ?

— En vérité, répond Beduha, ma tête est toujours près de toi. C'est grâce à moi que tu as pu venir jusqu'ici, car nul vivant ne peut pénétrer au royaume des ombres. Partout où tu vas au pays des vivants, ma tête te protège.

Elle sourit. Elle dit encore :

— Attends-moi.

Elle disparaît. Quand elle revient, elle tient dans ses mains les quatre feuilles de l'arbre aza. Alors elle prend le cheval de Soslan par la bride et le reconduit jusqu'à la frontière du pays des vivants. Soslan franchit la porte et se retourne une dernière fois. Il ne voit que le corps sans tête de Beduha, qui le salue.

C'est ainsi que Soslan put épouser Atsyrua, la fille du soleil, grâce à deux femmes qui l'aimaient : sa mère Satana et son épouse défunte.

La légende d'Atsaematz

Il arriva qu'un jour, l'empereur d'Égypte enleva la femme de Nasran Aeldar, le plus puissant et le plus riche des hommes du Caucase. La fureur de Nasran fut telle, dit-on, que des flammes bleues sortirent de son front. Il envoya par tout le pays des messagers qui, sans même descendre de cheval, sur la place des villages, criaient aux hommes assemblés :

— Que chaque famille équipe un guerrier et l'envoie à la grande armée de Nasran Aeldar. Qui n'obéira pas à cet ordre sera puni. Son troupeau sera égorgé et sa maison pillée !

Toutes les familles nartes envoyèrent donc leur guerrier à l'armée de Nasran. Une seule ne répondit pas à l'appel : celle d'Atsae, car il n'y avait plus chez les Atsae d'homme en état de porter les armes. Le père était trop vieux et son fils Atsaematz trop jeune : il n'était encore qu'un enfant au berceau.

Le jour du départ, mère Atsae berce Atsaematz en pleurant :

— On va égorger nos troupeaux et disperser les cendres de notre foyer. Quelle pitié, mon fils !

Aussitôt l'enfant, entendant ces mots lamentables, s'étire et rugit comme un jeune lion :

— Je veux aller me battre.

Sous la poussée de ses quatre membres craque son berceau d'acier bleu. Atsaematz se dresse et réclame le cheval de son père. Le vieil Atsae lui dit :

— Mon fils, tu ne pourras pas le monter. Il est attaché dans le souterrain de fer où sont alignés les cercueils de nos ancêtres. D'un seul frémissement d'encolure il te perdra dans le ciel.

Atsaematz éclate de rire :

— J'aime les chevaux rétifs, dit-il.

Alors son père hoche sa tête blanche et lui donne son arc et ses flèches, son armure, ses trois vautours et ses trois chiens de chasse. Puis le vieil Atsae va détacher son cheval dans le souterrain et l'amène devant la porte. Il est noir comme la nuit sans étoiles et ses sabots sont d'or. Atsaematz monte en selle. Il saisit la bride en peau de géant. Sa mère lui dit :

— Tu es beau comme un éclair de lune sur la montagne.

Atsaematz répond :

— Adieu.

Son cheval l'emporte.

Derrière lui galopent ses trois chiens de chasse et sur sa tête volent ses trois vautours. Il parvient au bord de la mer où brûlent des milliers de feux : l'armée de Nasran campe là sur la plage. Les guerriers de cette armée sont tous des héros redoutables, mais parmi eux sont aussi des géants, des esprits et des démons. Atsaematz prend place auprès de Nasran Aeldar. Il lui dit :

— Qu'attends-tu ? Pourquoi n'as-tu pas encore franchi la mer ?

Nasran lui répond, l'air sombre :

— J'ai demandé aux démons de mon armée : quel moyen avez-vous de nous faire passer la mer ? Ils m'ont répondu : nous pouvons déployer nos ailes noires et nous envoler jusqu'au rivage d'Égypte. Mais comment combattrons-nous l'armée qui nous attend là-bas, sans les hommes ? J'ai demandé aux esprits : comment franchir la mer ? Ils m'ont répondu : nous pouvons déployer nos ailes blanches et nous envoler jusqu'au rivage d'Égypte. Mais ensuite, comment combattrons-nous, sans les hommes ? J'ai demandé aux géants de nous conduire. Ils m'ont répondu : nous pouvons passer à travers la mer mais quand les hommes s'engageront dans notre sillage, la tempête les engloutira.

Ainsi parle Nasran, le poing fermé contre son front. Alors

Atsaematz se lève, pose sa main sur l'encolure de son cheval et lui dit :

— Et nous, compagnon de mes ancêtres, que pouvons-nous faire ? Comment passer par-dessus la mer ?

Le cheval lui répond :

— Donne-moi trois coups de fouet sonores et nous serons aussitôt sur l'autre rive.

Atsaematz monte en selle et brandit son fouet. Le cheval bondit, ses sabots effleurent à peine les vagues. Nasran lève les bras au ciel sur la plage. Le cheval d'Atsaematz enfonce déjà ses sabots dans la terre orientale, devant l'armée d'Égypte. L'empereur s'avance, coiffé d'une tête de lion. Atsaematz le défie. L'empereur lui répond :

— Épargnons la vie de nos guerriers. Je veux me battre avec toi d'homme à homme. Si tu me tues, mon pays et la femme de Nasran que j'ai enlevée seront à toi. Si je te tue, l'armée de Nasran se dispersera. Je prendrai ton cheval et tes armes.

Voici les deux hommes face à face sur la plaine. A la droite d'Atsaematz se tiennent ses trois vautours, à sa gauche, ses trois chiens. Aux côtés de l'empereur d'Égypte, six serpents dressés aux gueules sifflantes. De l'aube au crépuscule, ils combattent. Quand vient la nuit, ils sont encore debout, tous les deux. Alors l'empereur dit :

— Nous reprendrons demain la bataille.

Il s'en va, sanglant, à demi mort.

Or, la femme de Nasran Aeldar est douée d'un pouvoir magique : il lui suffit d'effleurer le corps d'un guerrier blessé pour que ses plaies se ferment et se cicatrisent. L'empereur d'Égypte se couche donc sur son lit et donne l'ordre à la magicienne de le guérir. Elle obéit, et lui demande :

— Où est ton ennemi ? Est-il mort ? Est-il encore debout ?

— Je l'ai laissé sur la plaine aussi blessé que moi, répond l'empereur. Demain je le tuerai.

Il tire sur sa tête un drap blanc et s'endort. Alors la femme de Nasran se métamorphose en colombe et s'envole par la fenêtre ouverte. Survolant la plaine silencieuse, elle découvre Atsaematz couché sur les cailloux. Elle se pose près de lui, reprend son apparence humaine et le guérit, lui aussi. Atsaematz ouvre les yeux. Il voit une colombe s'envoler dans le ciel noir. Alors il enfourche le plus fort de ses trois vautours et la suit jusqu'au palais. Il entre par la fenêtre de la chambre de l'empereur. Il tombe sur le lit, son poignard à la main. Le drap se teint de rouge. La femme, au pied du lit, cache son visage dans ses mains.

Avec elle, Atsaematz s'en va. Il rejoint son armée sur l'autre rive de la mer, et rend à Nasran sa femme. La table du festin de la victoire est aussitôt dressée au bord des vagues.

La fin des Nartes

Les Nartes s'assemblent dans leur maison commune. Tous les héros sont là, les fiers pillards, les indomptables. Mais ce soir, autour du feu, ils ne font pas bombance. Ils ne dansent pas, ils ne chantent pas. Une étrange mélancolie embrume leurs regards.

Ils ont vaincu, en ce monde, les plus fiers des hommes et les plus hargneux des géants. Maintenant, les voici désœuvrés, seuls avec leur rage, leur envie de se battre encore, leur fringale de gloire.

— Tous nos ennemis sont morts ou soumis, dit Syrdon le rusé, les mains tendues au-dessus des flammes du foyer. Ne reste plus devant nous que Dieu. Dieu : le voilà celui qu'il faut maintenant combattre.

— Dieu, où est-il ? Il est invisible, impalpable, nous ne savons pas comment l'atteindre, répondent ses compagnons.

— Mettez-le en colère, rugit Syrdon, et vous verrez, il se manifestera. Cessez de le prier, oubliez son nom, surélevez le dessus de vos portes pour n'être plus obligés de vous courber en entrant chez vous, car il croirait peut-être encore que vous vous inclinez devant lui, et je vous dis, moi, qu'il viendra vous demander des comptes, furieux comme un guerrier offensé.

Les Nartes se consultent et reprennent courage. Ils disent gravement :

— Syrdon a raison, nous allons provoquer Dieu.

Ils font ainsi. Ils surélèvent leurs portes pour ne plus avoir à courber l'échine en franchissant le seuil et cessent de prier.

Alors Dieu, au fond du ciel, prend dans sa main une hirondelle et lui dit :

— Va de ma part demander aux Nartes pourquoi ils ne m'honorent plus, pourquoi ils ne me saluent plus.

L'hirondelle descend vers le village, se pose sur l'arbre de la grand-place, et dit aux hommes assemblés :

— Dieu veut savoir pourquoi vous ne l'honorez plus.

Uryzmaeg, le héros répond au nom de ses compagnons :

— Nous l'avons longtemps servi, c'est vrai. Mais il n'a jamais daigné nous rendre visite ni nous adresser le moindre remerciement. Maintenant, qu'il vienne. Dis-lui que nous l'attendons et que nous désirons le combattre aussi loyalement que nous l'avons aimé.

L'hirondelle s'envole dans le ciel, et porte au Créateur la réponse des Nartes. Alors le Créateur réfléchit, puis il dit tristement :

— Voici mon dernier message : Nartes, choisissez votre apocalypse. Que préférez-vous ? Que votre race soit anéantie ou que seuls survivent les plus mauvais de vos enfants ?

Les Nartes répondent :

— Si tu es capable d'anéantir notre race, prends jusqu'à la dernière de nos vies. Qu'avons-nous besoin de vivre sans fin ?

Telles sont leurs dernières paroles. Car à peine les ont-ils dites que Dieu les maudit. Le ciel se couvre de nuées sombres et sa voix retentit parmi les éclairs :

— Que votre travail ne vous donne jamais plus d'un sac de blé par jour.

Désormais, c'est contre la faim qui creuse les ventres que les Nartes doivent combattre. Ils combattent donc. Avec un sac de blé par jour, ils survivent une saison, un rude hiver et un nouveau printemps. Ils ne parlent plus, ne chantent plus, ne dansent plus, ils grincent des dents, ils sont pareils à des épouvantails, maigres et fiers. Alors Dieu les maudit encore :

— Vos moissons resteront vertes tous les jours de l'année. Elles ne seront bonnes à faucher que la nuit. Et la nuit, quand vous entrerez dans vos champs pour moissonner, le blé pourrira.

Ainsi parle Dieu. Aussitôt les Nartes construisent au bord de leurs champs des cabanes, ils arment les pointes de leurs flèches d'un bout tranchant. La nuit, du seuil de leurs maisons, sans entrer dans les champs, ils tirent ces flèches sur le blé et les épis qu'elles fauchent restent dorés. Ils subsistent ainsi une année encore, mêlant à leur farine la poussière des chemins. Et Dieu se tait, pris de pitié.

Un soir, ils se rassemblent dans leur maison commune. Les héros ne sont plus maintenant que des mendiants faméliques, aussi faibles que des enfants. Uryzmaeg, leur chef, les regarde tous, longuement, puis se dresse et dit :

— En vérité, qu'avons-nous besoin de vivre sans fin ? La grandeur de nos âmes et la beauté de nos paroles nous importent plus que la vie.

Chacun l'approuve, hochant la tête. Alors les hommes sortent dans la nuit étoilée. Chacun devant sa cabane creuse sa tombe et se couche dedans, sans un mot de colère, ni de révolte, ni d'amour, avec la dignité glaciale de ceux qui ne veulent plus rien savoir du soleil et du monde. Ainsi finissent les Nartes.

Bibliographie sommaire

Akinari, Uéda, *Contes de pluie et de lune*, Paris, 1956.

Ans, André Marcel d', *Le Dit des vrais hommes (mythes, contes, légendes et traditions des Indiens gashinahua)*, Paris, 1977.

Beier, Ulli, *Comment le monde naquit d'une goutte de lait (contes africains de la création)*, Lyon, 1976.

Boyer, Régis et Lot-Falck, Evelyne, *Les Religions de l'Europe du Nord (eddas, sagas, hymnes chamaniques)*, Paris, 1974.

Carrère, Maïté, *Contes du Vietnam*, Coubron, 1968.

Cendrars, Blaise, *Anthologie nègre*, Paris, 1947.

Couchoud, Paul-Louis, *Mythologie asiatique illustrée*, Paris, 1927.

Delarue, Paul et Ténèze, M.-L., *Le Conte populaire français*, Paris, 1976, 3 vol.

Dumézil, Georges, *Le Livre des héros (légendes sur les Nartes)*, Paris, 1965.
— *Romans de Scythie et d'alentour*, Paris, 1978.

Eliot, Alexandre, *L'Univers fantastique des mythes*, Paris, 1976.

Equilbecq, F. V., *Contes populaires d'Afrique occidentale*, Paris, 1972.

Erdoes, Richard, *De mémoire indienne*, Paris, 1977.
— *Le Chant des flûtes et Autres Légendes indiennes*, Lyon, 1978.

Flamain, A. et Nicolas, M., *Contes de Turquie*, Paris, 1970.

Frank, Bernard, *Histoires qui sont maintenant au passé*, Paris, 1968.

Frazer, James G., *Mythes sur l'origine du feu.*

Gaster, T. H., *Les Plus Anciens Contes de l'humanité*, Paris, 1953.

Girard, Raphaël, *Le Popol Vuh*, Paris, 1972.

Goyaud, M., *180 Contes populaires du Japon*, Paris, 1974.

Harva, Unos, *Les Représentations religieuses des peuples altaïques*, Paris, 1959.

Herbert, Jean, *La Mythologie hindoue*, Paris, 1953.

Jones, V., *Mythologie égyptienne*, Paris, 1969.

Khemir, Nacer, *L'Ogresse (contes arabes)*, Paris, 1975.

Labat, René, Caquot, André, Sznycer, Maurice et Vieyra, Maurice, *Les Religions du Proche-Orient asiatique (textes babyloniens, ougaritiques, hittites)*, Paris, 1953.

La Coste, Camille, *Légendes et Contes merveilleux de la Grande Kabylie*, Paris, 1965, 2 vol.

Laurent, Joëlle et Césaire, Ina, *Contes de mort et de vie aux Antilles*, Paris, 1977.

Ling Mong-T'chou, *L'Amour de la renarde*, Paris, 1970.

Lubich Milosz, O. V. de, *Contes et Fabliaux de la vieille Lituanie*, Paris, 1972.

Mabille, Pierre, *Le Miroir du merveilleux*, Paris, 1969.

Mac Donald, A. W., *Littérature populaire tibétaine*, Paris, 1972.

Markale, Jean, *L'Épopée celtique d'Irlande*.

Métraux, Alfred, *L'Ile de Pâques*, Paris, 1941.

Nguyen Du, *Vaste recueil de légendes merveilleuses*, Paris, 1962.

Paulme, Denis, *La Mère dévorante. Essai sur la morphologie des contes africains*, Paris, 1976.

Péret, Benjamin, *Anthologie des mythes. Légendes et contes populaires d'Amérique*, Paris, 1960.

Petitot, E., *Traditions indiennes du Canada du Nord-Ouest*, Paris, 1967.

Perrin, Michel, *Le Chemin des Indiens morts*, Paris, 1976.

P'ou Song Ling, *Contes extraordinaires du pavillon du loisir*, Paris, 1969.

Scelles-Millie, J., *Contes arabes du Maghreb*, Paris, 1970.
— *Contes sahariens du Souf*, Paris, 1964.

Sébillot, Paul, *Le Folklore de France*, Paris, 1968, 4 vol.

Serych, Jiri, *Légendes du soleil, de la lune et des étoiles*, Paris, 1977.

Silburn, Lilian, *Le Bouddhisme*, Paris, 1977.

Stovickova, Dan et Milada, *Contes du Tibet*, Paris, 1974.

Taos-Amrouche, Marguerite, *Le Grain magique (contes, poèmes et proverbes berbères de Kabylie)*, Paris, 1966.

Thomas, Louis Vincent, Luneau, Bertrand et Doneux, Jean, *Les Religions d'Afrique noire*, Paris, 1969.

U'tamsi, Tchicaya, *Légendes africaines*.

Van Gennep, Arnold, *Manuel de folklore français*, Paris, 1958, 7 vol.

Vasseur, Éliette, *Le Livre des héros légendaires*, Paris, 1958.

Vinson, Julien, *Le Folklore du Pays basque*, Paris, 1967.

Zimmer, Heinrich, *Le Roi et le Cadavre*, Paris, 1972.

Table

Rêverie sur les légendes 7

Afrique

I. LES PLUS ANCIENNES LÉGENDES DE L'HUMANITÉ 13

Enkidou et Gilgamesh (Sumer), 13. – Kessi-le-chasseur (Babylone), 19. – Histoire de Bitiou (Égypte ancienne), 22.

II. AFRIQUE NOIRE 25

Le Guéla d'en haut et le Guéla d'en bas, 25. – Comment Lune fit le monde, 28. – Kiutu et la Mort, 31. – Ombré-le-crocodile, 34. – Le serpent d'Ouagadou, 37. – Le monstre-calebasse et le bélier divin, 40. – Les nuits rouges de Kouri, 43. – Koybo-l'intrépide, 46. – Farang, 50. – Samba Gana et la princesse Annalja, 56.

III. MONDE ARABE 59

La pierre rouge, 59. – Les babouches d'Abou Kacem, 65. – Hachachi-le-menteur, 69.

Asie

IV. INDE 75

Balam et le destin, 75. – Le prince Cinq-Armes et le géant Poigne-Velue, 79.

V. TIBET 82

Le Veilleur, 82. – La broderie, 85. – Le mendiant, la princesse et le souvenir, 91. – Histoire de Spani, 94. – Tsougpa, le marchand clairvoyant, 100.

VI. CHINE 106

Koan le prince et Sheng le magicien, 106. – L'aventure de Chu, 109. – La maison hantée, 112. – Histoire de Feng, le vagabond du temps oublié, 115. – La princesse Déa, 118. – Le peintre Touo Lan, 121.

VII. VIETNAM 124

Le ver à soie, 124. – Drit-de-rien, 127.

VIII. JAPON 131

L'ermite Unicorne, 131. – Kogi-le-sage, 134. – La tortue rouge, 137.

IX. BORNÉO 140

Le sang de Kaduan, 140. – La femme-abeille, 143. – Aki Gahuk, 146.

Océan Pacifique

X. MÉLANÉSIE, AUSTRALIE, NOUVELLES-HÉBRIDES 151

Un peu de soleil dans la mer, 151. – L'épopée de Maui, 153. – La sécheresse, 158. – Le phoque blanc, 160.

XI. POLYNÉSIE, HAWAÏ, TAHITI 163

La création de Tahiti, 163. – La légende du poisson volant, 165. – Comment Mahoki-le-troisième conquit le feu, 169. – Histoire de Lono, 173. – La fille tuée sept fois, 178.

Amérique

XII. AMÉRIQUE INDIENNE 187

La création du monde selon les Indiens hopi (Arizona), 187. – La création du monde selon les Indiens du Montana, 190. – Hiawatha, 193. – Wabi, 199. – Nyoko-l'affamé, 202. – Histoire de Lynx, 205. – Les chants et les fêtes (Canada), 208. – La légende du maïs, 212. – La naissance des hommes blancs (Canada), 215. – Winabojo et le voyage au pays des morts, 218. – Le pays des âmes (Canada), 221. – Kotsi et le géant (Canada), 224. – L'enfant de pierre, 228.

XIII. AMÉRIQUE LATINE 233

La Yara, 233.

XIV. ANTILLES 236

Ti-Jean et la belle-sans-connaître, 236.

Europe

XV. ESPAGNE 243

Le magicien de Venise, 243.

XVI. FRANCE 246

Le garçon de Nérac et la grande bête à tête d'homme, 246. – Le briquet magique, 250. – Louis-le-boiteux, 254. – L'amour des trois oranges, 257. – Jean de Calais, 260. – Jean l'Or, 264. – Jean-le-chanceux, 268. – Le serpent au diamant, 271. – Le rêve, 274. – Les deux amis, 276. – Le chevalier loup-garou, 279. – Les trois vagues, 282. – Ainsi soit-il, 285.

XVII. IRLANDE 287

L'enfance de Cuchulaïnn, 287. – Cuchulaïnn et les trois fils de Necht-le-féroce, 290. – Cuchulaïnn rencontre Mor Rigou, déesse des carnages, 293. – La mort de Cuchulaïnn, 296. – Le voyage de Bran à l'île des Bienheureux, 299. Conn Eda, 302. – La légende d'Etaine, 306.

XVIII. ÉCOSSE 312

John-l'archer, 312. – Titania, 317.

XIX. SCANDINAVIE 320

Création et apocalypse, 320. – Fenrir, 323. – La mort de Balder, 326. – La mort du dieu Odin, 329.

XX. EUROPE CENTRALE 332

La fille du pays des songes froids, 332. – Vichar, l'Esprit-du-vent, 335.

XXI. CAUCASE 338

Uryzmaeg et le géant borgne, 338. – Satana renvoyée chez ses parents, 341. – La danse des Nartes, 344. – La rançon d'Uryzmaeg, 350. – Soslan à la conquête de la belle Beduha, 355. – Le manteau de Soslan, 361. – Soslan à la recherche d'un plus fort que lui, 364. – Soslan et la fille du soleil, 367. – La légende d'Atsaematz, 372. – La fin des Nartes, 376.

Bibliographie sommaire 379

IMPRIMERIE BUSSIÈRE À SAINT-AMAND (1-87)
DÉPÔT LÉGAL AVRIL 1984. N° 6803-2 (3190)

Collection Points

SÉRIE ROMAN

DERNIERS TITRES PARUS

R228. Tous les soleils, *par Bertrand Visage*
R229. Pétersbourg, *par Andréi Biély*
R230. Récits d'un jeune médecin, *par Mikhaïl Boulgakov*
R231. La Maison des prophètes, *par Nicolas Saudray*
R232. Trois Heures du matin à New York
par Herbert Lieberman
R233. La Mère du printemps, *par Driss Chraïbi*
R234. Adrienne Mesurat, *par Julien Green*
R235. Jusqu'à la mort, *par Amos Oz*
R236. Les Envoûtés, *par Witold Gombrowicz*
R237. Frontière des ténèbres, *par Eric Ambler*
R238. Les Deux Sacrements, *par Heinrich Böll*
R239. Cherchant qui dévorer, *par Luc Estang*
R240. Le Tournant, *par Klaus Mann*
R241. Aurélia, *par France Huser*
R242. Le Sixième Hiver, *par Douglas Orgill et John Gribbin*
R243. Naissance d'un spectre, *par Frédérick Tristan*
R244. Lorelei, *par Maurice Genevoix*
R245. Le Bois de la nuit, *par Djuna Barnes*
R246. La Caverne céleste, *par Patrick Grainville*
R247. L'Alliance, tome 1, *par James A. Michener*
R248. L'Alliance, tome 2, *par James A. Michener*
R249. Juliette, chemin des Cerisiers, *par Marie Chaix*
R250. Le Baiser de la femme-araignée, *par Manuel Puig*
R251. Le Vésuve, *par Emmanuel Roblès*
R252. Comme neige au soleil, *par William Boyd*
R253. Palomar, *par Italo Calvino*
R254. Le Visionnaire, *par Julien Green*
R255. La Revanche, *par Henry James*
R256. Les Années-lumière, *par Rezvani*
R257. La Crypte des capucins, *par Joseph Roth*
R258. La Femme publique, *par Dominique Garnier*
R259. Maggie Cassidy, *par Jack Kerouac*
R260. Mélancolie Nord, *par Michel Rio*
R261. Énergie du désespoir, *par Eric Ambler*
R262. L'Aube, *par Elie Wiesel*